走向管理4.0：必须的革命

——趋势、逻辑、路径与方法

熊向清 著

上海三联书店

序1

响亮的呐喊

——荐《走向管理4.0：必须的革命》

这本书是作者熊向清在世界500强企业工作，特别是长期在人力资源领导岗位上，经过几十年的学习、实践、研究、改革与探索的积累，而凝聚成的一声响亮的呐喊。这是一种先知先觉者的呐喊，有着深刻的时代意义。

人类社会的快速发展，人们的思维方式往往会跟不上，我们的管理变革也会跟不上，这将影响着社会的进一步发展，影响着人们事业的发展与生活质量的提升，影响着人们活出生命的意义。

因此，不同的时期、不同的时代，我们都能听到不同的呐喊声，我在上学时，印象最深的是鲁迅的《呐喊》。

被美国《商业周刊》评为世界十大管理大师之一的彼得•圣吉，于2009年重新出版《第五项修炼》时，在修订版中文版序中大声疾呼：“这个时代已经不再是个人修炼的时代，而是集体修炼的时代。”这是彼得•圣吉的呐喊。

彼得•圣吉在修订版序言公开了质量管理大师爱华德•戴明给他信中的一段使他震惊的话：“流行的管理体系很摧残人。人与生俱来的，是激情和固有的内在动机、自重、尊严、好奇心和学习的快乐。而摧残这些外力从幼儿学步时就陆续出现了，如万圣节最佳服饰奖、学校的分数、金色五角星等等，类似的东西一直持续到大学。在职场，人群、团队、小组被分出等级，位居前列的获得奖励，落在后面的受到惩罚。目标管理、配额、奖金、商业计划，这些加在一起，一步步地加深这种损害——一种尚未得知也不可得知的损害。”这是戴明的呐喊。

量子思维创始人之一、英国管理大师丹娜•左哈尔提醒人们：许多管理者试图创造21世纪的全新高效组织，但却还依赖于17世纪的“牛顿思维模式”。计划、组织、指挥和控制等传统的管理技巧，源自300年前的、基于牛顿经典力学的世界观。

牛顿力学的前提假设是：我们看到的世界是客观的，作用是可预知的，知识是通过分析得来的。这些传统的思维模式要求逻辑的、线性的左脑思维技巧。而今天的世界是突变的、非线性的、不可预测的。

海尔集团总裁张瑞敏告诉企业家们：“现在可以说，在20世纪成功的管理理论，在21世纪许多已经过时了，真的应该用量子思维的方法来做事。”

这些振聋发聩的声音，是丹娜•左哈尔和张瑞敏的呐喊。

熊向清同志在本书中，从世界的骤变、民族的复兴、企业的现状、管理文明的未来、企业的重生与升级、管理创新与变革的实践等六大视角，发出了企业管理“必须革命、如何革命”的呐喊。他为帮助读者正确理解与投入这场“必须的革命”，从哲学、科学、管理学、社会学、心理学等多个维度进行了理论阐释和实践探寻，并运用了大量有说服力的案例与资料，具有很强的理论性、实用性、启迪性和可读性。

作者所在的工作单位——中国人民财产保险股份有限公司创建学习型企业已有十年之久，作为三十多万从业人员的亚洲最大的财产保险公司的总教头，他既是推动者，更是实践者。作为第一个为人保财险带去学习型组织课程一个参与者，我本人也是这家公司学习型组织创建过程的一个关注和观察者。在中国经济发展的一个浮躁的时期，一家公司连续十年一直致力于创建学习型企业，其精神与经验，都实为难得。这固然得益于公司领导人的远见卓识，但与熊向清同志的执着、坚韧、创新与使命担当的个性品质是分不开的。这家公司在其特定的环境、特定的背景下所取得的骄人的成绩也是可圈可点、令人瞩目的。

熊向清同志能写出这样一本好书，除了他本人多元、复合的知识结构，跨界、丰富的职业生涯，以及好学习、肯思考以外，有一个好的环境与时代，也是不可或缺的外因条件。所以说：《走向管理4.0：必须的革命》一书也是大变局时代的产物。

张声雄教授
国家教育咨询委员会专家组专家
中国教育发展战略学会常务理事
上海明德学习型组织研究所所长
2016年11月5日

序2

为企业管理的转型升级导航

当今经济社会正处在一个快速变革的时期，信息技术和社交媒体广泛应用，对社会经济生活的方方面面都造成了巨大的冲击，共享经济的发展、互联网的运用、金融产品的层出不穷、文化秩序的变革……等发展趋势，都对企业管理提出了新的挑战，但同时也给予了企业快速转型发展的重要机遇。

《走向管理4.0：必须的革命》一书抓住了大变局时代的特点，同时也正视了中国与发达国家之间的差距。为了实现“中国梦”，我们国家还有很长的一段路要走。中国企业的管理变革是要认清这个问题的本质。作者一方面通过美国、德国、日本、以色列的国际案例，分析了国际上值得中国企业管理借鉴的重要经验；另一方面也从中国国民性发展的角度，回顾了先秦、汉唐、宋朝、明清的文化，并对此进行反思，提出了当前企业管理升级之路的建议。

《走向管理4.0：必须的革命》不仅从文化的角度解释了企业管理改革的本质，同时也解决了供给侧改革要求中国经济需要进行的“品质革命”。作者指出了精神的短板才是现实中国所有的短板中最短的一块，并且从企业的“三种路径依赖”和“三大严重后果”的角度分析了中国社会和中国企业“精神缺钙”的原因和机理。此外，本书还提供了大量的案例素材，包括华为、海尔集团、德胜洋楼、美国全时超市、方太、人保财险等，这些案例又给企业实际的管理提供了具体的变革路径和实际操作方案。

总之，熊向清先生的这本《走向管理4.0：必须的革命》在中国民族伟大复兴前提下探讨了企业管理变革与升级的重要理论和相关实践，从一个全新的视角研究了中国企业管理要推行的“必须的革命”，值得企业管理领域的学者和业内人士阅读。

石勇博士
国务院参事室参事
中国管理现代化研究会理事长
中国科学院大学管理学院副院长
2016年12月15日

序3

转型与转“心”的智慧

企业经营的本质是经营客户、经营人才，最终是经营人，而人才经营的最高层次是经营人心。本书作者向清正是从对中国企业管理现状进行深入剖析及对管理文明的发展趋势进行系统总结提炼的基础上，直指中国经济与企业转型的命门是：转型先转“心”，不改变中国人的心性，管理就无从提升，企业和国家就无从转型。

基于工业文明的现代管理普遍将员工视为股东利益最大化的工具，员工被关注的往往是其技能，对员工的“心”，包括员工的精神和价值观等常常被忽视，本书则提出心性决定命运的逻辑链条。这一逻辑链条不仅适用于个人，也适用于企业。企业发展好坏与否，在于能否回归常识，能否坚持品质与客户价值、能力与赢利、创新与守恒，而这些常识如何才能回归，如何才能得到长久的坚持？答案还是在于企业领导者与员工有着怎样的心性。

以改变心灵为基点，在中国企业如何转型升级的问题上，本书给出了富有理论深度的总结：“从管理1.0到管理4.0的转变”。即从经验型企业到科学型企业，再到人本型企业，最后则是生命型企业。作者在以独特的视角对生命型企业进行系统介绍之后，本书列举了一系列案例作为参考，以此进一步开拓我们的管理思维与视野，为众多企业转型升级提供了一个全新的思路和解决之道。本书作者熊向清既是一位长期深入企业的实践探索者，又是一位具有人文情怀的理论研究创新者，他的观点既高屋建瓴，又接地气。

总体来看，本书的亮点至少包括以下三个方面：

1、将中国当下的企业管理与发展问题归纳为三大矛盾，即组织学习矛盾、人文关怀矛盾和组织分享矛盾。作者对三大矛盾的外在表现、内在原因及危害进行了详细分析，指出中国企业之所以普遍做不大，做不强，做不久，本质上就因为这三大矛盾，同时指出其中最根本的矛盾是：精神情感的需求巨大而又紧迫，与员工所能得到的人文关怀（精神产品）的供给严重匮乏之间的矛盾。而且，从全书来看，作者并没有停留在提出问题上，而是给出了问题的答案：经营组织的精神资本，以提升组织与个人的人格心性。

2、将企业发展所需的最重要资源总结为知识资本、精神资本、社会资本和思想资本。作者对四大资本一方面进行了深入的理论阐述，另一方面则结合企业管理实践，提出创建四大工程：人脑工程（优质高效的学习体系）、人心工程（符合人性规律的组织环境）、人和工程（互利共赢的分享机制）和人慧工程（思想创新的六项修炼），并对各项工程的具体举措进行了介绍，从而使得本书具有了相当程度的实操性。

3、创造性地提出管理1.0到4.0，倡导生命型企业、生命型管理的理念，并提出生命型企业的落地举措——创建“生命场”，这是一个极大的创新。相对于传统的管理理念，生命型企业道法自然，从生命的视角看待企业，以活出生命的意义为宗旨，遵循生命的规律，推动企业在分享、共赢、和谐、共生的生命系统中实现基业长青。作者在阐述了生命型组织运行机制的基础上，提出了构建生命型企业的四大方略（铸“魂”、转“境”、造“势”、务“本”），并辅以华为、德胜洋楼等极具代表性的优秀企业案例，为读者指明了一条可供参考的路径。

这本书不仅适合每个想要了解中国企业、对中国企业的未来感兴趣的管理者，也适合每个想要改变命运、对未来有所期待的普通人。熊向清的文字和语言有一种唤醒我们内心深处原始情感的力量，帮助我们从哲学、历史、宗教、科学及生态等各个层面，去切入人心内在最深的实相，切入企业内在最深的本质，也只有成就这样的体悟，中国人才可能创造出一个有别于现状的“新世界”。此书的出版将为我们开启一扇充满智慧和正能量的心性之窗！值得一读！借此也向老友向清表示敬意和祝贺！

彭剑锋教授

中国人民大学博士生导师

2016年12月20日

序4

生命型企业：面向未来的管理

从2007年开始，我就一直广泛地参与到人保财险各类管理培训项目之中，担任企业战略管理、传统文化与企业管理等课程的主讲教师，每年多则十几二十次，少则三五次，为人保财险各级管理者授课，因此有幸与人保财险教育培训部总经理熊向清先生相识，并成为非常投缘的朋友，常常在一起讨论企业管理的相关理论与实践问题。每次与向清深度交流，我都能感受到他对管理研究所倾注的巨大热情。作为企业高管，向清虽然管理工作繁忙，但始终坚持阅读，并对管理问题有着自己独特、睿智的思考。这种思考的深度和广度已远远超出许多专门从事管理学研究的高校及科研院所的学者，向清可谓是一位典型的学者型企业高管。

这次，当我看到向清的新作——《走向管理4.0：必须的革命》时，眼前不禁为之一亮，深为全书的内容所吸引。尤其是有关“生命型管理”内容的探讨，为中国企业管理的升级、创新指明了努力的方向。

改革开放近40年来，中国企业经历了飞跃式的发展，涌现出华为、联想、海尔、腾讯、阿里巴巴等全球知名的企业。当前，随着全球经济的一体化、中国经济总体增速的放缓、人口结构的老龄化、互联网经济的崛起、供给侧改革的推进等外部环境的变化，中国企业已经处在一个巨大的变革时代。在这样一个变革时代，企业竞争的游戏规则已不仅仅局限于大鱼吃小鱼、强鱼吃弱鱼，而更应关注快鱼吃慢鱼，哪个企业能够更好进行管理创新，更快地适应迅速多变的外部环境，就能够在竞争中脱颖而出，成为这个时代的王者。

“管理”，从字面意义来看，“管”由“官”与“竹”构成，“官”代表的是职位权力，而“竹”代表的是某种约束，对于违反规则的下属，用竹鞭子予以惩罚；“理”由“王”和“里”构成，本义是玉里面的纹路，后来引申为对玉进行加工，再引申为按照一定的规律办事。“管”关注的是刚性的规则，强调运用正式的制度对人进行约束；“理”强调的是柔性的协调，强调的是依照规律将人的积极性、主动性、创造性激发出来。

在现实中，只要运用得当，“理”往往比“管”能发挥出更大的效用。大禹治水，靠的就是顺应自然规律，对水进行疏导，是为“理”；而他的父亲鲧治水，则试图依靠人力进行强堵，不免失败，是为“管”。如果基于韩非子的“势”理论，“管”代表的是威权之势，而“理”代表的是自然之势，虽然二者均很重要，但谁高谁低，一目了然。

那么，这个“理”，也就是所谓的规律，到底是什么呢？关于这个问题，道家提出“道法自然”，其核心是循天理、顺人性。对于企业来说，“企”由“人”和“止”构成，企业无人则止。不同于经验型管理、科学型管理，顺人性的人本型管理自然值得提倡。但需要指出的是，人本型管理固然顺应了人性，但却忽视了人与其他群体，特别是与整个自然的和谐，对循天理方面关注不够，因此，将循天理、顺人性有效结合在一起的生命型管理就有了广阔的用武之地。

无论在管理理论还是管理实践领域，如果仅仅对西方亦步亦趋，我们将永远无法超越。在这方面，生命型管理无疑是一个努力的方向。中华文明本身所重视的仁爱、和谐、系统观等传统，为生命型管理在中国的实践提供了适宜的文化土壤，让我们有可能在这方面做得更好。

读完向清的大作，我认为至少有以下四个方面值得推荐：

第一，总结了管理1.0到4.0的演变规律。作者创新性地将管理划分为经验型管理、科学型管理、人本型管理、生命型管理四个阶段，并对比说明了这四个阶段管理的不同特点，尤其是对生命型管理的内涵进行了深入的分析，在理论上具有重要的贡献。

第二，从“心”的角度看待管理。无论在理论还是实践领域，将人视为“经济人”、仅仅看作劳动力资源的做法非常普遍，而本书却大力提倡人对于企业最为重要，心性对于人来说最为重要，并提出心性到命运的逻辑链条，指出企业及个人命运的核心在于心性，将管理上升到“心”的高度。

第三，提出了生命型管理的实现路径。虽然本书大量篇幅集中于讨论心性，对理论的论述篇幅不少，但在内容上，却相当接地气，以大量翔实的案例说明了什么是开展生命型管理的企业，如何推进生命型管理，包括造场、人文关怀举措等，无论对当前的中国企业，还是对亟需转型的中国经济而言，都具有积极、正面的借鉴意义。

第四，知识容量大，信息量丰富。本书博古通今，横跨中西，融合了多个学科，包括管理学、社会学、物理学、历史学、文学、哲学、宗教学等的知识。这种跨学科知识的有效融合，一方面使得研究结论水到渠成，另一方面也使得本书的可读性大大增强。

总之，本书是一本古今中西合璧、多学科有效交融、具有创新价值的管理学力作，无论对管理学研究者，还是企业管理领域的实践者而言，本书所开启的新视角、提出的新理念，都将会给读者以很大的启迪。

刘　刚

中国人民大学商学院教授、企业管理系主任

2016年9月7日

作者序

一位观察与实践者的思考

从这本书的书名看，有几个关键词是我想特别强调的。一是革命，二是必须，三是4.0。

所谓革命，首先是一种关于事物改变的方式，但是革命不是一般性的改变，而是一种带有根本性和系统性的改变，是质的飞跃；在当今世界经济、科技发展以及中国国家安全形势下，在中华民族伟大复兴的大视角下，在千年未有之大变局的大背景下，充分理解中国企业的使命与担当，进而提出中国企业管理需要通过一场系统性、根本性的创新变革，实现转型升级，十分必要。

所谓必须，就是不革命不行，不革命就会发生难以遏制的、无法避免的、严重的，甚至是灾难性的后果。例如泰勒的科学管理是对经验管理的超越，当时也被称为管理科学革命。之后的研究表明，科学革命带来了生产效率近50倍的提升。试想：如果企业不能跟进这样的一场革命，企业管理就跟不上大工业生产及资本对于利润追求的需要，最终遭遇淘汰；如果哪一个国家没能广泛地发生这样的一场革命，那么这个国家的经济，以至社会发展就跟不上时代的节奏，其后果可想而知。

所谓4.0，指的是生命型管理，即管理4.0。本书提出管理的四个阶段，即经验型管理、科学型管理、人本型管理和生命型管理，分别表示为1.0、

2.0、3.0、和4.0。管理4.0是管理发展的高级阶段，是管理文明进化的大势所趋，是管理者应当追求的管理境界。

管理4.0是对目前企业管理现状的超越。作为一场根本性、系统性的管理革命，管理4.0不仅仅是一种理想，一种理论模型，更是一种已经发生的现实，更是正在发生而且还将大量发生以至涌现式发生的未来。循道而动，顺势而为，才能走出管理中的困局，更好地面向未来。

企业既是物质文明的创造者，又越来越是精神文明的主力军，更应是生态文明的守护者，同时也是社会文明的推动者，政治文明的促进者。如果没有千千万万的企业走到世界经济，以及科技、文化的舞台中央，登上各自领域的前沿，中华民族伟大复兴就不可能实现。而企业的强大，尤其是千千万万个企业在全球意义上的强大意味着什么？强大的内涵是什么？根基在那里？方向、路径何在？从何着手？怎样实操落地，落到实处？这是一个宏大的课题，而本书也只是略抒己见，抛砖引玉。

在谈论中国经济的现状和发展方式的时候，我们很容易说到中国经济长期处于全球经济价值链底端的地位，并且很容易得出结论：发达国家用创造和创意，用品牌和设计占领着几乎所有产业链的制高点，享受着滚滚而来的丰厚利润，而中国企业所得只是微薄的“残羹剩饭”。

必须指出，中国经济在全球经济价值链中的地位的确比较低下，然而，将原因归结于发达国家的创新和创造，这种判断充其量只是说对了一半。发达国家和地区在各方面的创新和创造的确带来了制度、流程和商业模式的优化，带来了产品与服务质量的提高，进而带来了竞争优势。源源不断的创新持续强化着它们在全球价值链中制高点的地位，这是事实，但这种分析仅仅揭示了创新创造的巨大影响，然而，创新和创造背后的逻辑是什么？基于这个逻辑发生了其它什么事实呢？这才是问题的关键所在！要抓住事物的本质，看到事物的真相，一定要深究问题深处的问题，事实背后的事实。

看到了中国经济的病症，开出了创新创业的方子，这不能说是不对。而问题在于：创新从何而来？创新作为一种意识、一种理念、一种基因、一种行为，是不会从天上掉下来的。无论任何一个国家、民族，也无论任何一个政党、企业，大凡能够产生大量而有效创新行为的，都可以找到其创新现象背后的原因，捋出创新结果深层的逻辑，然后发现：创新，尤其是大量的创新，一定来源于一个大环境，一个大磁场，一个大生态，实质是一个大结构，一个因缘和合的系统结构。

而当我们继续往深处探寻，就会透过创新现象看到制度，再透过制度看到文化，透过文化看到核心价值，而这个核心价值就是灵魂。于是我们可能恍然大悟：我们常常讲“创新是一个民族进步的灵魂”，这句话其实说反了，正确的逻辑是：伟大的灵魂才是一个民族能够产生伟大创新和创造的不竭动力。如果灵魂不进化，人心不改变，人文不升华，如果文化、价值观等软环境不改变，如果基于人格心性的制度体制不改变，创新只会沦为一场声势浩大的空谈，甚至引发大跃进式的灾难。

所以，关于创新，我们最为紧迫的事情应该是：为了创新，这个时代最珍贵的、民族最期盼产儿的降生，好好搭个温暖如春的窝，或者说建设一个雨林生态式的环境，特别是软环境。实践证明：谁能建设好这样的环境，营造出这样一个场，谁就能得到丰硕的创新之果，而且，即使在大环境不很理想，甚至很恶劣的情况下，企业照样可以通过自身的努力营造出一个盛产创新和收获创造的独特的场域、环境。而这个过程，必然就是一个管理的创新变革，转型升级的过程，实质上就是一场管理革命，一场大革命。

在这方面，华为、德胜、固锝等企业都是管理革命的先锋和典范。通过管理革命，这些企业不仅塑造和升华了企业组织的集体精神人格，而且系统地提升了企业的品质，从软实力到制度、流程，再到产品、服务、客户关系，企业系统全要素整体升级，凤凰涅槃。

那么，这种盛产创新和创造的环境从哪里来？一句话：从管理而来。做管理，其实就是做环境，有什么环境，出什么特产；做环境，就是做互动；做互动，就是做关系；做关系，就是种因缘；种什么因缘，受什么果报。其中的关键环节是：通过互动，构建关系。所谓互动，最重要的是管理者对员工做了什么事，以及说了什么话，而且言行是否一致，知行是否合一，然而最根本的是：管理者对员工存的是什么心，怎么看待员工，也就是管理者做企业、做管理的动机是什么，根本上就是管理者的人格心性、精神境界、理想信念，说到底是核心价值，也就是灵魂。

如果上面的逻辑成立，那么我们由逻辑回到现实，来看看我们所处的环境，然后问问我们自己：我们所在的环境，包括社会环境、企业环境，是不是一个有利于大量发生创新行为的环境呢？距离“创新型组织”“智造大国”“创新大国”的要求还有多远？应当承认：我们有很大的进步，但是，从粗制滥造、假冒伪劣产品仍然大量存在的事实来看，从大量的投机取巧、坑蒙拐骗现象仍然相当泛滥的事实来看，从2016年国庆节期间，颐和园的工人每天还要从昆明湖的湖面上捞起1000多斤垃圾的现象来看，我们就会知道差距在哪里，差距有多大。粗制滥造的产品根本上源于我们这颗粗糙的心，一颗要赚快钱、赚大钱的浮躁之心；而假冒伪劣的产品和坑蒙拐骗的行为，根本上源于一颗不择手段发财致富的贪婪之心。

目前，国内很多学者和企业呼吁中国经济、中国企业的“品质革命”，我对此非常理解，而且我认为：中国社会、中国经济和中国企业更为需要一场基于“心灵革命”的“管理革命”。分析任何一个国家和民族，研究中国历史上任何一个兴盛的朝代，解剖任何一个基业长青的企业，不难发现：真正的强大，都是系统性的强大；真正的复兴，都是系统性的繁荣。系统性强大和复兴的根本，则在于精神的崛起，文化的先进，灵魂的强大。如果就创新讲创新，就创新搞创新，就相当于我们的认知水平又回到了“洋务运动”的年代，仅仅是认识到了“器物不如人”的差距与落后挨打的原因，与国人曾经有过的“制度不如人”“文化不如人”的认知境界相去甚远。若真是如此，岂不是要重复历史教训？当然，我希望这只是杞人忧天，但还是心里不踏实，因为现实中有大量企业管理者的心智模式仍然停留在遥远的过去。心，没有走出来，又怎样带领企业，带领广大员工走向光明灿烂的未来呢？

以上所表达的，正是我想要通过本书来传达的一个基本思考。无论是大跨度的时空转换，还是对微观层面现象与做法的聚焦，目的是对企业走向未来所需要的“强其心智，壮其筋骨”，补其短板的方面进行一个兼具深度与系统的思考，同时努力为企业管理的转型升级，以至涅槃重生，提供一个具有方向性、路径感、方法论，并具有可操作性的理论与实践的指引。

我不是一个专职的学者，只是一个热衷于观察、体验和研究管理问题的思考者。我的大学专业背景是医学和哲学，硕士和博士研究生读的是法学和企业管理。早期做过最基层的农村干部，当过老师和医生，因此对中国文化在基层的表现有些体会。我先后在从最基层到中央国家机关多个层级的政府部门工作，对中国的权力运作和官场文化多少有些观察。我长期在央企和世界500强上市公司的八个以上不同部门做管理工作，其中从事人力资源管理和教育培训工作的时间达十六年。现在的工作是负责全系统四十余万从业人员教育培训的体系规划与运营管理。我的主要兴趣是读书、思考、开发课程和授课，近十一年在系统内外讲课时长达到两千课时以上。十年前写过一些企业管理实践指南之类的书，但偏重于实务操作，有用但学术含量不高。

本书主要是对我这些年所思所讲的系统性整理、扩充和规范化。书中很多内容实际上是我所在公司近十年创建学习型组织的经验和做法，是我的亲身经历和实践中的经验、感悟加上相关的理论思考。也有一些企业是我多次去学习考察、访谈过的，例如德胜洋楼和固锝电子我都去过三次。特别需要指出的是，尽管我在这方面用心学习与思考，竭尽全力诉诸于文字，但碍于个人水平局限，书中仍难免不足与谬误，在此，敬请各个方面的学者、老师、同仁批评指正。

本书适合对象比较广泛。管理者、管理类高校学生都可以是本书的读者；对管理，包括对成功、幸福及跨学科思考有兴趣的人，都可以将本书作为闲书；管理学方面的老师，包括企业内的培训师，可以将本书用作参考书，里面的结构仍然带有若干专题讲座的痕迹。

熊向清

2016年10月8日

目 录

引 言

心与物，心性与命运，组织的集体人格心性与企业的生存发展，它们之间到底是怎样的关系？企业的生死存亡、成败兴衰背后的逻辑是什么？是否存在组织基业长青的基因代码？相信这些问题不仅是哲学家永恒追寻的命题，更是企业家不懈探索的课题。

或许你会问，讨论这些问题与我们这本书有关系吗？

让我们先来看一个故事：

在某地区，一个矿主发现了一个大型金矿，于是他雇佣了一千名工人。为了获得尽可能多的回报，矿主每年获得上千万利润的同时，将工人的工资维持在尽可能低的水平。在这种情况下，工人的工资仅仅能够维持其基本生存，不能也不敢更多消费。当然，这样的工资并不能让人满意，结果是一批批的工人走了，一批批的工人又来了，有时还会爆发一些冲突。为了监督工人，矿主也花费了大量的精力。就这样年复一年，三十年后，整个金矿开采完了，工人们离开，矿主另觅他处，留下一片破败与荒凉。

不得不说，生活中这样的故事每天都在上演：有的人一辈子辛辛苦苦，到头来仍然是两手空空；有的企业老板做梦都想把企业做大做强，却不能逃脱短命破产，抑或昙花一现的命运。对于这种现象，我们也已司空见惯，甚至认为再正常不过。殊不知，一念智即般若生，如果我们能够改变自己的意念，将做事的动机往上提升一步，那么我们的行为，人生的结局、企业的命运则可以呈现出完全不同的另一番景象。再看看这个故事：

同样是在这个地区，同样是发现了金矿。矿主出于分享之心，将更多的利润（每年利润的20%）分给所有的工人，由此而降低了工人的流动性以及对工人的管理成本。更为重要的是，工人的可支配收入大大增加了，生活改善了，由此而产生了更加良好的人生体验、更高和更多的需求以及对于未来更加美好的憧憬，比如：更好的饮食，更好的居住条件等，由此而带来了餐饮业、建筑业、房地产业、服务业的增加，从而产生了更多的工作机会，更多工人家属来此就业；随着整个地区的人口越来越多，学校、医院、文化艺术等设施也应运而生了，甚至办起了大学、科研院所以及高新技术开发区。随着该地区吸引力的增强，人气的越来越旺，一个城市渐具规模，并像雪球一样越滚越大。在这个过程中，矿主利用资金优势，近水楼台先得月，参与到这场来势凶猛的"造城运动"中。三十年后，金矿已经开采完毕，但是矿工不仅没有离开，而且顺利换岗，安居乐业，城市发展则是良性循环，充满活力。

如果以为后面的故事只存在于理想国，那我们就错了，因为在现实生活中，类似的案例不仅存在，而且正在越来越多，其中最典型的案例当属华为。

一家中国民营企业，能够在三十年的时间里，从强敌环伺到傲视全球，从近乎一穷二白到跻身《财富》500强，这样的奇迹堪称绝无仅有。而奇迹的背后是什么呢？华为CFO孟晚舟在清华演讲中的一段话道出了奇迹深处的秘密，她说："华为坚持'财散人聚'的理念，建立了广泛的利益分享机制。对内，创始人任总只留了1.4%股份，其余分享给了员工；对产业链'深淘土，低作堰'，让利给客户和供应商；未来，华为希望建立一个开放共享的ICT生态圈，共同做大产业，做大蛋糕，但华为只取1%，其余的都留给广大的合作伙伴们。"由此可见分享的力量是多么的强大，"舍"，尤其是"大舍"的魔力是多么强大，而分享、大舍、利他的意识和行为所形成的磁场则更加惊人：不仅凝聚了数以万计的国内顶尖人才，而且吸引了成百上千的来自海外的世界级一流人才，包括2位诺贝尔奖获得者，以及与逾百所高校和研究机构合作。当然，任正非的分享绝没有停留在金钱层面，他的精神和思想通过他一系列的讲话和文章，总是适时地分享给华为的员工，给这个奋进中的组织不断地注入更高级别的能量，使得华为朝着更高级别生命共同体的方向不断进化。

分享是一种拿起与担当的行为表现，本质上更是一种智慧与慈悲的精神尺度，是内在心性的外在呈现。心性才是我们的生命之根。

当然，心，或者说心性不会从天上掉下来。在美国学者夏洛特•谢尔顿的著作《改变你工作和生活的7种量子技巧》中，介绍了这样一个心理学实验：新生小猫的认知塑造。

在新生的小猫刚睁眼时，实验者将它们随机分成三组：第一组小猫被放入画有黑色水平线条的白盒子；第二组被放入画有黑色垂直线条的白盒子；第三组被放入一个全白的盒子。

实验结果表明：被放入第一组的小猫在被放出来后，只会按照黑色水平线条走路，一旦碰到垂直线条就会撞上；第二组小猫只会按照黑色垂直线条走路，一旦碰到水平线条就会撞上；而第三组小猫更惨，无论碰上垂直还是水平线条都会撞得头破血流。

由此看来，小猫所处的环境塑造了小猫的感知能力。

和小猫一样，我们经历的形形色色的社会熏陶与浸染，我们与环境的互动，形成了限制我们感知这个世界的各种认知局限，这些局限严重妨碍我们正确地认识世界，思考人生，看待自己，解决生命各个阶段的种种问题，从而阻碍我们个人与组织生命的拓展与前行。

根据量子理论和人类神经学的研究，人类大脑具有局限性，它通常以“选择性感知”的方式来观察世界，也就是说，不是所有关于观察对象的信息都能进入我们的意识知觉，只有那些符合我们的情感、渴望和偏好的信息才能进入我们的意识知觉，供我们分析、思考、判断、决策。而我们的渴望、偏好是由我们的世界观、人生观和价值观决定的，后者就是我们这颗心。也就是说：是我们的“心”决定了我们对信息的选择，进而决定了我们对事物的认知和判断，最终影响和决定了我们的行为，以至命运。

和这些小猫一样，我们的经历对认知有着巨大的影响。我们的经历影响我们的感知，我们的感知又加强了我们的信念，于是，我们一般人的生命就容易陷入一种周而复始，常常是较低层次的循环：以习惯的方式看待世界，以习惯的方式对待世界，塑造自己所处的环境，塑造自己的现实世界，由此塑造自己的命运。

然而，对于智慧的人类而言，心是在环境中“长”出来的，但也可以是在与环境的互动中自觉地“修”出来的。我们需要，也应当走出旧的认知局限，学会保持一颗清净无染的心，不以惯常的方式，而始终以觉察之心，努力学习以新的眼光感知，进而正确地看待并善待这个鲜活、灵动的世界。

心性决定了认知，认知决定了选择，选择决定了行动，行动决定了结果，结果决定了命运。归根结底，我们个人的命运，乃至整个组织的命运，很大程度上都取决于我们的心性。

修心不仅对于个人非常重要，对于企业也是如此。我们的发展模式、管理方式正是我们组织的心智模式，也就是组织集体人格心性的外在投影。

从上面的金矿故事及华为案例来看，改变心灵，才能改变一切，才能改变命运。

本书将从这个角度开启我们的管理思维与管理实践创新升级的探寻之旅。

第1章

当今世界，中国位置在哪里

从古老的夏商周，到21世纪的今天，中华民族经历了近五千年的跌宕起伏。在清代以前的上千年时间里，中国曾长期世界领先，但由于闭关锁国，中国错过了工业革命而被迅速赶超，遭到新兴起的西方发达国家和日本的竞相入侵，沦为半殖民地半封建社会，从历史的高峰一下跌落到最低谷，反复沉沦。新中国成立后，中国人奋发图强，经过近四十年的改革开放，中国开始逐步走出低谷，GDP总量更是达到世界第二的水平。在成功面前，许多国人以为中国已经全面崛起，甚至超越美国也已是指日可待，殊不知，中国目前面临着许多挑战。由于人口老龄化、环境污染等因素，资源加政策的粗放式发展已经难以为继，而目前中国制造在国际分工体系中地位低下，若不能及时有效因应，中国完全有可能陷入“中等收入陷阱”，遭遇经济发展停滞和倒退，进而引发社会动乱。而且，中国的高速发展已经引起美国的警惕，“亚太再平衡”、推行TPP、钓鱼岛问题、南中国海冲突等，其实质都是为了围堵中国。那么，面对复杂的经济、政治形势，我们不得不思考：在今天这个世界，中国的位置在哪里？未来我们又该何去何从？中国企业家又该怎样从中国的历史画卷中读出自己的责任与使命，建立高度的自觉与自信？

1.千年辉煌谁能敌

在星辰璀璨的岁月长河中，在浩如烟海的历史进程中，人类文明已经走过了上万年的历史。在底格里斯河和幼发拉底河流域，在尼罗河流域，在黄河和长江流域，在印度河和恒河流域，相继产生了四大古代文明，其丰富多彩的辉煌成就令人赞叹。但随着沧海变迁，古巴比伦、古印度、古埃及文明都一一消逝和凋零了，只有生活在中国这片土地上的人民，依靠他们的勤劳和智慧，延续着“世界上唯一没有中断过的文明”，中华文明，卓然屹立，这无论从中华文明在科技、经济、军事、政治等方面取得的巨大成就来看，还是从国外学者对当时中国的仰慕上来看，都可见一斑。

我们的祖上曾经很阔很阔

谈到中华文明的成就，就不能不说古代中国在科技方面取得的一系列重大创新。首先，举世瞩目的四大发明，对中国文明，乃至整个世界文明，都发挥了极大的推动作用。没有四大发明，就不会有资本主义的产生。

其次，中国在农业方面也具有高度的创造性，早在远古时期，中国人的祖先就已经开始有意识地对野生水稻进行选育和改造，由此逐渐形成了现代意义上的水稻，在这个过程中，栽培技术不断完善，甚至在周代以前就声名远播。《齐民要术》等专著表明，在农业研究方面，中国人既前沿又深入。

再次，在工业方面，古代中国也在长达几千年的时间里领先。早在商代，青铜器就得到了大规模的应用，春秋时期，吴越等国的铸剑水平举世罕有，这标志着炼铁技术的成熟，而在用煤炼钢方面，中国早于欧洲1000多年。

最后，中国在天文地理方面也卓有建树，中国有世界上最早日月食、哈雷彗星的记录，东汉时期的地震仪，比此后欧洲的发明早了足足一千多年。此外，在建筑学上，中国也成果累累，万里长城、故宫等建筑让人叹为观止。当然，中国的创造发明绝不限于此。

根据统计数据，在自然科学领域方面，中国各时期的重大创造发明占全球比例如下：公元前6世纪前为57.4%；公元前6世纪到公元前1世纪为50%；公元前1世纪到公元400年为62%；公元401年到公元1000年为71%；公元1001年到公元1500年为58%。可以说，在明代以前的创造发明中，近60%是由中国人完成的，这充分说明了中国的绝对领先。

许多经济史学家的研究表明，很早以前，中国经济和科学发展就已经十分活跃。在10至13世纪，中国早已沿着第二次工业革命的道路前进，这远比欧洲悠久。英国著名科学家李约瑟（Joseph Needham，1900-1995）长期致力于中国科技史研究，在其著作《中国科学技术史》中提出：在很多重要领域，中国比西方更早取得了重大科技进步。世界体系理论的奠基人安德烈•弗兰克（Andre Gunder Frank，1929-2005），在 1998 年发表的一部极为重要的著作《重新面向东方》（Reorient: The Global Economy in the Asian Age，中文版译名为《白银资本》）中提出：从14世纪航海大发现直到18世纪末工业革命之前，是亚洲时代。确切地说，这个时代中国是全球经济体系的中心[①]。关于古代中国在世界经济史上的中心地位，一些学者研究发现，汉、唐、宋、明、清，中国任何一个大一统王朝建立后五十年左右，几乎无一例外地创造了经济规模占世界总量40%以上（有时高达60%-90%）的奇迹。

唐朝是中国历史上最为鼎盛和开放的时期之一。在唐玄宗开元年间，政治清明，经济发达，军事强大，四夷宾服，万邦来朝，开创了全盛的“开元盛世”。天宝年间，全国人口达八千多万，此时的唐朝国力达到顶峰，长安成为当时世界的政治、经济、文化中心，它与阿拉伯帝国并列为当时世界上最先进的文明及强大帝国，声誉远播海外，与东亚、东南亚、南亚、西亚和欧洲国家均有往来。其文化上兼容并蓄，接纳了海内外各个民族宗教文化，形成高度开放的国际文化。正因为以上原因，在唐朝以后，中国人在海外被称为“唐人”。

①安德烈·贡德·弗兰克：《白银资本：重视经济全球化中的东方》，北京，中央编译出版社，2000。

到了宋朝，中国更是进入了历史上前所未见的经济、文化和科技的鼎盛时期。其经济的发达，无论就总量还是人均而言，遥遥领先于当时世界上的任何一个国家和地区。农业、印刷业、造纸业、丝织业、制瓷业均有重大发展，航海业、造船业成绩突出，海外贸易发达，和南太平洋、中东、非洲、欧洲等地区的50多个国家通商。根据历史学者的研究，北宋咸平三年（公元1000年），中国GDP总量为265.5亿美元，人均GDP为2280美元，远远超过当时西欧人均GDP的427美元。而到了清朝时期的1820年，中国人均GDP只有600美元，当时英国刚经历第一次工业革命，人均GDP也才1250美元。宋朝时儒学复兴，社会上弥漫尊师重道之风，科技发展亦突飞猛进，政治开明廉洁，人口从太平兴国五年（公元980年）的3250万增至大观四年（公元1110年）的1亿1275万，完全称得上是当时世界上最大，生产力最发达的国家。

著名史学家陈寅恪这样形容宋朝：华夏民族之文化，历数千载之演进，造极于赵宋之世。而西方与日本史学界普遍认为：宋朝实现了中国历史上的文艺复兴与经济革命。美国历史学家墨菲（Rhoads Murphey）也曾在其著作《亚洲史》中明确指出：宋朝是中国历史上最令人激动的时代。

在唐宋之后，中国相继进入元、明、清时期，从历史上的高点逐渐下滑，但即便如此，在明清时期，尤其是清中期以前，由于传统优势的延续，在经济上，中国仍然全球领先，直到鸦片战争前夕，中国GDP仍然以33%的比例而位居世界第一。

欧洲人的中国梦

在中国的唐宋时期，欧洲进入了“中世纪”，即从西罗马帝国灭亡（公元476年）开始，终于15世纪文艺复兴（公元1453年）之前、资本主义萌芽之初，这持续了长达近千年。中世纪的欧洲文化落后，思想愚昧，封建割据导致频繁的战争，科技和生产力发展停滞，人民生活极度贫困，铁制农具没有推广，更没有播种机之类的农具和比较有效的灌溉技术，教会的权力比政府权力还要大，宗教法庭令人毛骨悚然，人们只为能够在上帝那里赎罪而活着，贵族都普遍不识字，更不要说平民了，这个时代被后人称作“黑暗时代”。

在这时，马可波罗出现了，为欧洲带去了“中国梦”，开启了西方人的文明愿景。在马可波罗的笔下，元大都“汗八里城内和相邻城门的十二个近郊的居民的人数之多，以及房屋的鳞次栉比，是世人想象不到的。近郊比城内的人口还要多”，“济宁是一个雄伟美丽的大城，商品与手工艺制品特别丰富。……河中航行的船舶，数量之多，几乎令人不敢相信。这条河正好供两个省区航运，河中的船舶往来如织，仅看这些船舶的吨位与数量，以及它们所载商品的价值连城，就会令人惊讶不已。”

从13世纪马可波罗游历中国后，一直到18世纪，欧洲人做了长达500年的“中国梦”。意大利耶稣会传教士利玛窦在自己的著作《十六世纪的中国》中写道：“在这个几乎有无数人员的无限幅员的国家，各种物产又极为丰富，虽然他们有装备精良的陆军和海军，很容易征服邻近的国家，他们的皇上和人民却从未想过发动侵略战争。他们很满足于自己已有的东西，没有征服的野心。在这方面，他们和欧洲人不同，欧洲人常常不满足于自己的政府，拼命贪求别人的东西。”

在欧洲文艺复兴时期，中国文化被当作成功的典范，对欧洲产生了深刻的影响。这方面的代表首推伏尔泰，在他的著作中，他对以孔子为代表的儒家思想进行了不遗余力的称赞。在《风俗论》中，他写道：“我全神贯注地读孔子的这些著作，我从中吸取了精华，孔子的书中全部是最纯洁的道德，在这个地球上最幸福的、最值得尊敬的时代，就是人们尊从孔子法规的时代，在道德上，欧洲人应当成为中国人的徒弟。”“中国是全世界最优美、最古老、最广大、人口最多和治理最好的国家”，“当中国已经成为繁荣而且制度完善的国家时，欧洲还是一小撮在森林中流浪的野人呢！”他甚至认为，法国应该全面向中国学习，学习最能体现人类理性的哲学——儒学，学习中国的各个方面。

丹麦童话作家安徒生也是这方面的代表，他虽从未踏足中国，但在他的100多篇童话故事中，提及中国的就有13篇，将“最神奇美丽的想象给了中国”。在其童话《夜莺》中，他这样描述中国的宫殿：那里花园里的花是金子做的，巍峨的宫殿是精致的瓷器砌成的，中国的皇帝威严而强大。华丽、神秘、富足，这就是安徒生营造出的东方国度，令人神往。

在大文豪歌德的笔下，他对东方的羡慕和追求，毫无掩饰，在其著名的《东西诗集》中，开篇第一首诗《希吉勒》便说：“逃吧，遁入纯洁的东方。”

不得不说，在清代以前，外国人对于中国，完全是无限的向往，这种向往甚至成为他们努力奋斗，改变自己国家的巨大动力。

2.百年屈辱无人问

一个组织最大的危险，莫过于它过去的辉煌，一个国家、一个民族也是如此。

秉承开放、包容、勤劳、智慧等传统优良品质，中国在长达千年的时间里保持世界领先，但自明清以来，由于国力的强大，中国的君主开始认为“天朝物产丰盈，无需与外国互通有无”，这种过度自信导致长达几百年的闭关锁国。放眼看当时的世界，情势已经大变，每一次工业革命不仅提高了劳动生产率，而且促进了全球化进程。谁能引领技术革命，将技术革命的成果与产业发展和升级紧密结合，谁就能走在世界经济、政治、军事的最前沿，实现跨越式发展。

终于，工业革命的强大爆发力推动着西方迅猛前进，整个西方实现了飞跃，中国在妄自尊大中被全面反超。进入19世纪后，中国没能跟上现代工业革命的步伐，小农经济受到西方技术革命的冲击，再加上鸦片战争爆发和帝国主义纷纷入侵，中国的地位急剧下滑，日渐衰退，先是被工业革命的先驱力量——西欧和美国赶超，后来又被俄国和日本狠狠地甩在后面。1840年之后，随着鸦片战争等一系列战争爆发，中国不断赔款割地，逐渐沦为半殖民地半封建社会，在国外势力的支持下，国内各种势力纷纷扰扰，整个国家也呈分崩离析之势。在外扰内争过程中，人们的生活每况愈下，整个中华民族面临着亡国亡种的巨大忧患，伴随着中国的逐渐落后，中国以及中国人的国际形象一落千丈，成为腐朽、懦弱、贪婪、卑鄙的象征。

乱哄哄你方唱罢我登场

自1840年第一次鸦片战争爆发，到1949年新中国的成立，在近现代的百年中，中国遭遇了无数大大小小的战争，在对外战争中，较大的战争包括第一、二次鸦片战争、中法战争、甲午中日海战、八国联军侵华战争、抗日战争，内部战争主要包括太平天国战争、辛亥革命、军阀混战、北伐战争以及国共内战等。

外部战争中，中国屡战屡败，每一次战败都加重了中国的危机，尤其是甲午中日海战，在具有装备及人数优势的情况下，在当时西方舆论都认为中国必胜的情况下，北洋海军可谓全军覆没，给中国一个当头棒喝，甲午海战的失利，包括之前的日本占据琉球，都为之后的朝鲜被吞并、东北成立伪满、华北沦陷埋下了引子。在这些外部战争中，中国除了在抗日战争中获胜外，其它往往以失败而告终。

内部战争爆发的频次则更高，仅北洋军阀的混战就长达16年，而边疆地区，如新疆、内外蒙以及西藏等地区都经历了大大小小的分裂战争，这些内部战争大大地消耗了本就虚弱不堪的中国。

以GDP而论，按照当代最伟大的经济历史学家安格斯•麦迪森的计算，在鸦片战争爆发前夕，中国GDP仍占到全球的33%，此后这个数字便一路下滑，到1913年时，中国GDP只占到全球的8.9%，而到1949年时，这一比例跌至4.5%，考虑到中国庞大的人口基数，这一数字的背后必然是满目疮痍，野有饿殍。此后，中国的GDP全球比例便一直在低谷徘徊，直到改革开放才有所改观。

以人口而论，据统计，1841年中国人口为4.13亿，1852年下降到3.79亿，1853年下降到3.18亿，1866年下降到2.56亿，在中华民国成立后，人口才有所增加，1911年为3.68亿，1921年增至4.43亿，1933年达4.63亿，到了1949年，中国人口为5.41亿。在这109年的时间里面，中国人口增加了1.29亿，增量并不算小，但与之前的一个百年相比，在生产力和耕地面积都有所提高的情况下，在医学更发达的情况下，人口增长率反而出现了下降，这背后的原因，值得我们深思。

总之，在当时，帝国主义贪婪无耻，中国政府腐朽没落，普通的百姓只能在三座大山的压迫下，苦苦挣扎，老舍笔下拉车的祥子便是最真实的写照。祥子初到北京时，年轻力壮，坚韧顽强，敢于吃苦，风里来，雨里去，在一个正常的社会，这种奋斗至少应该保证他的温饱。作为一个车夫，他最大的梦想是拥有一辆属于自己的三轮车，他曾两次实现过自己的梦想，但三轮车一次被军阀逃兵抢走，另一次则被国民党的特务敲诈而夺走，加上车行对他的长期剥削，最终，他失去了所有斗志，被当时那个强大、罪恶而病态的社会吞噬。

丑陋的中国

在整个18世纪，在西方人的眼中，中国形象都可谓高高在上，不可企及。但到了19世纪，中国的形象发生了急剧的变化，迅速成为一个丑陋、落后、腐朽的专制帝国。

这最早始于英国海军准将乔治•安森的《环球航行记》，他在广州和澳门有所停留，并和中国的官员和商人有过接触，但他对中国的印象极差，因为在他们购买食物时，中国人给鸡鸭塞入沙石，给猪肉注水，以增加商品的重量。他认为中国人所标榜的道德和风雅不过是一种虚伪而已。

而英国政治家马戛尔尼则在《出使中国》中写道："所有与我们有过交往的中国官员都表现出极文雅的礼貌和不甚诚实的高贵教养。尽管我们有所提议就会立即得到口头同意，可事实上，他们又总是编造出种种巧妙的借口来拒绝我们，由此我们深感失望。"他评价中国人："他们的衣服非常脏，也很少洗，他们从来不用肥皂。他们很少用手绢，而是随地乱吐。用手指挖鼻子，用袖子擦鼻涕，或者抹到身边的任何东西上，这种情况很普遍。"

在伏尔泰那里，孔子的哲学被奉为至宝，但在黑格尔那里，却不值一提。在黑格尔的《哲学史讲演录中》，《论语》被认为只是一些常识和道德，没有任何出色的地方，更是没有一点思辨精神。而且，在黑格尔看来，中华民族的整体道德水平非常低，“由于他们自暴自弃，造成了中国人极大的不道德。他们以撒谎著名，他们随时随地都能撒谎。朋友欺诈朋友，假如欺诈不能达到目的，或者为对方所发觉时，双方都不以为可怪，都不觉得可耻。他们的欺诈实在可以说诡谲巧妙到了极顶。欧洲人和他们打交道时，非得提心吊胆不可。”在黑格尔看来，中国人将道德和法律混为一谈，实在可笑。

美国“汉学之父”卫三畏1833年到达广州，在中国居住达43年之久，对中国文化颇有研究。他对中国人的总体评价是：“中国人无疑是世界上最自负的民族之一。”在他的《中国总论》中，他对中国的政治制度及道德品质进行了集中批判。中国“就像一辆沉重、破败的大车在艰难蹒跚地前行，每时每刻都有可能垮掉，碰得粉碎。”“在这种极端专制制度下，中国的官员贪婪虚伪而暴虐自负，他们无所用心，只是想着怎么样哄骗上级，利用巧诈来欺上瞒下，一面将自己伪装成谦卑诚实的形象，一面大肆敛财，争名夺利。”卫三畏批判中国人在道德方面一无是处，虚伪、野蛮、粗暴，无视法律，虽然外表上看起来没问题，但内心却是邪恶与污秽，生活中表现的完全是不道德的行为，“比身体的罪恶更不容易改变的是中国人的虚伪，随之而来的是卑鄙的过河拆桥。”

上面的这些看法在文学领域也有所体现，在19世纪末及20世纪的欧洲文坛，傅满洲在某种程度上成为了欧洲人眼中的中国人象征。在1875年出版的《福尔摩斯遭遇傅满洲博士》一书中，傅满洲第一次出现，成为中国人奸邪的象征，后来，在英国作家萨克斯•洛莫尔的笔下，傅满洲的故事不断得到充实，身上有着一半中国血统的他无恶不作。直到今天，这一东方歹徒形象仍然在欧美有一定市场，尤其是对中国抱有偏见的人群。

3.改革开放：我们离复兴还有多远

1840年到1949年，中国从高处一落千丈，并长期在低谷徘徊，成为欧美及日本蹂躏的对象，直到1949年新中国建立后，这一情况才有所改观：军事上，随着抗美援朝战争、对越战争和对印战争的胜利，中国不再是任人宰割的对象；政治上，随着中国对苏、美外交政策的总体得当，世界大国的地位也得到一定程度的体现。但不得不说的是，在经济上，中国仍然穷困潦倒，仅1959年到1961年，就有无数人因饥饿而丧命，直到1978年改革开放，经济落后的状况才得到了彻底的改变。

“1974年，深圳还是个小渔村，我走到香港以后好像到了另外一个世界，现在这两个地方已经没什么差别了。”“1985年我们在中国办演唱会时，北京只有一座现代建筑——长城饭店，现在，长城饭店已淹没在北京上千座闪亮的玻璃与钢结构建筑中。”这是外国友人对中国改革开放的评价。

可以说，改革开放近四十年来，我们伟大的祖国迎来了思想的解放、经济的发展、政治的昌明、教育的勃兴、文艺的繁荣、科学的春天，综合国力不断增强，对世界的影响力不断加大，当今世界，没有中国的参与，世界性的问题很难得到解决。

在经济领域，中国的地位提升尤为明显。今天亚洲国家最大的贸易伙伴都是中国，日本和韩国走出经济衰退主要靠中国市场的拉动；在拉美，虽然美国仍然是拉丁美洲最大的贸易伙伴，但中国正在力争取代美国。据美国麻省理工学院2015年最新统计，中国和巴西、阿根廷、秘鲁和委内瑞拉的贸易额已经超过了美国。在欧洲，中国已经成为了欧洲各国吸引外资的“香饽饽”，德国、法国、英国这些老牌欧洲资本主义国家在吸引中国投资方面展开了激烈竞争，此外，意大利、西班牙、葡萄牙、希腊等国家的债务危机也强烈依赖中国的援助。

面对中国日益增长的影响力，美国彼得森国际经济研究所所长弗雷德•伯格斯滕提出了“两国集团论”，即“G2”，大名鼎鼎的战略家基辛格也发表了类似观点，主张美中两国应建立一种“命运共同体”，将两国关系提升到类似二战后大西洋两岸关系的高度，前国家安全事务助理、奥巴马总统的政策顾问布热津斯基对此也积极附和。虽然中国明确表态拒绝“G2”，但可以看出：在全球舞台上，中国正在扮演越来越重要的角色，这在2016年的杭州举办的G20会议及2015年的亚投行事件中得到充分体现。

2016年9月4日，举世瞩目的G20会议在中国如期举办，全球最为重要的20个国家的领导人相聚杭州，讨论全球发展的话题。值得注意的是，此次峰会正值南中国海冲突纷纷扰扰之际，中国能够克服种种不利因素，成功举办G20，这充分表明了中国实力的强大，中国在国际地位的提升。在这次峰会上，中美两国在气候等领域达成了35项合作清单，不得不说，借助G20，中国的历史又翻开了新的一页。

2015年6月29日，“万国来华”的盛事再次上演。57个亚投行创始成员国在北京出席亚投行签署仪式，50个国家代表上台签字。中国国家主席习近平出席签署仪式并接见各位代表。在加入亚投行的过程中，更是上演了一幕幕精彩大戏。其中英国加入亚投行可谓波诡云谲，几乎可以拍成一部好莱坞大片：“背叛”美国盟友，为占得先机与卢森堡玩“心理战”，为欧洲总部地址与德国勾心斗角。而美日两国更是从最初的坚决抵制到松口考虑加入亚投行，态度出现了巨大反差。从各国的表现中，我们不难看出，中国在经济、政治、外交、文化、军事等方面的影响力已经全面提升，正以自己巨大的实力影响着这个世界。

毫不讳言，改革开放以来，中国在各方面都取得了重大的进步，令人欢欣鼓舞。在巨大的成就面前，有人按捺不住，开始认为中华民族已经全面崛起，超越美国指日可待，甚至呼吁中国放弃韬光养晦、和平发展的长期方针，在与美国的较量中，在周边的领土纷争中，要保持硬气，不惜使用武力。在过去的百年屈辱中，很多国人变得自卑，改革开放获得成功，又让很多国人变得自负。要想成为一个受尊敬的大国，首先必须要有自信的心态，自信就是既不自卑，也不自负，在认识到自我成就的同时，也深刻认识到自身许多方面的不足，面临的许多挑战，包括高速增长的难以为继、产业竞争力的缺失、国际形势的不容乐观等问题，始终保持冷静和理性。

高速增长已成回忆

根据美国经济咨询公司IHS环球透视（IHS Global Insight）的研究数据，早在2010年，中国的制造业就已经达到全球第一，占比19.8%，2014年占比20.8%，这与其在19世纪初的比例大致相当，而在2010年前的一百多年，美国曾一直在这方面稳居第一。在经济史学家罗伯特.艾伦（Robert Allen）看来，中国在制造业领域重新回归第一，这意味着经济史上一个新的经济周期的开始。

但是，冷静分析这种总量优势，我们就会发现巨大的问题：在中国，制造业从业人员超过1亿，而美国却仅有一千多万。从这个角度，我们得到的结论是：在制造业方面，中国仍远远落后于美国。美国制造业的强大主要体现在创新和品牌上，波音飞机、苹果手机等都已经成了美国的代表，因此，美国拥有巨大的技术和品牌优势。而中国制造业的快速发展则主要得益于廉价的劳动力资源及优惠政策。在廉价生产要素的吸引下，全球制造业大规模向中国转移，显然，这种“低成本资源+政策”的发展模式是中国制造业发展的关键驱动力，但目前这种模式已经难以为继，主要的原因在于以下两个方面。

一是人口红利[①]逐渐消失。改革开放以来的近四十年，大量廉价劳动力为中国改革开放提供了持久的动力。改革开放初期，随着劳动力数量的增长，农业劳动的边际产出量降为零，农村大量富余的、隐性失业的劳动力流入沿海开放地区，这称之为民工潮。对于很多发展中国家，廉价劳动力是经济发展的一个重要要素，为经济发展提供了相对便宜的要素价格，这在我国目前的经济增长模式中也较为明显。

随着计划生育国策的严厉实施，在八十年代以及九十年代初，出生的大多是一个或两个孩子，如今90后已经步入社会，成为新的劳动力资源。但是

①一个国家如果人口生育率迅速下降，造成人口老龄化加速的同时，少儿抚养比也迅速下降，劳动年龄人口比例上升，在老年人口比例达到较高水平之前，将形成一个劳动力资源相对丰富、抚养负担轻、对经济发展十分有利的“黄金时期”，人口经济学家称之为“人口红利”。

整个社会可提供的劳动力却在骤减，人口红利时代已经逐步消失。中国原来具备充足的廉价劳动力，目前却已迈向所谓的路易斯拐点。

所谓路易斯拐点理论，是指：在一国发展初期，存在二元经济结构，一是传统农业经济，一是以城市为中心的现代工业经济。现代化的过程是工业不断扩张，背后则是日益萎缩的农业经济产生了大量剩余劳动力。由于现代工业的劳动生产率远远高出农业，可以支付的薪金也远远高于农业，只要工业部门对这些农村富余劳动力提供足以维持生存的最低工薪，劳动力就会源源不断。城镇就业市场始终是供给严重过剩的状态，这样，工人的工资始终很低，仅仅略高于农业收益而已，于是工资长期保持在非常低的水平，这种状况会一直持续到农业剩余劳动力转移完毕。当新增就业人口赶不上增加的用工需求，就业形势就开始向供不应求转变，在这之后，如果经济继续高速发展，劳动力短缺就开始出现，工人在劳资博弈中开始处于优势地位，工资待遇才开始有可观的提升。

2012年，我国15～59岁劳动年龄人口93727万人，比2011年减少345万人，占总人口的比重为69.2%，比2011年末下降0.6个百分点，这是我国劳动年龄人口相当长时间以来第一次出现绝对量下降。60周岁及以上的人口达到19390万人，占总人口的14.3%，比重比2011年提高0.6个百分点。2013年，劳动年龄人口再次减少244万人，2014年进一步减少371万人，而2013年及2014年老年人口分别为2.02亿和2.12亿。劳动年龄人口减少和老年人口不断增加表明，我国经济增长所依赖的人口红利优势有所减弱，企业用工成本上升将是长期趋势。用工成本上升和外需不足交织，将使部分出口型企业竞争力下降、经营困难，持续投资能力减弱。

其实，早在2009年，东莞、深圳等用工地区就出现了“民工荒”，在这种供求不匹配的情况下，近5年来，中国的劳动力价格一再上升，但即使是这样，在老一代农民工不堪其负，新一代年轻人不愿做这种苦力活的情况下，2014年前后，中国已经进入劳动力实质性短缺状态，预计到2017年，就业市场净短缺估计将达1700多万人。2015年底，中国审时度势，全面推出“二孩政策”，但考虑到城市生活成本居高不下，许多家庭生育意愿并不高，因此该政策的效果仍有待观察。而且，即使该政策有助于缓解劳动力市场的紧缺情况，这至少也是二十年以后的事情了。

随着劳动力的急剧减少，工资逐步升高，通货膨胀愈发严重，中国正在失去过去的竞争优势。经济学家分析：如果说21世纪第一个十年是中国作为全球制造业中心快速崛起的十年，路易斯拐点之后，我们将看到相反的趋势，今天集中在中国的全球制造业可能在别的地方找到出路。事实上，包括富士康在内的制造业巨头，已经在越南、印度等劳动力便宜的国家开设工厂，尽管当地的法律法规、基础设施、配套资源等还不够完善。

而且，不仅是劳动力成本上升的问题，随着人民币多年来的连续升值，我国制造业原有的成本优势已明显减退，越南、缅甸等东南亚国家正以其相对更低的薪酬水平承接中国制造的大量转移。日本贸易振兴会的统计资料显示，与中国相比，同样条件下，越南的生产成本比中国低15%至30%，中国工人的月薪是越南和印尼的三倍以上，对于劳动密集型企业而言，这样的价格差别无疑很敏感。

2012年初，美国消费品巨头佳顿、卡特彼勒等世界500强企业，纷纷将部分产品从中国多家代工工厂撤回本土生产，许多“中国制造”正逐渐变成“美国制造”。2015年，许多低端制造企业已经撤离中国。优衣库母公司迅销集团的产品原本只有15%在国外生产，但2015年决定将这一比例提高到50%。无印良品决定在3年内将在中国采购的比率从60%削减到30%。而目前，台商在大陆兴办的制鞋厂已经纷纷南迁到东南亚，富士康集团总裁郭台铭也表示：在未来的5年内，加大在印度及其它地区的投资力度，以应对内地生产成本过高的问题。

二是环境资源问题十分突出。环境是一种特殊资产，生态破坏、环境污染本身就构成经济损失和财富流失。改革开放以来，大量重化工、高耗能、高污染、高排放投资项目上马，但环境作为一种隐性资源，其价格在生产过程中没有得到体现。事实上，破坏环境基本不需要付出任何代价，废水、废渣、废气肆意排放，由此导致了生态指标持续恶化，更何况，在数量上，中国水资源和土地资源本就已经十分紧张。

2014年，环保部对161个城市进行了空气质量监测，按照新的标准，只有16个城市达到标准。2015年冬季，华北地区持续雾霾，由此引发民众对口罩、空气净化器的恐慌性抢购，一时之间，上述商品多个渠道纷纷断货，可谓全城抗霾。根据亚洲开发银行与清华大学发布的《中华人民共和国国家环境分析》，中国空气污染每年造成的经济损失，基于疾病成本估算，相当于国内生产总值的1.2%；基于支付意愿估算，相当于国内生产总值的3.8%。以GDP为63万亿元人民币计，1%的损失在6300亿元左右，而考虑到雾霾不仅引发疾病，还对能源、钢铁及旅游等产业构成重大影响，其造成的损失应该远远超过6300亿。

在水资源方面，一方面是总量的紧张，另一方面是严重的污染，总体形势非常严峻。据统计，中国淡水资源总量居全球第四，但人均仅为世界平均水平的25%，是全球水资源最为贫乏的国家之一，且严重不均衡，西部地区多处于严重缺水状态。根据环保部的调查，在329个地级及以上城市的4896个地下水监测点中，水质优良、良好及较好的合计为38.5%，而61.5%的水质为较差或极差。在地表水方面，除了少数水源保护地，绝大部分的地表水，无论是淡水还是海水，都面临较为严重的污染。

与水资源问题一样，土地资源一方面紧张，另一方面污染严重，而且尚未得到足够的重视。近年来，随着建设用地的逐渐增加，土地资源也面临十分紧张的局面，农业用地日渐逼近18亿亩的红线，而与此同时，随着拆迁补偿及协调的成本增加，土地使用成本节节上升。在整个“十二五”期间，建设用地总体上供应不足，土地价格一路上涨，可以肯定的是，“十三五”期间，这一情况将仍然存在。

由于工厂废弃物的随意排放，以及农药的大规模使用，目前全国受污染耕地达1.8万亩，占总耕地面积的10%，由此造成粮食、蔬菜等食物的污染，最终对人体健康造成影响。而且，由于人在食物链处于最顶端，通过食物链，重金属等污染物会在人体内不断累积，最终引发疾病。2015年，武威荣华工贸有限公司罔顾国法和人民群众的安危，直接向沙漠腹地排放污水8万吨，污染面积266亩，这样的污染一旦形成，未来极难修复。

价值链高枝何日攀

依靠廉价资源加政策的传统发展模式已经难以为继，在现实的经济竞争中，对这种发展模式的长期依赖已经造成了问题：由于中国产品的技术含量偏低，在全球的分工体系中，中国往往处于价值链的最低端，这从图1-1中的苹果手机产业链结构图便可以看到。

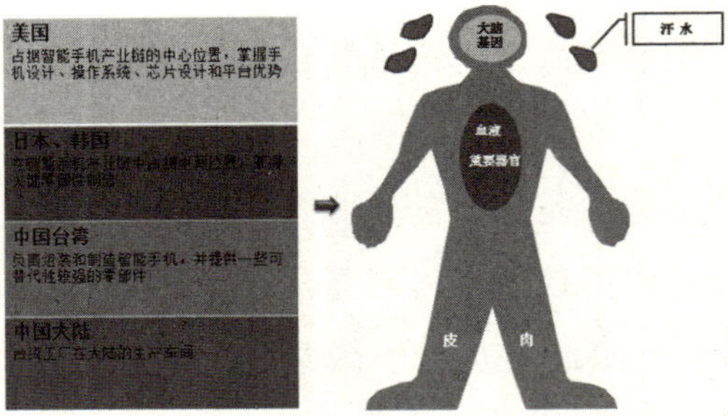

图1-1 一部iPhone的产业链结构

iPhone手机由美国苹果公司设计和营销，除软件开发和产品设计外，iPhone的生产主要在美国境外完成，涉及的厂商包括美、中、日、韩、德等9家企业。苹果公司2009年推出的iPhone 3G手机是在中国的工厂组装完成，其手机零部件的主要制造商及生产成本见图1-2。

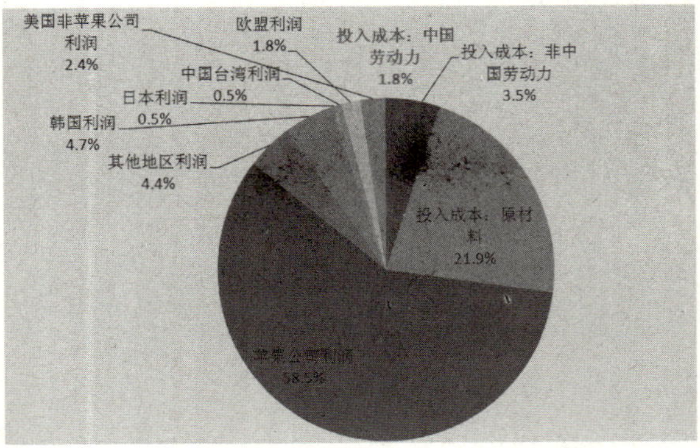

图1-2 2009年Apple iPhone 3G零部件制造商与单位生产成本构成表

根据加州大学和雪城大学三位教授发布的《捕捉苹果全球供应网络利润》，2010年苹果公司每卖出一台iPhone，就独占其中58.5%的利润；除去主要原料供应地占的利润分成，其它利润分配依次是：未归类项目占4.4%，非中国劳工占3.5%，苹果公司以外的美国从业者获得 2.4%，中国大陆劳工获得1.8%，欧洲获得 1.8%，日本和中国台湾各获得0.5%。在iPhone 的产业链中，中国企业（以富士康为代表）主要以代工方式承接苹果手机加工、组装环节的生产，依靠大量人力投入换取 1.8%的微薄利润。制造和组装阶段是产品流程中最廉价的一部分，在深圳的工厂中，领着不到1美元时薪的中国工人，为世界最知名的品牌负责产品最后的焊接、测试、组装、检验和包装等工作。

根据咨询公司Canaccord Genuity的数据，2015年，在智能手机市场，苹果市场份额为17.2%，落后于三星的23.9%，但苹果营业收入占到了整个市场的54%，利润占到整个市场的91%，相比于2014年的80%大幅提升，三星利润则占到14%，二者利润合计达到105%，包括联想在内的国内多数智能手机则遭遇亏损。

这就是创新与否的区别！这就是中国制造在全球价值链中所处的位置！

“中国几乎从这些产品中赚不到什么钱”，苹果公司供应链几项研究报告的执笔人，美国雪城大学（Syracuse University）教授贾森•戴德里克（Jason Dedrick）说。高端产品的很大一部分价值，是由品牌持有者、分销商和零售商在产品流程的起点和终点斩获的。论制造和组装，没有哪家公司能胜过世界最大的代工电子产品制造商——富士康。作为苹果、戴尔和惠普等公司的代工制造商，仅在中国内地，富士康就拥有80多万名工人。这家巨型电子产品制造商也寻求供货来源、设计部件，利用其庞大的规模和军事化的效率组装并向市场快速供应品种繁多的产品。“它们就像是沃尔玛超市，低利润、高产量，靠效率生存。”戴德里克教授说。在美国出席联大会议期间，时任中国国务院总理的温家宝谈到：深圳富士康代工一台iPhone4，只有4美元的利润，这是中美贸易逆差的主要原因之一。因此，他呼吁苹果公司提高采购价格，给富士康适当增加利润。

苹果手机只是一个缩影，总体看，中国产业竞争力的现状很不乐观。根据科技部专题研究组的调查报告，我国多数产业处于国际产业价值链末端，技术水平、劳动生产率和工业增加值率都比较低，产品附加值也很低。比如软件产业，系统软件和支撑软件代表着软件产业的技术能力和水平，但在我国软件产品市场中，上述两种软件所占比例只有25.8[①]%。另据国家统计局有关资料，目前我国制造业增加值率仅为26.2%，而美国、日本和德国分别是49.2%、48.2%和37.9%。在通信设备、电子计算机及相关设备制造业领域，我国增加值率仅为22%，与美国等发达国家的差距超过35%。就技术水平和生产力水平而言，中国的产业竞争力，目前大体处于发展中国家的中等水平，这和中国总体的GDP地位可谓极不相符。

可以说，中国绝大多数产业发展亟待转型，转型的模式无非是：通过研发创新，推出具有更高附加值的产品。在传统的资源加政策模式难以为继的情况下，适时实现产业转型至关重要，尤其在人均GDP超过8000美元的特殊关头，中国产业的转型升级关系到中国人均收入的增长，如果升级失败，则很可能落入“中等收入陷阱”。

所谓“中等收入陷阱”，是指一个国家的人均GDP在达到8000美元的中等收入水平以后，往往要通过低端制造业转型，发展高科技产业，才能顺利实现人均GDP的进一步提高，如若不然，则人均GDP很难达到12000美元，进入高收入国家水平，甚至出现下跌的情况。在上个世纪的七八十年代，不少拉美及东南亚国家在进入中等收入国家后，因为转型升级的失败，遭遇社会动荡，甚至沦落为欠发达国家。

当然，在这个过程中，也有不少成功的典型，比如日本和以韩国为代表的“亚洲四小龙”，其中尤以日本和韩国为最。上个世纪八九十年代，靠着廉价劳动力等资源及政策，日本及“亚洲四小龙”从低收入国家进入中等收入国家，在依靠低端制造业的同时，积极推动科技研发方面的创新，由此催生了松下、索尼、三星等一批高科技企业，顺利完成转型，跻身高收入国家之列。

---

①邓楠：《科技部副部长邓楠谈我国高新技术产业的发展》，全球科技经济瞭望，2004。

可以说，就产业发展方式而言，在传统发展模式难以为继的情况下，中国的产业升级已经迫在眉睫，它决定了中国是否会陷入“中等收入陷阱”，决定了中国未来的发展能否顺利进行，甚至决定了中华民族的伟大复兴，这也正是李克强总理多次呼吁“大众创业，万众创新”的内在原因。

然而，转型意味着什么？创新意味着什么？虽然创新所带来的新产品、新服务、新流程、新模式被看作是产业价值链的源头活水，但其实只具有相对的意义。真正决定创新能否发生，以及在哪个层次上发生的是一个更加隐性的结构，也就是思想、文化、精神、心理层次的系统结构。关于这些，我们将在后面详细阐释。

本章结语：

1、几乎其他所有的古老文明都死了，只有中华文明经历风雨，生生不息，并几度盛世辉煌，灿烂夺目。为什么？答案就是文化，就是文化中所蕴藏的精神。诸如：厚德载物，自强不息；道法自然；天地人和；和而不同，和生万物；兼容并包，有容乃大；仁爱和平；己所不欲，勿施于人；己有所欲，先施于人等等。我们对中华民族伟大复兴的自信，其思想的根源就在于这些不可多得的精神资源宝库。

2、中国人民，特别是中国的思想家，对于中国近代的屈辱反思经历了三个阶段，它们分别是：器物不如人、制度不如人和文化不如人。三个结论反映的都是事实，而事实中最深层次的真相则是：文化不如人。而文化不如人的根本原因则在于：太久太久的辉煌形成了强烈的路径依赖，固化了国人的心智模式，造成了夜郎自大、固步自封的制度模式与行为习惯，致使新的思想、新的知识、新的信息进入不了国人的意识知觉。思想不能创新，则精神与文化不能进步，其他一切创新就都没有了可能。

3、中国近四十年所取得的举世瞩目的成果，归根到底是改革开放所释放的红利，包括我们所收获的诸多自信，很大程度上也直接源于取得的成果，根本上则源于改革开放的实行。改革开放本质上是一个学习的过程，确切说是主要是向西方学习的过程。既然学习是一个过程，那么就必然存在有的东西学了、有的东西还没有学；有的先学、有的后学；有的东西已经学得很好，快要赶上甚至已经超越老师了，而有的方面却学得不太好。目前，中国在“器物”层面总体学得比较好，而“制度”层面不好学，不能简单地学，因此该学的某些方面还是学得很不够，比如法治，包括企业的法治，在建立公开、公正、公平的法律制度系统方面还做得很不够。“文化”层面更不好学，但这却是最重要的学习，需要我们对中西文化的方方面面去伪存真，去粗存精，借鉴反思，传承创新，超越极端，融合升华，从而达到新的文明境界。某种意义上讲，学得比较好的部分，已经给我们带来了红利，学得不够好的部分，已经给我们带来了很大的问题，这种问题仍在继续。

第2章

伟大复兴，中华民族凭什么

2012年11月29日，在国家博物馆，中共中央总书记习近平在参观“复兴之路”展览时，第一次阐释了“中国梦”的概念。他说：“大家都在讨论‘中国梦’。我认为，实现中华民族伟大复兴，就是中华民族近代以来最伟大的梦想。”他称：到中国共产党成立100年时全面建成小康社会的目标一定能实现，到新中国成立100年时建成富强民主文明和谐的社会主义现代化国家的目标一定能实现，中华民族伟大复兴的梦想一定能实现。

为了进一步阐释“中国梦”的内涵，2014年3月27日，习近平主席在联合国教科文组织总部发表的演讲中讲到：“实现‘中国梦’，是物质文明和精神文明均衡发展、相互促进的结果。没有文明的继承和发展，没有文化的弘扬和繁荣，就没有‘中国梦’的实现。实现‘中国梦’，是物质文明和精神文明比翼双飞的发展过程。随着中国经济社会不断发展，中华文明也必将顺应时代发展焕发出更加蓬勃的生命力。中国人民在实现中国梦的进程中，将按照时代的新进步，推动中华文明创造性转化和创新性发展，激活其生命力，让中华文明同世界各国人民创造“丰富多彩的文明一道，为人类提供正确的精神指引和强大的精神动力。”

综上所述，“中国梦”的实质就是国家富强、民族振兴、人民幸福的一体建设，是走中国特色的社会主义道路、坚持中国特色社会主义理论体系、弘扬民族精神、凝聚中国力量的一体建设，是经济建设、文化建设、社会建设、政治建设和生态文明建设的“五位一体”的概念，是系统性工程，是系统性崛起，是整体性复兴。而其中，文化的复兴才是根本的复兴，精神的崛起才是真正的崛起，在改革开放近四十年后，中国在经济上实现了一定程度的崛起，但离文化的复兴，精神的崛起，仍然有很长的距离。

1.八仙过海，各显神通

在习主席对“中国梦”的阐释中，我们可以看到：伟大既不仅仅是物质上的强大，也不仅仅是军事上的强大，而是包含经济、文化、政治、军事等各个方面在内的系统性强大，其中，文化居于核心，美国的成功得益于其开放文化，德国的成功得益于其严谨文化，日本的成功得益于其学习文化，以色列则得益于其创新文化。

美国：文武双全，笑傲江湖

建国于1776年的美国，其主要人口为来自欧洲、亚洲、非洲等地区的移民，在不到250年的时间里，美国迅速超越了德国、英国等老牌发达国家，借助第一、二次世界大战而成为西方发达国家的领头羊，在之后的冷战中成功拖垮前苏联，成为全球唯一的超级大国和世界格局的主宰者。

美国能有这样的成就，可能很多人将之归因为强大的军事力量。的确，美国的军事实力可谓全球首屈一指。一方面，美国武器的先进性水平可谓全球领先，是现在全球最大的军火输出国；另一方面，它在日本、菲律宾等多个国家和地区的军事基地达374个，海外驻军近30万，这些都为其充当世界警察的角色提供了基础。但是，如果将美国的强大仅仅理解为军事上的强大，那无疑是一叶障目而不见泰山。

以经济而言，进入20世纪以后，在长达百年的时间里面，美国GDP总量长期稳居世界第一。2015年，美国人均GDP为5.6万美元，在全世界排名第五，是前十名中的唯一大国。在经济发展质量方面，美国的GDP 70%以上来自服务业，而且其制造业也往往以品牌和高科技而著称，多在全球分工中占据了最顶层的位置。在2015的世界五百强中，美国上榜企业共计128家，占据绝对优势。

事实上，美国经济军事的强大只是其外在优势的体现，而其内在优势则体现为美国文化。在中国，麦当劳、肯德基、星巴克等往往门庭若市，尤其以年轻人为主。它们之所以流行，表面上是产品受到追捧，但其背后却是具有吸引力的美国文化。说起美国文化，就不能不说到“美国梦”，作为一个移民国家，在200多年的历史中，无数人即使冒着偷渡丧命的风险，也要漂洋过海来到美国，这很大程度上在于“美国梦”，在于这样一个诱人的事实：在美国，只要经历不懈的奋斗，就能实现更好的生活，不论你的性别、种族和肤色，也无须依赖所谓的“关系”，因为美国倡导的是自由与平等。正是在“美国梦”的憧憬下，美国人表现出了前所未有的创业精神，“美国梦”背后的文化价值观成为美国力量的重要组成部分。

美国文化的强大得益于美国教育系统的支持。早在殖民地时期，美国就对教育非常重视，1775年时，英属13个殖民地人口不过260万，但已仿效英国牛津、剑桥等大学创办了哈佛、耶鲁等9所学院，在对小学等初等教育的重视上，甚至超过了其当时的宗主国英国。2015年，根据全球著名媒体US News的数据，在全球最为顶尖的20所大学排行榜上，16所美国高校上榜，可谓独占鳌头。在强大的教育系统支撑下，美国在其它方面的优势得以维持和发展，这也正是美国的强大经久不衰的重要原因。

当然，美国的强大还表现在其它很多方面，但总结下来，美国的强大并不是某一个方面的强大，而是以文化为核心，在多个方面的世界领先，这些方面相互支撑，相互促进，构成了美国作为世界唯一超级大国的核心竞争力。

德国：我是“笨鸟”我爱飞

据统计，目前中国中小企业的寿命，普遍在3-5年之间，能够存活上百年的企业，仅有同仁堂、全聚德、东来顺等少数几家，而相比之下，一个欧洲国家却让我们这个泱泱大国汗颜，那就是德国。截至2015年，在整个德国，寿命超过200年的企业一共有837家之多。它们绝大部分是小型的私有企业，其中更有不少企业从中世纪流传至今，那么，这些企业何以平安长寿，这背后的奥秘究竟是什么呢？

答案就在于工匠精神。这些长寿型德国企业都有一个共同点：数百年如一日的专注于一亩三分地。许多企业虽然只生产非常少的机械配件，但无论世事如何变幻，它们始终专心钻研自己的业务，在长达百年的时间里，它们对每个流程、每个细节都凝神聚力、精益求精、追求极致，不允许任何一个产品的瑕疵，即便是生产一颗螺丝钉，也要做到最好，无论外部如何喧嚣，也始终不为所动。

正是由于这种工匠精神，才有了一件件美轮美奂，让人叹为观止的德国产品。朗格手表举世闻名，其制作费时至少半年，所有的零部件必须经过人工打磨；ORGWARD(宝沃)汽车的设计经历了上千次的修改，车内设施，大到座椅，小到一个按钮，都进行了精心的材质挑选、加工和润饰；作为书写艺术的代表，万宝龙钢笔的工艺流程更是讲究，其笔杆润泽度数十年如一日，笔尖经过反复打磨后，最终由技术人员人工书写测试其效果。除此之外，奔驰、宝马、奥迪、博世和西门子等均为德国工匠精神的传世之作。

在工匠精神的支撑下，德国创造了一个又一个奇迹。历史上，德国曾一次次濒临崩溃的边缘，但又一次次的成功崛起。一战后，德国曾大量赔款割地，整个国家人心惶惶，1929年之后的经济危机期间，德国几近崩溃；二战后，德国几乎成为一片废墟，被分割为联邦德国和民主德国，让人惊讶的是，这两个国家很快分别成为两大阵营的经济中心。在两德合并之后，德国毫无悬念的成为欧洲经济的领头羊。在2009-2010年的欧洲债务危机中，德国一方面保持了自身稳定增长，另一方面积极采取措施，对希腊等国施以援手，发挥了中流砥柱的角色。直到当下，德国仍稳居全球GDP总量的第四位。

工匠精神的背后是德国文化。与其他国家相比，德国人最大的特征之一便是循规蹈矩，苛刻严谨。在日常生活中，他们往往非常遵守规则规范，并在细节上相当执著，甚至给人造成顽固偏执的印象，或许，正是德国文化中的这样严谨执著，让德国经历战争的洗礼而日渐成熟稳重，成为一个负责任的大国。

如果说德国的成功得益于对工匠精神的坚持，那么这样的坚持，不太可能发生在现在的中国。在中国人看来，德国企业的行为很多时候有点非理性，甚至傻里傻气，中国人的观点是：哪个行业最能赚钱，大家就应该一拥而上。在早些年房地产向好的时候，不少企业转型房地产，近些年金融市场火爆，尤其是小微金融领域，不少企业毅然奔赴，这就有了某上市公司改名“匹凸匹”（P2P谐音）的闹剧。实质上，这些行为的背后是中国企业的短视，是中国企业对利益，尤其是短期利益的极端追逐。

日本：世界文明的优等生

在近代史上，日本给中国留下的深重屈辱，至今难以抹灭。痛定思痛，我们不禁要思考，昔日我们眼中的“弹丸之国”，一个资源极度贫乏的岛国，何以能据我东北，裂我华北，直驱中原？俗话说，吃一堑，长一智，对日本进行冷静客观的分析，有助于我们避免再次挨打。

总体来说，日本民族最大的优点之一就是爱学习，尤其是向强者学习。除抗日战争之外，在中日历史上，曾有三次较大的战争，其中对日本影响最大的公元663年的白江口之战。

当时，朝鲜半岛上产生了高句丽、百济和新罗三个国家，这个三个国家长期连年混战，并纷纷向域外大国寻求支持，最后的结果是：高句丽、百济与日本结为同盟，新罗与唐朝结为同盟。公元659年，百济发动了对新罗的战争，计划消灭新罗。为了援助盟友，唐朝也迅速出兵，与新罗一同进行反击并大获全胜。

面对这样的战局，日本自然不会坐视不理。公元662至663年，日本派出大量战船及军队前往百济，与唐朝和新罗的联军进行决战。在战船及兵力具有明显优势的情况下，日方最终遭遇惨败，百济灭亡，随后高句丽也在唐朝的连年打击下覆灭。

面对战争的惨败，日本意识到自身的不足，在经过思考之后，改变了姿态，向唐朝进行大规模学习。白江口之战后，日本派出大量遣唐使，在政治、经济、文化等领域全面效仿中国，经过200多年的持续学习，日本获得了长远发展。

如果说白江口之战促成了日本融入中华文明圈，那么日本在近代所遭遇的耻辱则推动了日本的脱亚入欧。

德川幕府统治时期，日本闭关锁国200年之久，直到19世纪中期，美国首次以武力迫使日本签订了不平等条约，此后，欧洲列强也纷纷兵临城下，迫使日本签订了一系列不平等条约，由此，当时的日本陷入巨大的危机之中。在危机面前，不少日本人开始反思，其中最具代表性的是福泽谕吉的“脱亚入欧”论，他强调东亚文化已经没落，日本必须全面西化，在这种思想之下，日本开始敞开国门，向世界上最发达的列强们学习，由此有了明治维新。

不得不说，历史上的每一次失败和屈辱，都转化为日本人学习的动力，向一切世界优秀文明虚心学习，这正是日本一次次强大的内在原因。虽然我们可能不愿意看到日本的强大，但日本人的文明有礼、英勇顽强，我们不得不承认。日本人对学习的重视，从教育也可见一斑。

早在明治维新的初期，日本便着力进行了教育改革，规定在全国设立8所公立大学，245所中学，53760所小学，而且大力选派留学生赴英国、法国、德国等发达国家学习。到1965年，日本平均每10万人就有一所大学，4000人就有一所中学，300人就有一所小学。而我国2011年平均350万人才拥有一所大学，平均60000人才有一所中学，平均9000人才有一所小学。2013年，中国小学入学普及率为82.8%，九年义务教育普及率为71.9%，大学普及率为21.4%，而日本早早就实现了小学普及率100%，九年义务教育普及率98%，大学普及率70%以上，日本举国对教育的高度重视，可见一斑。正是这种教育，推动日本由一个落后的封建国家，迅速蜕变为资本主义强国；推动日本由一个二战后的废墟，迅速崛起为当时世界上最具经济活力的国家。

虽然在历史上，日本给中国造成了巨大的苦难，中国在经济总量上也已经超越了日本，但平心而论，中国不如日本的地方，中国要向日本学习的地方，仍然有很多很多，尤其是在教育方面。但是，直到现在，很多中国父母仍然出于短视，不肯对教育进行投资。在很多农村家庭，父母往往让子女辍学务工，“读书无用论”仍然有很大的市场。当前中国正竭力推行城镇化，鼓励农民工进城买房定居，但收效目前甚微，如果政府能够促使农村地区改变对教育的看法，加大对教育的投资，那么城镇化无疑将更为成功。

以色列：沙漠里也有春天

论世界大国，以色列固然排不上号，但论世界强国，以色列这样一个小国却值得所有国家尊重。相比美国、德国、日本，以色列人口仅800多万，但竟有3.8万名科学家，而在诺贝尔奖获得者名单中，以色列科学家占10人之多，在全球排名第二。在以色列的经济结构中，10%的人口从事高科技产业，高科技产品出口产值占到总出口的50%，对经济产生了巨大的推动作用。以色列能有这样的科技成就，依靠的是大量创新，而创新的背后是以色列历史和文化。

从历史上来看，以色列的生存环境是很恶劣的。犹太民族在经过上千年的流离失所后，终于回到了其故乡，但是，这是以无数血泪为代价的。1948年，以色列建国后，面对周边阿拉伯民族国家敌视，面对国内资源极度贫乏的状况，以色列便意识到：以色列没有别的资本，只有人，而人最大的价值在于其主观能动性，在于创新。为了鼓励创新，以色列在国会设立了科技政策理事会，在多个部门设立首席科学家，政府通过首席科学家论坛、技术孵化器、风险基金等多种形式而对创业创新进行鼓励。

而在文化方面，犹太人在经历了上千年的流离之后，血液中已经融入了不怕冒险和失败的基因。正因为此，和德国人的循规蹈矩不一样，以色列人对权威和规范的遵从度并没有那么高，他们更加强调思考，确切来说是思辨，通过思考迸发思想火花，最终产生创新。在以色列，父母并不倡导“乖孩子”，而是鼓励孩子思考和提出问题。在中国，孩子回家以后，父母往往会问：今天学校里面有人欺负你没？而在以色列，父母则会问：今天你在学校提问了吗？

而且，以色列文化虽然源自犹太文化，但却是多元文化的复合体。在决定前往中东地区后，无数犹太人从世界各地竞相奔赴。因此，绝大多数以色列的开创者是移民，他们往往带有他国文化的烙印，并多受过高等教育。可以说，在建国之初，以色列文化就具备了移民国家的开放性和包容性，这为以色列成为一个科技强国奠定了很好的基础。

正是由于以色列特殊的历史和文化，在以色列建国后，虽然经历了多次中东战争，但以色列在战争中也逐渐壮大和富强。1950年，以色列人均GDP为1020美元，到了2014年，其人均GDP达到37043美元。在高科技领域方面，以色列更是让人刮目相看，作为一个荒漠化严重的国家，以色列人均水资源可利用量为270立方米，不足世界人均水平的3%，但以色列成功发明了滴灌技术，这使得其在农业从业人口只占全国2%的情况下，创造了35亿美元的产值及GDP的7.5%。

2016年4月3日，央视2套财经频道对以色列的滴灌技术进行了报道。1962年，一位以色列农民发现：在水管漏水的地方，农作物长得特别好，以色列科学家的进一步研究表明：水在固定点位持续渗入土壤，能够大幅提高水、肥和农药的使用效率，漫灌和喷灌技术的用水效率分别为45%、75%，而滴灌技术的用水效率则高达95%。随后，在政府和企业的推动之下，以色列的滴灌技术日趋完备，目前，以色列90%以上的农业都应用了滴灌系统，在电脑的控制之下，带有肥料和农药的水能够渗到植物根部，由此而创造了一个沙漠中的绿洲。

创新的背后是以色列的大量投入。据统计，以色列的研发经费长期占到GDP的4.2%，位居全球第一，其人均风险投资全球第一。得益于此，以地区而论，以色列的创业公司数量全球第二，仅次于硅谷。2014年，以色列在纳斯达克上市的企业多达70家，这一数目仅次于美国和中国。在此前的十年里，以色列新生企业7027家，消亡企业2882家，存活下来的企业多达4145

家，这就意味着：60%的新生企业存活并得到发展，这种高比例在全世界范围内都是一个奇迹。

可以说，在极端恶劣的环境中，以色列人以其聪明的才智，逐步开创了国家繁荣富强的新局面，这也成为其他国家学习的表率，但是，以色列的成功，可以复制吗？答案是否定的，技术可以购买，制度可以效仿，人才可以外聘和培养，但以色列的成功，绝不仅仅如此，甚至最重要的并不在此，以色列成功的关键在于创新文化，对于中国来说，只有认识到这一点，“大众创业，万众创新”的那一天才会到来。

2.伟大复兴，文化先行

在唐宋时期，中国达到了封建社会的最高峰，而此时，欧洲正在黑暗的中世纪苦苦挣扎。但此时的上天似乎开了一个玩笑，唐宋之后的中国，专制统治全面加强，在文化上进入了前所未有的黑暗时期，在社会发展的许多方面都开始走下坡路，而此时的欧洲，则告别了漫长的中世纪，在经历了文艺复兴、宗教改革、启蒙运动之后，文化获得了全面的发展，在思想得到解放的情况下，自然科学也得到迅速发展，这就为后面的第一、二次工业革命打下了基础。历史表明：文化复兴乃伟大复兴的根本，欧洲的文艺复兴便是例证。

解放思想才能强：欧洲文艺复兴的启示

从公元前5世纪开始，一直到16世纪，欧洲处于漫长的中世纪，在这期间，欧洲普遍实行的是政教合一的体制，教会无论在世俗，还是在宗教领域，都掌握了绝对的权力，以严厉的方式控制着整个社会的方方面面。在科学领域，教会严格控制科学思想的传播，如有不利于宗教的异端思想出现，则利用宗教裁判所进行威逼利诱，全力打压；在文化艺术领域，强调文化艺术必须在宗教范畴内进行，必须宣传宗教的合理性，而不能表现出个人独特的思想和情感，因此，中世纪的文化艺术表现出非人化、非自然化的特征，几乎所有的作品都与宗教有关；而在政治方面，强调严格的封建等级制度，各阶层之间有着不可逾越的界限。总之，整个中世纪就如黑夜一样，寂静得听不到人的声音。

在中世纪的晚期，越来越多追求真理的人试图突破桎梏，但遭到教会的残酷打压。著名科学家哥白尼经过研究，提出了“日心说”，这对教会所一直坚持的“地心说”是一种直接的否定，为教会所不能容忍，最终在教会的迫害之下病逝。而在此之后的伽利略，在遭受教会打击后，仍不放弃“日心说”，在晚年仍遭到宗教的迫害，被判处终身监禁。

在长期的宗教压迫中，欧洲缓慢的积累着反抗的力量，直到中世界末期，由于奥斯曼帝国的入侵，东罗马帝国人民被迫逃难，因此大量古希腊、古罗马的文化艺术珍品流传到了意大利，而一些有识之士对这些珍品进行了研究，发掘并倡导其中的人文精神，由此掀起了轰轰烈烈的文艺复兴运动。

文艺复兴的代表人物包括但丁、达•芬奇、莎士比亚、薄伽丘等，在他们的作品中，无论是文学还是绘画，统统以普通人为描写对象，彰显的是个人的思想和感情。如莎士比亚笔下的罗密欧与朱丽叶，为了爱情，敢于冲破世俗的家族对立，最后双双牺牲，对立的家族终于和解，这在中世纪是难以想象的；而在薄伽丘的《十日谈》中，借助100个故事批判教会的诸多罪恶，揭露封建贵族的堕落和腐败，大声歌颂爱情，鼓励人们冲破禁欲主义的牢笼。

相比中世纪的死气沉沉，文艺复兴时期的作品让人耳目一新，这些作品充分体现了人文主义精神，将人从神的主宰下解放出来，强调人的中心位置，充分肯定人的思想、情感和价值，认为人生的目的不在于赎罪，而在于对个人幸福的追求，它们反对神学对人思想的禁锢，认为个人应该摈弃那些愚昧的教条，在自己的生活中展现主观性与创造性。

在文艺复兴运动的作用下，欧洲的人民终于褪去了沉重的宗教外衣，系统地审视自我的价值，人，终于不再是一种符号，而得以自由的思考和行走，这和中国魏晋南北朝时的情形有些类似。受文艺复兴的影响，此后的欧洲社会各个方面都产生了巨大的变化，政治上开始倡导资产阶级的民主制度，科学上进入现代科学，经济上更为重视商业活动，而此后的宗教改革、启蒙运动则与之一脉相承，由此完成了欧洲人思想上的大解放，为轰轰烈烈的工业革命做了最好的铺垫。

归根结底，文艺复兴，复兴的是一种文化，一种解放思想的文化，一种大胆创新的文化，一种追求个人价值的文化。而正是在这种文化的推动下，欧洲从落后的中世纪喷薄而出，最终超越世界领先数千年的中国。

兼容并蓄故能大：大唐盛世背后的精神基因与思考

只要谈到中国历史的鼎盛时期，一定会有最多的人会想到唐代。的确，在安史之乱以前的唐朝，许多方面都是当时世界各国的表率。为了学习唐朝的先进文化，日本、新罗向唐朝派遣了大量的留学生，在当时的长安，世界各国商人、僧侣、工匠、乐工、舞工云集，可谓国际大都会，“九天阊阖开宫殿，万国衣冠拜冕旒”，这是王维对万国来朝场面的描述。由于唐人对世界的影响太大，直到今天，国外仍将中国人聚集的地区称为“唐人街”。那么，唐朝为什么会如此强盛呢？

唐朝的强盛有许多方面的因素，但相比之下，首要的因素在于其兼容并蓄的文化，在中国的封建王朝中，没有任何一个朝代，能够像唐朝一样包容，这种兼容并蓄表现在唐朝社会生活的各个方面，尤其是在唐朝前期。

在思想方面，唐朝的政策十分宽容，儒、道、佛三家并立，在唐代的大诗人中，王维崇佛，李白崇道，杜甫崇儒。而且，一些外来宗教，包括伊斯兰教、景教和祆教也在这时进入了中国，也得到了一定程度的发展。特别值得一提的是，在唐初，玄奘赴天竺取回真经，为了存放真经，唐代的统治者专门建了大雁塔，可见其对佛教的推崇。

在民族方面，唐朝版图内生活着许多少数民族，而唐朝则采取了开明的民族政策，按李世民的话来说，就是夷狄与华夏一视同仁，事实上，在安史之乱以前，唐朝也是这么做的。在唐朝的文官和将领中，少数民族占的比例相当之高，甚至还有日本人在朝为官的事迹。在生活习俗上也给予了少数民族充分的尊重，因此加快了中华民族的融合。正是因为民族政策的深入人心，李世民甚至被奉为“天可汗”，意为各少数民族共同的首领。

在宽松的文化环境下，汉族的农耕文化与少数民族的游牧文化进一步融合，再加上外来文化的传入，唐朝的文化呈现出百花齐放的景象。印度、中亚和波斯的音乐及舞蹈传入中国，进而影响了唐朝的音乐及舞蹈，而胡人的舞乐更是风靡一时，在长安的大街上，随处可见胡人的音乐及舞蹈，唐玄宗甚至模仿拜占庭建筑而对皇宫进行了改造。

得益于兼容并蓄的文化，唐朝不仅表现出上述的强大软实力，而其硬实力也异常强大。军事上，唐朝表现出较为强烈的尚武精神，而且其军队中少数民族较多，这大大加强了其战斗力，唐初成功征服高句丽、突厥，是为例证；在经济上，唐朝的农业和手工业都有了长足的进步，其手工业尤以丝织业和陶瓷业为最，更为重要的是，唐朝的商业十分发达，在商业推动下，长安、洛阳、广州和扬州成为当时世界一流的大都市。

从本质上来说，唐朝军事和经济实力的强盛背后是唐朝的文化，没有这种海纳百川，兼容并蓄的文化，就没有大唐对少数民族和国外人士的接纳，也就不可能有大唐的盛世。从大唐之强盛来看，文化上的强大构筑了整个国家系统性强大的根基。

以血统而言，唐朝的统治者具有少数民族的血统，但始终以兼容并包的精神推动着唐朝的欣欣向荣。然而，中国历史上有一个少数民主王朝，其军事强盛之名远播海外，但其存在却不到九十年，它就是元朝。

元朝是中国历史上第一个由少数民族建立的大一统王朝，在开疆拓土的能力上，其它朝代可谓望尘莫及。在成吉思汗的一生中，从建立自己的武装，到统一草原上的各部落，再到之后的四处征伐，率领的铁骑如风卷残云，在短短半个世纪横扫宇内，建立了横跨亚洲和欧洲的大帝国，让当时各国闻风丧胆。而正如俗话说，得天下容易，守天下难，在元朝的管理中，始终过度强调硬实力，其软实力，尤其是文化建设上，存在非常突出的问题，这集中体现在对汉人及汉文化的敌视。

按理说，在元朝有效统治的区域内，绝大部分是汉族人口，任何敌视汉族人口的政策必然会导致自取灭亡，但是元朝统治者没有意识到这一点。在人口管理的过程中，按照征服时间的先后，将全国人口分为蒙古、色目、汉人、南人（汉人、南人分别为金国和南宋统治下的人民，均以汉族人口为主），对汉族人进行各个方面的歧视。在文化上，仍然推崇游牧文化，对汉文化保持敌视的态度，并提出“九儒十丐”，对汉族知识分子进行羞辱，元朝的这种文化政策使得自身日益封闭，虽然在军事上征服了汉族，但在文化上既不能征服，也没有低下身段去学习其中的先进因素，因此只能造成广大汉族群体的离心离德，在后世风起云涌的农民起义中，元朝迅速灰飞烟灭。这充分表明：军事上的强大并不是真正的伟大，只有文化上的强大才能持久。

3.叩问心灵：改革之路心茫茫

通过改革开放，中国取得了巨大成就，这在第一章已经得到论述。的确，我们创造了人类历史上举世瞩目的奇迹，那我们是如何创造奇迹的呢？习近平主席说：“道路决定命运，找到一条正确的道路是多么的不容易”，我们可以通过中美发展模式的对比来回顾一下我们近四十年走过的道路。

日本《产经新闻》以这样一篇评论作为2014年的新年开篇：对中国来说，中美关系是最重要的国与国关系，新兴大国中国与霸权国家美国正在构筑新型大国关系。“大国兴衰”曾经在历史上不断上演。19世纪末至20世纪初出现的英国向美国移交霸权，是距今最近的一次大国兴衰现象。如今，大国霸权是否会移交至中国，美中能否建立和平共处的关系，是目前乃至今后国际社会将面对的问题。从英国到美国的霸权移交是和平进行的。政治家们认为，之所以能和平移交，是因两国价值观相同，新兴大国美国接受当时已建立起来的国际秩序，即美国是国际秩序的拥护者。中国在过去30多年间的经济发展，是在现行国际秩序之下实现的。从这个意义上说，中国绝不是国际秩序的破坏者。但综合国力不断增强的中国不会将默守现行的国际秩序当作头等大事，因此，中国也绝不是单纯的国际秩序拥护者。中国以强大的经济实力为背景，正悄然改变着现行国际秩序，这必然会与美国发生摩擦。如果改变程度在美国容忍的范围内，摩擦可以化解。中美能否构筑和平共处的关系？**今年，世界仍将以美中两国为中心运转。**

中国与美国都拥有自己鲜明的特点，美国维持了一百多年的世界霸权地位，而中国解决了“人口多、底子薄”的世界难题，让人类五分之一的人口吃饱穿暖，富裕发达，为人类做出了巨大贡献。值得一提的是，中国又是人类历史上第一个完全依靠和平手段崛起的大国，这本身就是世界文明史上划时代的大事件。

从微观层面比较，在2016年的财富500强数据中，中国企业上榜数量达110家，仅次于美国，表面上很是让人振奋，但仔细审视入围500强的企业表单，不由得让我们深深担忧。就入围企业的性质而言，大陆地区上榜企业普遍为国有企业，包括国家电网、中石油、工商银行等，而像华为这样的民营企业则凤毛麟角；就入围企业的行业来看，中国500强普遍为能源、地产、基建和金融类企业，严重缺乏服务、科技类企业；就入围企业的盈利情况来看，共有10家银行入围，但它们的利润总和占到大陆上榜企业总利润的55%，而在65家亏损最严重的企业中，中国占到近1/3。

改革开放以来，中国的发展模式可以归结为“资源+政策”，美国的发展模式可以归结为“效率+创新”。可以说，在既有发展模式的驱动下，中国经济取得了巨大的成就。但是在辉煌背后，我们也要看到，在中国整体人口、资源、环境承载能力达到极限的同时，现有的发展模式已经不可持续了。然而，回顾全球经济发展历程，我们发现，中国已经患上了“路径依赖症”。

新“三座大山”：中国社会的路径依赖

路径依赖，指的是一旦长期沿用某种方式、方法，人们就会由于规模经济、协调效应、适应性预期及利益集团等因素，使得旧有的方式、方法继续遵循原有的方向，并不断得到加强。也就是说，人一旦通过某种方式获得利益，往往就会在后面反复沿用这种方式，很难采用新的方式。

“路径依赖”理论被总结出来之后，人们将它广泛应用在选择和习惯的各个方面。在一定程度上，人们的一切选择都会受到路径依赖的可怕影响，人们过去的选择决定了其现在可能的选择，人们关于习惯的一切理论都可以用“路径依赖”来解释。为什么所有的国家并没有走同样的发展道路？为什么有的国家长期陷入不发达，总是走不出经济落后的怪圈？如果从模式的角度解释，就会发现，从世界范围内来看，一个国家在经济发展的历程中，模式变迁一定存在着“路径依赖”现象，比如备受世界瞩目的“荷兰病”与“荷兰奇迹”。

20世纪50年代，荷兰发现大量石油、天然气，国内开始大力发展石油、天然气产业并大量出口，荷兰的经济一度繁荣。荷兰人亦对其经济发展非常满意，并安于此种经济发展模式，表现出明显的路径依赖特征。但是随着其他产业的衰弱和这种不可再生资源的减少，荷兰经济面临着通货膨胀、收入增长率下降、失业率上升的困扰。如何摆脱现状和实现经济的腾飞是摆在荷兰政府面前的一道难题。这就是众所周知的“荷兰病”。“荷兰病”就是路径依赖的外在表现之一，路径依赖严重制约了荷兰经济的发展。

后来，结合本国国情，荷兰通过工资调节对劳资关系进行了调整，通过根除劳资合谋吃福利的弊端，改革社会福利制度，通过积极的劳动力市场政策改变僵硬的劳动力市场政策，最终医好“荷兰病”，创造“荷兰奇迹”。

改革开放以来，中国发展所表现出的路径依赖，不仅表现在宏观的国家和社会层面，而且表现在微观的企业和个人方面；不仅表现在经济层面，而且表现在政治、文化等多个层面。具体来说，中国的路径依赖主要表现在三大方面。一是依靠资源的粗放型发展方式，主要体现为对原材料、土地、劳动力、资本等资源的大量投入，它注重的是规模和数量的增加；二是依靠投机取巧，其实质是通过不正当方式扩大收入、降低成本，从而获得不正当利益，主要表现为企业的假冒伪劣、坑蒙拐骗、偷税漏税、私自排放行为，以及个人的偷奸耍滑、诈骗赌博等行为；三是依靠潜规则，主要表现为权钱交易、权权交易、权色交易，其实质是以不正当的利益输出而换取不正当的利益回报。

过去近四十年，我们从宏观和微观两方面都能看出中国模式所表现出的强烈的路径依赖，这种路径依赖在宏观上表现为依靠资源（包括政策），在微观层面则表现为投机取巧和潜规则。其中，投机取巧指的是不通过实在的辛勤劳动创造价值，包括各种走捷径、钻漏洞；潜规则主要指的是不按法律和制度办事，通过权力运作获取利益。

（1）依靠资源

从宏观上看，中国经济通过"资源+政策"，实现了经济的快速崛起，主要成就表现在总量大、增长快。但与此同时，总量大主要依赖要素投入而不是生产率的提高，单位GDP能耗、材耗、碳排放过高。增长快主要依赖投资和出口，消费和内需不足；服务业不发达；城乡、地区间、垄断与竞争性行业、财政收入与居民收入差距拉大，公共产品供给缺失。

在上面这种发展模式下，当前中国经济已呈现出严重的结构失衡，使国民经济发展过程中产生了一系列突出的矛盾和问题。

一是生产资料供应紧张，价格上涨。近四十年来，我国投资年均增长25%左右，投资持续高增长加重了能源、原材料等供应紧张，诱发并增大通货膨胀压力。

二是低水平重复建设和资源浪费，投资效率低下。以投资效果系数（即每1元固定资产投资所产生的GDP）为例，根据测算，该系数1978年为0.37，2000年为0.29，2008年为0.25，2012年仅为0.12，总体呈不断下降趋势。我国是世界上每年新建建筑最多的国家，消耗了全世界40%的水泥和钢材，但建筑物的平均寿命只有25－30年，而美国房产寿命约为80年，英国则长达132年。

三是经济增长极易受到外部冲击的影响。一旦遇到国际经济波动，投资者信心受挫，投资增速急剧下滑，导致经济过度收缩。比如在2008年的经济危机中，由于欧美国家受损严重，因而购买力大大降低，长期坚持出口导向的中国也受到严重波及，尤其是在制造业领域。

更令人担忧的是，这种宏观上的路径依赖使我们陷入了严重的思维桎梏。在经济高速增长时，很多并不知名的地方一夜暴富，前些年，有关山西、陕西、内蒙古煤老板奢华生活的消息充斥各大新闻版面。随着近两年经济转入中高速增长，能源消耗需求减少，很多能源城市又一下陷入困境，产生了大量的闲置的“鬼城”、遗弃的豪车，很多企业家、商人完全不知道该如何摆脱卖资源的依赖症，完全失去企业的发展能力，只能相继遭遇资金链的断裂。2014年底，我们的邻居俄罗斯爆发了严重的卢布危机，非常值得我们借鉴和警示。卢布为什么会崩盘？这与俄罗斯过于依赖原油等能源有直接关系。

2014年第四季度，国际原油价格从每桶110美元的价格被腰斩，这引发了能源大国俄罗斯经济的剧烈波动，其汇率贬值50%，由此推动其CPI达到罕见的9.1%，在2015年初，该数值曾一度达到两位数。对造成这场经济危机的原因，普京强调：“显然，造成现状的主因是外部因素，主要是原油和天然气价格。”

那为什么原油价格波动对其它产油国影响并不那么大呢？原因在于：在俄罗斯的出口结构中，能源，尤其是未经过深加工的能源的出口额占比达60%。因此，能源价格的波动必然会引发其国内经济的波动，比如在2008年7月至2009年1月，国际原油也经过了断崖式的价格暴跌，俄罗斯的经济也受到了剧烈影响。

按理说，吃一堑，长一智，俄罗斯本应该痛定思痛，通过改革来更好应对未来可能出现的类似危机，事实上，俄罗斯政府也多次出台了相应的能源改革规划，但在2009年之后，国际原油又恢复了快速上涨，俄罗斯也很快忘记了那段痛苦的日子，重新安逸起来，因此，虽然俄罗斯一方面明白需要改革，但另一方面又在高油价的繁荣中缺少动力，畸形的经济结构从前苏联时代延续至今。

与俄罗斯相比，中国没有那么丰富的石油资源可以依赖，但中国有大量的人口、土地等资源。改革开放以来，中国的发展模式依赖的正是廉价的人力、土地等资源，而当这些资源逐渐变得稀缺的时候，我们很明显的感觉到经济发展的吃力，包括投资减少、出口下降等都是明显反应。2009年，中国本应顺应经济变革中的升级潮流，将经济下滑当作转型的机会，大力鼓励创新，推动创业，但由于传统的路径依赖，政府最终推出了“四万亿”，这背后是一系列的基建工程及房地产的上马，在这轮强刺激中，本应淘汰的落后产能，本应被兼并重组的落后企业，死灰复燃，浪费了大量的社会资源，遗祸至今，可以说，我们今天呼吸的雾霾，和我们对资源的路径依赖有很大关联。

（2）投机取巧

从微观上看，“资源+政策”的宏观依赖不仅影响了中国经济未来的前景，更重要的是，它对中国人的认知模式产生了深远的影响，并特别在中国企业家的行为模式中表现出新的路径依赖，这在一方面表现为严重的投机取巧，另一方面表现为潜规则。

在柳传志《企业如何应对经济形势的变化》的演讲中，有“风大的时候猪都能飞上天”这么一个说法，他形容的是中国企业家过去近四十年的黄金机遇，这句话也成为中国过去发展道路的经典比喻。在依赖资源和国家政策的形势下，大量的中国企业家靠山吃山，靠水吃水，实现了从贫穷落后到“富一代”的华丽转变。对于这一转变，很多企业家的天资和勤奋当然不可否认，但更重要的是，他们赶上了中国千百年来最好的发展机会。这个机会甚至不需要几代人的积累，仅需一代人用很短的时间就能抓住。然后，我们也要清醒地认识到，抓住机会的背后，是宏观的路径依赖在微观层次的具体呈现。具体来说，在资源驱动的背后，一些人抓住的是投机取巧；在政策驱动的背后，一些人抓住的是潜规则。

由于资源是上天赐予的，只要挖地三尺，就有财富自动冒出来。如果大家都有资源，那就拼价格、拼关系、拼成本、偷税漏税、以次充好、假冒伪劣、坑蒙拐骗。总而言之，只要投机取巧，企业就能生存，企业就有利润。因此，才有那么多的劣质奶粉、“苏丹红”辣酱、毛发酱油、石蜡火锅底料、瘦肉精、毒大米、地沟油，才有那么多的“楼歪歪”等。根据中国电子商务研究中心的调查，中国消费者最担忧的前三大问题分别为：商品质量问题、商家恶意欺骗和实物与预期不符。

在央视3.15晚会的曝光中，即使是国有企业，也存在不同程度的投机取巧行为，比如中国移动、中国铁通为诈骗电话提供方便，工商银行、中国银行等在办卡方面的漏洞等，都造成了非常负面的影响。

对中国人来说，电话骚扰本来就是一件让人头疼的事情，更让人警惕的是诈骗电话，这些电话往往冒充公安机关、检查机关、人民法院及银行，或者是冒充熟人进行诈骗，让人防不胜防。而近年来，电信诈骗的技术更为先进了，有不少人表示：接到了10086、110的电话及短信进行诈骗。事实上，移动公司在进行服务的过程中，完全可以将之屏蔽掉，但为了业务发展，仍然抱着侥幸心理，为这种虚拟号码的诈骗提供透传服务，造成不少人上当受害。

在这些诈骗案件中，受害人往往将钱款汇往骗子账户而受损。按照银行账户实名制的原则，警方可以按图索骥，最终抓获犯罪分子，但在现实中，往往行不通，因为账户的姓名和其实际持有人根本没有关系。那这是什么情况呢？据媒体报道，犯罪分子多通过在网上购买身份证，然后就可以去银行轻松办理银行卡，这其中，银行为了自己的发卡量，发挥了什么作用，自然是不用说的了。

不仅如此，中国企业的“名声”早已经远播海外，据印度《经济时报》2015年1月3日报道，印度业内人士指出：中国制造的廉价太阳能产品占据印度市场大量份额，而质量却差强人意。在印销售的中国太阳能板价格不到印度品牌的一半，大部分买家来自电力匮乏的农村。然而，这些产品往往在几个月内就会出现质量问题，导致买家开始质疑太阳能技术。同时，一些中国制造商使用“山寨”品牌来混淆消费者。印度太阳能厂商则不得不进行质保宣传等活动。印度业内人士称，中国产品并未实现该国3亿多用不上电的人们改变生活的梦想，反而破坏了当地市场。他们甚至认为，中国产品是“电子垃圾倾销”。

目前，中国已经成为制造第一大国，但仍旧与制造强国相差甚远，最严重的问题便是这种投机取巧的心态。只要有这种心态，中国企业就只会想着走捷径，而忽略一个企业长久的利润实现机制，追求山寨而不是创新，追求差不多而不是精益求精，只要这样，中国就永远只能生产廉价的次品，永远只能在国际分工体系中得到那个最低的位置，但问题是，随着劳动力、土地、环境等资源的价格上涨，这样的位置也是朝不保夕了。

投机取巧的问题不仅存在于制造业。2016年1月14日，“e租宝”平台21名涉案人员被批准逮捕。据悉，作为互联网金融平台，“e租宝”在一年半的时间里，以高息为诱惑，通过虚构项目、引入虚假的第三方及担保，将客户的投资挪作己用，其中大量资金被用于个人的极度挥霍，给予员工高得离谱的工资福利，发放的高额利息及广告炒作费用，严重侵害了投资人的利益。截至案发时，“e租宝”实际吸收资金500余亿元，涉及投资人约 90万名，而为了毁灭证据，竟将大量资料埋入6米深的地下，但最终仍难逃法网恢恢。

不得不说的是，投机取巧不光是中国企业的问题，而且是整个中国社会的问题。当不少官员以权谋私，不少企业以次充好，结果纷纷大获“成功”的时候，整个社会往往会滋生一股不劳而获、少劳多获的风气，进而偷奸耍滑、诈骗赌博等。2011年至2015年间，江西省余干县抓获了约360名“重金求子”诈骗嫌疑人，其中约200人来自石溪村和团林李家村，在这两个村，往往全家老小上阵诈骗，从银行卡、信号发射器、魔音电话、电脑等装备一应俱全，已经形成了一条完备的诈骗产业链，骗不到钱被视为一件“可耻”的事情。由于监管和打击力度的不够，这些骗子从2000年前后就开始诈骗且屡试不爽，最终导致了村民集体价值观的扭曲，这可谓现代版的“笑贫不笑娼”，而从另一个方面来说，“重金求子”的骗局手段相当低劣，只要稍加注意便可甄别，但骗子竟在全国范围内屡屡得手，这也在于受害人的投机取巧之心，总是梦想天上掉馅饼，结果免不了中招，一些村庄赌博成风，事实上也是这种心态作祟。

（3）潜规则

我国实行的是渐进式的经济体制改革，也就是说，社会主义市场经济体制并不是一步到位的，在市场经济体制没有完全到位前，在资源配置过程中，市场机制并不能起到决定性作用，权力在资源配置过程中的影响仍然不容忽视，一些关键性的资源仍然掌握在权力手中，在这样的双轨模式下，潜规则存在巨大的运作空间，而且由于法治的不健全，潜规则就更是大行其道了。原国务院副总理曾培炎感慨，从县级发改局到国家发改委也只有4级审批部门，按每级审批各4个环节，也就16个章，但是盖一个科研楼，前前后后居然要盖200多个章。

在四川，备齐一个水电站的核准手续，要取得20多项行政许可，需要不同部门逐个审批，需要一个由公司副总牵头的团队跑上3-5年，盖无数个章。有时候后面的行政许可审批还没完成，前面的行政许可手续却已经过期，企业还得再重新办一遍。

在甘肃，某工厂要建一栋高层住宅楼，从立项到开工，跑了38个部门，审批32个环节，交了13项费用，历时整整两年。事实上，审批难的背后是权力寻租的空间仍然很大，有权力运行，就有潜规则的如影随从。相应的，在近四十年，企业经营中与投机取巧紧密相连的，正是对于潜规则的充分利用。由于中国经济发展长期依赖外来的资本和技术，长期依靠优惠政策下的廉价资源投入，在这样的环境下，很多无良的企业上下其手、钻漏洞、找关系，好的制度得不到执行，好的法律得不到遵守，唯利是图的风气弥漫整个社会。

2014年12月，由于行贿及非法经营，被称为“高铁一姐”的丁书苗被判有期徒刑20年，罚金25亿，没收财产2000万。在最终的判决中，让人最为吃惊的莫过于这25亿的数字，据媒体报道，如此巨大的罚金并不是凭空产生的，在丁书苗所经手的大大小小项目中，总金额达1858亿，按照佣金比例计算，丁书苗的非法获利接近这个数字。一个只有小学文化的她，靠着潜规则起家，最终也因为潜规则而锒铛入狱，可谓成也萧何，败也萧何。

要探讨丁书苗的发家史，就不能不说起铁道部前部长刘志军。在最初的时候，丁书苗不识字，说话水平也不行，不受待见，在她为了车皮去拜访铁道部官员的时候，好几次被人家撵出来。但她并没有泄气，而是趁领导不在的时候，把领导的衣物给洗了，就这样了，当时分管车皮的领导对她产生了好感，不仅给她介绍了业务，还将她介绍给了刘志军。

在这之后，由于丁书苗的忠心和得力，刘志军对她也逐渐信任有加，因而丁书苗的“生意”也越做越大，从最早的贩卖车皮，再到中标高铁项目，再到控股铁路，丁书苗财源滚滚。在这个过程中，她利用和刘志军的特殊关系，多次帮助一些投标铁路工程项目的公司中标，而在这之后，这些公司均给予其可观的回报。据悉，这样成功中标的项目不少于50个，这也正是丁书苗收入的主要来源。在这样一个围绕潜规则而生成的利益链中，参与人各取所需，心照不宣，配合十分默契，这种默契的背后，正是潜规则的深入人心，无论在政府、企业，还是普通的个人，潜规则甚至凌驾了法律，最终这些参与人受到法律的严肃制裁。

在潜规则风行整个社会的情况下，许多企业不花力气做研发创新，不去关注市场，而将心思放在“市长”身上；官员不花精力做好本职工作，改善民生，而将心思放在权力的变现上，不得不说，这种官商勾结情况比比皆是，令人触目惊心。而且，潜规则不仅存在于政治和经济领域，在教育、医疗等神圣的领域，潜规则也大量存在，高校在招生中的腐败问题，医院在采购招投标中的回扣问题，以及看病的大额红包问题，都让人不得不感叹：偌大的中国，哪里还有一方净土？

难以承受之重：路径依赖酿出的三大苦果

路径依赖实际上是一种恶性循环，如果不能及时斩断，后果将十分严重。很显然，如果依靠出卖资源，依靠使用劳动力，企业就能发家致富，企业自然就不需要加强培训，更不需要建设学习型组织，更不需要像华为那样将每年10%的销售收入投入到研发和创新中去，当然也谈不上像海底捞那样善待员工，视员工为家人了，也就谈不上不断提高企业管理水平了。更严重的是：当三大路径依赖共同存在，相当作用的时候，对个体精神心理的负面影响将强大而深远，这是因为三大路径依赖均严重忽视价值创造，忽视个体的精神和心理，忽视人作为人的价值。在现实中，三大路径依赖产生了一系列的严重后果，这主要包括以下三个方面：

（1）创新能力不足。既然有丰富的资源可供依赖，而且变卖资源来钱又快，那创新自然没那么迫切和重要；既然投机取巧可以轻易发家致富，人们自然注重寻找各种法律和制度的漏洞；既然有潜规则可供依赖，而且投资回报可谓立竿见影，又何必大力进行研发创新？具体来说，创新能力不足包括创新意愿不足、创新动力不足、创新投入不足、创新成果不足。在2015年汤森路透发布的《2015全球创新企业百强》名单中，中国大陆没有企业上榜，而日本有40家企业上榜，美国有35家企业上榜，由此可见中国在研发创新上与世界发达国家背后的巨大差距。

在差距的背后，一方面是中国企业研发投入相比国外企业的落后，另一方面是中国企业研发投入的增长缓慢。2014年，中国企业研发支出投入最多的是中石油，为23亿美元，但即使是这么一个数字，也在全球进不了前十。据统计，2014年中国企业总体研发投入仅为其收入的1.39%，而全球的平均值则为3.7%，为中国比例的2.5倍之多。2013年，中国规模以上工业企业科研经费占主营业务收入的比重为0.77%，仅比2000年提高0.2个百分点，由此导致的结果是：新产品销售收入占主营业务收入比重为11.9%，仅比2000年提高0.8个百分点。很多中国企业仍然处于“有资源就不需要创新、没有创新仅靠资源也能活下去”的惯性认识，陷入靠山吃山、坐吃山空的恶性循环中。

中国的企业缺乏创新，缺乏相应的技术研发，往往擅长的是模仿和抄袭，擅长的是拼廉价生产要素，通过低价获得市场，而反观几乎所有的国际名牌企业，都有以自己的领先技术为后盾的拳头产品和服务手段，进而在很大程度拥有以创新争得市场竞争的主导权。因此，名牌企业无不在研发上给予高投入。要生存，研发费用平均约占其销售额的2%；要具有竞争力，就应该提高到5%以上，甚至超过10%。销售收入与研发经费支出间的比例关系，反映了企业对眼前利益与长远发展之间关系的认识。而我国企业在这方面依然差距巨大。

更为严峻的是思想的创新遭遇危机，新思想的产生困难重重，产生新思想的能力严重不足。新的思想，包括新的观点、新的见解、新的创意、新的理论不能产生，自然就无法产生新的思路和政策、新的制度和模式，以及新的产品和服务。

据统计，我国大中型企业的研发经费占其销售额比重仅为0.5%。根据中国社科院民营经济研究中心2012年发布的《中国民营企业竞争力报告（2012）——转型升级与竞争力指数》显示，在其抽样调查的民营企业中，有36.38%的企业在过去三年中始终没有建立自己的研发机构，民营企业自主创新能力整体较弱。

中国的科研机构，包括高校在内，也缺乏创新，按理说，国家每年向科研机构投入了上万亿的研发经费，但每年这些经费倒是得到了报销，而显性成果却寥寥无几，这在很大程度上与科研机构人员的不正当行为有关。据统计，在国家之前所投入的所有科研经费中，只有不到40%真实用在了科技研发上，其它的都花在了开会、出差等名目上。仅在2014年，教育部就通报了4起科研经费使用违规违纪典型案件，5名大学老师骗取科研经费1600多万元，而这只是冰山一角。在中国的学术研究领域，由于急功近利的思想作祟，抄袭剽窃、虚构数据甚至是买卖论文均层出不穷，这已经相当程度地削弱了中国大学的竞争力，削弱了整个国家的竞争力。

（2）管理水平低下。包括对精细化管理流程的忽视，对客户价值创造的忽视，对员工情感、关怀的忽视。由于长期依靠劳动（资源）密集型方式生产低附加值的产品和服务，长期依赖潜规则和投机取巧，企业管理者往往不注重精神和知识层面的投入和开发，进而引发了管理理念过时、管理手段落后、管理效果不佳、管理效率低下等问题。

2010年，被人议论最多的新闻莫过于富士康的“十连跳”了，从2010年1月23日到2010年11月5日，富士康接连发生跳楼事件，这引起了人们的反思：这么多员工跳楼的背后，到底是什么原因，富士康集团在其中又充当了什么角色？

作为全球最大的代工工厂，富士康的员工数量已经达到120万，无疑是一个庞大的“代工帝国”。在代工企业中，往往是流水作业，劳动强度非常之大，由此也带来了精神紧张，在企业管理不善的情况下，员工因为想不开，而又得不到及时的排解，很可能产生意外。虽然死去的生命不能复活，但一些思考仍然是有意义的，总体来说，选择跳楼的那些员工固然存在心理问题，但富士康在管理上的过失也是显而易见的。

对很多企业来说，员工仅仅是赚钱的机器而已，根本谈不上价值、情感，因此，企业与员工的关系仅限于雇佣与被雇佣的关系，在这种关系中，企业的目标很明确：在尽可能少的投入下，获得尽可能大的回报。这在劳动力密集型企业中尤为明显。

既然企业的目的在于绝对的利润最大化，那么在管理过程中，企业必然最大程度上减少投入，包括时间上的、经济上的，即使有所投入，也主要表现为物质上的激励与惩罚。这个行为背后的假设是：员工是为了经济利益而工作，只要通过经济利益，便能管理好员工。

在富士康的冷漠下，企业和员工之间只有经济上的关联，缺少其它层面的沟通，在这种氛围中，员工与员工之间的冷漠也就自然而然了，在案发后的记者采访中，有员工甚至表示不熟悉同一个宿舍的工友，人与人之间的冷漠，达到了何种程度！可以说，企业的冷漠，同事的冷漠，有如一道道高墙，将富士康员工的心灵与外界隔绝，在这种情况下，一旦员工遇到些许挫折，便能引发悲剧。

在“十连跳”事件之后，虽然仍有类似事件发生，但这已经引起了富士康集团的重视，并采取了一些措施，包括加强心理疏导，组织员工之间的活动，提高待遇等措施，这在一定程度上缓解了之前的局面。但不容我们忽视的是，富士康“十连跳”事件仅仅是一个缩影，在中国，类似的企业和事件还有很多，只是浮出水面的太少。在90后员工已经大量进入职场的情况下，单纯的胡萝卜加大棒政策只会引发越来越多的悲剧，事实已经让我们不忍直视，而悲剧的根源，则在于我们的企业，在于我们的管理者，只要我们的企业和管理者继续忽视员工的情感和价值，这样的悲剧就仍将持续。

（3）精神人格重创。既然靠卖资源可以带来发展和繁荣，自然就形成了对物质的崇拜，而忽视精神的价值；既然通过投机取巧就能发家致富，又何必讲究诚信、公平和正义？既然通过钱权交易就能产生“价值”，追逐权力就是终南捷径，何必舍近求远，费尽心思打造质量和品牌？“三大路径依赖”就像是压迫在我们精神上的“三座大山”，许多人被迫低下了精神的头颅；“三大路径依赖”也是伫立于整个社会的三大价值标杆，导引着人们的思想和行为。由于“三大路径依赖”，我们的价值创造导向严重弱化，基于价值创造导向的诚实、守信、公平、正义、勤劳、敬业、工匠精神、专业主义、自由、法治等一系列优秀精神品质和优良传统失去了生存空间，而拜金主义、拜权力主义、利己主义、奢靡之风长期横行。

2014年8月2日，江苏昆山开发区中荣金属制品有限公司汽车轮毂抛光车间在生产过程中发生爆炸，事故造成75人死亡、185人受伤，直接经济损失3.51亿元。经过调查，中荣公司无视国家法律，违法违规组织项目建设和生产；苏州市、昆山市和昆山开发区对安全生产重视不够，安全监管责任不落实，对中荣公司违反国家安全生产法律法规、长期存在安全隐患治理不力等问题失察；负有安全生产监督管理责任的有关部门未认真履行职责，审批把关不严、监督检查不到位、专项治理工作不深入、不落实。昆山事件以惨烈的方式告诉人们：在中国制造业最发达的长三角腹地，中国企业的生存状态多么落后，它的未来又是多么迷茫。

2015年8月，天津滨海新区发生特大爆炸案，爆炸共造成165人死亡，在爆炸过程中，仓库内的车辆、周边的建筑均受到严重影响，据不完全估计，爆炸造成的经济损失超过百亿。那么，这么一起特大爆炸事故，是如何产生的呢？

据悉，爆炸源头为天津东疆保税港区瑞海国际物流有限公司危险品仓库内的700吨氰化物，氰化物属于危险化学用品，而这么大量的氰化物，理应存放在远离公共设施的地方，国家安监局早就明确规定：大中型危险化学品仓库应与周围公共建筑物、交通干线（公路、铁路、水路）、工矿企业等至少保持一千米以上的距离，但事实上，最近的居民楼离仓库仅六百米左右，在爆炸中，这些居民楼也遭到了损坏。

本来，危险化学用品要进入仓库，需要多个部门的审核与批准，这包括交通运输委员会、安全生产监督管理局、国土资源管理局、海关等一系列机关，在重重审批之下，这么大量的高危化学用品，竟然神不知鬼不觉的混入了天津如此繁华的地段，这让人不寒而栗，更大的疑问是：这次事故的最直接责任主体——瑞海国际物流有限公司，它是如何神不知、鬼不觉做到的？

在天津保税港区内，论规模和品牌，这家物流公司都名不见经传，但是，其它物流公司无法搞定的审批，这家物流公司就拿下了。而在大爆炸之后，公安机关迅速介入，最终的调查结果表明：在整个爆炸事件中，天津市交通运输委员会违规发放经营许可证，天津市安全生产监督管理局、滨海新区安全生产监督管理局、滨海新区规划和国土资源管理局、天津新港海关等均存在审核不严的情况，当事人与各监管主体间的关系，可见一斑。

可以说，在整个天津爆炸事件中，各级机关以及企业的拜金主义、利己主义得到了大曝光，为了获得不当之财，无视自己的员工，无视公众利益，肆意践踏作为人的起码良知，肆意践踏法律，最终只能自食其果。

总之，在粗放型发展模式下，企业根本无须通过研发创新、员工关怀、客户感动、社会美誉等来创造价值，可以继续通过劳动力和资源的重复大量投入维系微薄利润，从而形成长期依赖。这些依赖，从宏观到微观，从行为到内心，一步步深入我们社会的每个角落，包括政府、高校、医院等机构，投射到我们每个人的思维中。权力的依赖，捷径的依赖，改变了我们对价值创造的认知，我们似乎觉得，价值规律没有那么重要，更重要的是潜规则和投机取巧，是权力对资源的配置。而这些路径依赖一旦到了不可逆转的时候，就必然会导致企业、社会、国家的危机，使我们陷入一个又一个的发展陷阱中不能自拔，这正是中华民族伟大复兴所面临的最大挑战。

本章启示：

1、以铜为镜，可以正衣冠；以史为镜，可以知兴替；以人为镜，可以知得失。不仅仅历史是一面镜子，现实中的每一个人、每一个组织、每一个国家和民族都可以是我们的镜子；不只是成功、辉煌及其背后的经验是我们的镜子，失败、惨淡及其深层的教训更应该成为我们的镜子。真正的强大，都是系统性的强大；真正的成功，都是系统性的成功。不强大的系统必然有其重大的缺陷与短板。比较与借鉴，对照与反思是一种有效的学习方法，也是发现长处，找出“短板”最有效的方法。而扬长避短，我们才能变得系统性强大。

2、“中国梦”就是中华民族伟大复兴之梦，中华民族伟大复兴的内涵就是“五位一体”的系统性建设，是五大文明系统性推进的伟大工程。中华民族向来就有着兼容并包、有容乃大的气度与胸怀，中国共产党更是如此。我们必须有足够的坚韧与耐心，足够的执着与用心，足够地放下身段，持续地向西方世界和其他优秀的民族与文化学习，向他们的器物、制度、文化诸多的层面虚心的学习，以知己知彼，见贤思齐；取其之长，补己之短。

3、中国人用什么托起“中国梦”？当然是靠“五位一体”的建设成果来支撑。按照系统论的思想，就是培育和建设强大的系统各个要素，同时要精心构建各个要素之间有机的、强大的联系，使得物质、精神、政治、生态和社会等全部的要素具备强大的基础，并使它们之间互动与结合强劲有力。

4、中华民族伟大复兴的伟大工程所需要的资源要素中，一个也不能少。那么，有哪些资源要素我们是具备的，哪些是不具备的？那些是比较强项，哪些是比较弱项，这都需要我们系统性的学习、培育和加强，以实现整体性强大。然而，最珍贵而又最奇缺的资源是什么，最重要而又最短的那一块板子在哪里？说到底，是精神资源。精神资源是万源之源。

第3章

中国企业，管理现状怎么样

建国以来，中国的企业管理大致经历了两个阶段。第一阶段是在改革开放前，在计划经济体制下，那时的企业并不是真正意义上的企业，仅仅是一个生产单位，国家对企业实行计划统一下达，资金统贷统还，物资统一调配，产品统收统销，就业统包统揽，盈亏都由国家负责。企业没有经营自主权，缺乏独立性和创造性。第二个阶段是改革开放以后，我国实现了从计划经济向市场经济体制的转型，企业也转变成为市场主体。中国企业开始沿用西方传统管理模式，也就是泰勒等人提出的科学管理模式。虽然中国企业开始意识到发展科学技术的重要性，并从单纯地加大要素投入向提高要素生产率转变，但该阶段企业主要以粗放式经营为主，即使引进了国外先进的生产技术和管理理念，但精细化、标准化、流程化管理往往没有落到实处，企业的发展模式主要靠增加要素投入、扩大生产规模，而忽略了科学技术的发展，更不重视人的发展，个人的能量、创造力和潜力也远远没有得到充分发挥，企业可持续发展无力。

当下，随着互联网时代、知识经济时代的到来，以及90后的步入职场，中国企业亟待一场管理变革，告别第二个阶段，进入管理的新时代。世界级管理大师哈默•比尔认为：管理创新是企业获得长久竞争优势的独特能力。未来，中国企业要想从中国制造升级到中国创造，就需要反思中国企业的管理模式，实现管理转型、升级，重视人的发展。因为，创造是依靠人完成的，而只有通过学习才能创新，中国在全球产业链的位置才能实现从低端升级到高端。

在中国企业员工如何评价领导的问题上，著名咨询公司HAY（合益）集团进行了调查，结果显示，在中国企业领导中，挫伤员工积极性的领导者占比高达57.70%，不增加价值的领导者占比13.40%，而鼓舞人的领导者占比不到10%，高绩效领导者占比不到20%。

美国哈佛大学专家经研究发现：在缺乏激励的环境中，企业员工的潜力只能发挥出20%-30%，甚至还可能引起相反的效果；但在适宜的激励环境中，同样的员工却能发挥出其潜力的80%-90%。根据盖洛普用30年时间对1700万员工的调查：员工积极性高的公司，其股票收益是员工积极性一般公司的3.9倍。而员工活力不足的公司，每年在美国造成的工资负担就达到3000亿美元。在员工认为的最差领导中，每人每年平均为公司损耗120万美元；而在最佳领导中，每人每年平均创造450万美元的利润。

研究结果表明：一般企业的情形：20%与管理者对着干，20%做次品，20%不稳定，20%产生绩效，20%创造性劳动。盖洛普咨询公司对全球各行业的1000万消费者、300万员工、20万经理人的调查发现，整体而言，企业（包括世界上一些最大和最知名的企业）最多只利用了人的潜力的三分之一。

据统计，中国90%的中小企业活不过10年，让我们深思的是：问题在哪里？尤其是，这个数字和国外有明显差距，那么，我们的问题又在哪里？

1.阴阳两虚：中国企业管理的总体判断

正如前面的章节所说的，“三大路径依赖”造成了“三大严重后果”，而“三大严重后果”则导致中国企业的创新乏力，进一步加剧了“三大路径依赖”，这种恶性循环令中国企业在管理上不断堕落，并最终导致中国企业管理的“阴阳两虚”。一方面，由于中国的工业化过程时间较短，以泰勒制为代表的科学管理水平处于较低水平，表现为标准化、规范化、流程化、精细化程度较低，刚性管理的功能发育不健全；另一方面，知识经济时代所需要的人文管理更处于有待发育的阶段，柔性管理的功能十分稚嫩。从这个意义上讲，**“阴阳两虚”即：以泰勒制管理为代表的刚性、控制式的制度管理发育不足，以及与以人文管理为代表的柔性、激发式的心智管理发育不良。**

人治还是法治

从刚性管理来看，科学管理是企业管理发展的必经阶段，但中国企业长时间在计划经济模式中运作，真正开始迈入市场化，按企业规律运作只有不到四十年。中国企业在管理上存在“断层”，缺乏传承和持续性的管理基础，对科学管理的认知和实践严重不足，导致管理失位。制度管理上的缺陷包括制度本身的缺陷以及制度执行上的缺陷。

春秋战国时期，诸侯争霸，为了富国强兵，许多国家走上变法的道路。所谓变法，就是推行法家所倡导的以法治国。在变法以前，诸侯国往往仿效周王朝，实行传统的“礼不下庶人，刑不上大夫”的礼治，这种管理看起来温文尔雅，但在当时的贵族社会，这往往意味着贵族受到的约束较少，甚至违法乱纪而破坏了整个国家的秩序。

在这种情况下，不少诸侯国推行了改革，其中最为著名的便是商鞅变法。商鞅变法的核心在于有制度可依，有制度必依，即使是太子犯法，不便惩罚太子本人，也要惩罚太子的老师，以示对太子的惩戒。当然，由于制度往往涉及利益，尤其商鞅的新法实行以军功封爵，剥夺了贵族的特权，因而也遭到了激烈反对，但商鞅及秦国的君主顶住了压力，最终变法成功，推动秦国一统六国，开创了中国历史的新纪元。秦国成功的原因很简单：适时推出了一套更为合理的制度，并长期严格执行。

对于中国企业来说，在有制度可依方面，似乎没有太大的问题，但事实则不然，这主要表现在制度的完备性上。在这方面，韩非子认为“法与时转则治”，因此，制度建设不可能毕其功于一役，而应推进与时俱进，在政府部门及许多企事业单位，很多部门仍然沿用十几年，甚至是几十年前的老制度，完全无视新的变化。在当今，80后已经成为职场的主力，90后已经成为企业最新鲜的血液，部分传统制度不合时宜，继续沿用将势必引发许多问题。

即使制度较为完备，执行又是另一个问题，在这个问题上，许多企业往往陷入两个极端，一个极端是不按制度办事，金钱大于制度，权力大于制度，人情大于制度；另一个极端是近乎苛刻的按照制度办事，不讲求任何变通。这两个极端都会给企业的发展带来负面影响，当然主要问题在于前者。

在所有贪污腐败的案例中，当事人都是没能抵御住金钱、权力和美色的诱惑，最终酿成大错，后悔莫及。而在另外一些渎职案例中，当事人并没有受到上面的诱惑，但由于是亲人、朋友等委托办事，抹不下面子，尤其在中国这样的人情社会，拒绝人往往会导致得罪人，因此放宽要求，特事特办，特人特办，不断突破制度的红线。不按制度办事的结果便是潜规则的横行，在招投标领域，给好处费是潜规则；在教育领域，送礼是潜规则，在中国，甚至完全合情、合理、合法的事情，也要通过潜规则才能办好，这对整个社会的公平和效率是一种损坏，更让人担心的是，许多人甚至认为这些潜规则理所当然，包括我们的小学生，不得不说，这种心灵毒害已经伤及下一代。

俗话说，无规矩不成方圆。制度是道德与良知最基本的滋养品，好的制度是企业乃至整个国家发展的最大保障，在中国的封建社会，国家的兴衰往往取决于皇帝的能力，一个昏君甚至能导致亡国，这便是制度缺失的后果，在当下，许多企业仍然面临这样的局面，但是，如果企业能够建立卓越的制度，并在实践中实现有法可依，有法必依，不因管理者的个人意志而转移，那么企业长期稳定经营的可能性将大大增加。

天地之间，莫贵于人

按照马斯洛需求层次理论，人的需求由低到高分别为：生理需求、安全需求、归属需求、尊重需求以及自我实现（之后还加了一个自我超越）。生理需求最为基本，它是个体生存及延续生命的最起码需求，处于这一需求阶段的人，对物质的渴求非常强烈，在对他们的管理上，物质激励是关键。

但是，在除了生理需求以外的其它需求中，如果说安全需求既有物质层面的因素，也有精神层面的因素，那么归属需求、尊重需求及自我实现和自我超越等完全属于精神层次的需求，在中国企业目前的管理中，往往过于重视物质层面的因素，对精神层面的因素关注较少。在过去近四十年的粗放式增长中，某种程度上来说，该模式功不可没，但是，在中国已经进入中等发达国家的今天，物质对中国人的激励程度已经大幅降低，单纯靠物质激励员工，就类似于靠投资拉动中国经济，相比过去，已然是事倍而功半了。

在现实中，不少企业有所觉悟，增加了对员工的投入，但是，仍然只能雇佣员工的双手，最多还能得到员工的大脑，至于员工的心在哪里，很多企业并不关心，即使关心，也把握不住。显然，精神层次的需求并不能靠物质来解决，那么，怎样才能满足员工日益高涨的精神文化需求呢？答案就是关爱。企业爱员工，尽可能为员工着想，员工才会知恩图报，将企业当作自己的家，愿意为了企业而更加无私的奋斗。从更高层次上来说，这种关爱就是人文管理的体现。

相比于传统的管理，人文管理的核心在于人文精神，它强调的不是人的技能，而是人性本身，因此，凸显的是人的文化意义和文化价值。人文管理的前提是：管理者认识到个人具有自尊、自立、自信、自爱、自强的特点，因此，在管理过程中，尊重人、理解人、善待人、宽容人，最大程度发挥人的主体性。总之，人文管理倡导的是一种关爱文化，一种激励文化，一种欣赏文化，一种分享文化，这种分享不仅表现在经济利益的分享，权利的分享，更表现在精神、情感与价值的交流与分享，而也只有在这种管理下，员工才真正意义上成为一个实实在在的人。

有些企业已经意识到了这一点，在管理过程中，放弃传统的“胡萝卜加大棒”式的控制，而是将员工视为家人，给予家人般的关怀和照顾，并向员工传达“仁者爱人”、“推己及人”的思想，将“爱”的理念从个人拓展到整个社会、环境，创造出了一种大爱的氛围，这种强烈“家文化”式的人文管理便是不少企业成功的关键，比如固锝电子就属于这种类型。

1990年，一个年轻人在无资金、无技术、无市场的“三无”情况下，靠着在银行软磨硬泡了一个星期借到的19万美元的贷款，创办了苏州固锝电子有限公司，专业生产整流二极管。如今这家企业已成功上市，市值达20多亿元，20年间实现了公司资产增值1000倍，创造了被业界誉为“固锝速度”的发展奇迹。将固锝电子带到今天这个地位的人叫吴念博，一个执着于推行人文管理，打造幸福企业的企业家。

在固锝电子公司的接待室里，吴念博亲自书写的“企业利润来自于员工的幸福和客户满意”格外引人注目。对于“幸福”，吴念博有自己独到、精辟的理解，他认为：“幸福，就是攀比心减少，欲望控制，感恩心增加。”“而幸福企业，是充分考虑企业员工需要什么，考虑如何才能让员工幸福，这就是要求公司关心在前、爱护在前，将员工视为最亲爱的人，最需要关爱的人，使员工有家的温暖感觉，并努力将每个人的攀比心、欲望都调整到适当位置。”具体来说，固锝电子的举措主要包括以下两个方面：

（1）对内关怀，分享幸福

在固锝电子公司的接待室里，吴念博亲自书写的“企业利润来自于员工的幸福和客户满意”格外引人注目。“企业利润来自于员工的幸福和客户满意”也是固锝电子的核心价值观，更是董事长吴念博的肺腑之言。不仅如此，固锝还有一个特殊的部门——幸福企业工作部，可谓开中国企业之先河。

固锝和大多数中国制造企业一样，几年前遇上了全球经济衰退、竞争日趋激烈、利润持续下滑的严峻挑战。如何挖掘企业发展的新动力？如何培养80、90后年轻员工的价值观？如何激发新生代的创造力？这一系列问题终日盘旋在吴念博的脑际，他开始了长期的探索研究。

一次次的探索实践，一次次的思索顿悟，吴念博认识到，企业是个“家”，要把公司当作“家”来经营，把员工当作“家人”来爱护。经营企业其实就是造一个以家文化为核心企业环境，吴念博从“家”的理念出发造就了固锝“家文化”，通过人文关怀、人文教育等具体举措，最终让固锝员工成为一家人。

为了更好地引导员工，让大家学会感恩，理解孝道、传播爱心，公司非常重视新员工入司培训，重点进行人文方面的熏陶，通过讲授中国传统文化经典著作，让大家重拾人文礼仪，传承华夏文明。固锝也会定期开展专题各异的读书会和分享会，在组织内部营造出良好学习、分享、传播的氛围。为引导员工懂得感念父母恩德、懂得孝道责任，固锝还专门开设了“温馨孝亲话吧”，员工每周可以免费给家里打10分钟电话，跟父母说说工作情况，唠唠家常。每年中秋，固锝还会给每位员工的父母快递一盒高档月饼和一封董事长的感谢信。

要让员工有家的感觉，先得给他们找到家，为此，固锝电子提出了“幸福班组”的概念，制造企业中最基层的组织形式就是班组，班组是企业各项工作的落脚点，一个班组七八个成员，刚好构成了一个“小家”。

为了促进班组成员之间相互关心，也为了激励领班关怀本组员工，固锝每月都评选“幸福班组”和“幸福领班”。幸福班组的评选除了要看班组产量、产品合格率等指标，更要看员工关怀的数量和质量，以及员工关怀的效应与成果等综合指标。各班组之间进行PK，综合评分最高的被评为“幸福班组”，该班组领班则当选“幸福领班”，并获得一千元的奖金（奖金来自“幸福领班基金”，是董事长吴念博自己出资设立的基金）。值得一提的是，在获得了幸福领班奖金之后，领班们通常不会将钱占为已有，他们知道这是集体的荣誉，所以会把钱用在班组活动中，有的班组集体决定把领班奖金捐给社会上的弱势群体，让这笔来自董事长的爱心基金发挥更大的作用。

除了通过班组和领班帮助员工外，针对外地员工，固锝提供了一系列的“家”服务。首先，固锝为外地员工统一租住标准化公寓，解决后顾之忧，同时还会出钱给员工家庭送去法律服务、维修服务、资金支持，以帮助解决外地员工子女上苏州公办学校的入学难题；其次，凡是有子女的员工，全部享受从小学到大学的学费补贴；再次，针对刚进入社会的年轻员工，为了让他们尽快的适应职场生活，专职聘请“大爱妈妈”用心照顾这些年轻人的生活起居；另外，对来自贫困家庭的员工，固锝会专门开展幸福村活动，逐个走访员工家庭，了解员工家庭情况，提供必要支持。以上举措极大地增进了员工对公司的感情，缩短了员工与企业的距离，让员工感受到了“家”一般的温暖。

在固锝电子餐厅整齐的餐桌间，摆放着一张四方形的大桌子，鲜花装点，雅致又醒目，这是为了照顾员工中的准妈妈，企业专门为她们开设的专座，在这个专用就餐区，不仅配置了软座，还提供营养菜单，准妈妈们可以享受点菜式服务，想吃什么点什么。“起初订的餐费是6元，后来准妈妈们反映太贵，公司就将费用改成和普通员工一样的价格，只要3元就可以吃到一顿丰盛的午餐。”固锝电子的大爱人文工作部经理朱恒介绍：除了提供专座，还安排志愿者陪伴她们工作、生活和上下班，并赠送了育儿科普书籍，让准妈妈们科学育婴。“怀孕后体型发生变化，员工服穿不下了，公司还专门为我们制定了孕妇装。”准妈妈们告诉记者，自己家人都想不到的问题，公司全部考虑到了。

值得一提的是，为切实打造员工的幸福感工程，固锝电子专门成立了“幸福企业工作部”，一直在尝试各种幸福实践。经过两年多的摸索，已经形成一套幸福企业的体系，这个体系有七个模块：人文关怀、人文教育、绿色企业、健康促进、慈善公益、志工拓展、人文真善美，针对各项模块开展了一系列卓有成效的工作。在企业幸福工作部的统一领导下，各个事业部成立了人文关怀小组来制定人文关怀细则并加以实施，形成标准的操作规范。以下是固锝公司福利一览表。

表3-1 员工福利一览表

福利项目	具体举措
对员工子女的关爱	孩子入当地公办学校就读、少儿医保费报销、员工小孩教育基金、独生子女费
员工关爱	生病住院员工关怀、员工或家属急难关怀、特困家庭和重大疾病员工或家属关怀、员工直系亲属往生关怀、公司于当地公立医院建立固锝绿色通道、免费住宿、领班关爱基金、员工工龄续接（针对再次入司的老员工）、准妈妈关怀
各种补贴	餐贴或免费工作餐、夜班补贴、星级补贴、工龄补贴
公司额外福利	庆生会、结婚庆贺、员工生子庆贺、中秋国庆慰问、妇女节慰问、发放年货、工会会员福利、开门红包、发放年终奖、工资之外的奖金
提升性培训福利	带薪在公司内外部培训、优秀员工特别福利（与家属国外旅游度假）
法律法规要求的福利	全员缴纳社保、部分员工缴纳商保（针对派遣员工）、带薪年休假、住房公积金
间接员工福利	干部车贴、工作手机及公司提供收费套餐

（2）对外辐射，传播大爱

如果说对员工的人文关怀体现了固锝电子的小爱，那么对节能环保和慈善等方面的关注则体现了固锝电子的大爱。

“人要有大爱情怀，企业也要有大爱文化。”吴念博是一个对“绿色、环保、生态”有种难以释放的情怀的人，固锝电子也在时时处处传播“绿色理念”，倡导在帮助他人的过程中见苦知福、感恩社会。

在固锝的员工餐厅里，设有红色通道与绿色通道以减少餐厨垃圾，一年之内餐厨垃圾的量减少到了原有的五分之一。红色通道是给有剩饭剩菜的人走，同时有摄像机拍摄，绿色的是没有剩余饭菜的人通过。鼓励大家吃多少拿多少，不浪费。在固锝电子的餐厅里，餐巾纸在固锝的餐厅里也是找不到的，公司给每位员工都发了手帕，连洗漱池也改造为污水再利用系统，洗手的水可以用来拖地，另外固锝还自制酵素替代清洁剂，不仅有利于人体健康，还减少了清洁剂的污染。低碳生活的种种细节在固锝随处可见。

此外，固锝更创新地将绿色理念延伸到合作客户中，2010年，固锝对供应商设节能环保奖，对能源、环保有重大贡献者给予20万元的奖励。固锝还要求供应商的生产线要独立，环保与非环保的要分开生产，要有独立醒目的标识，定期检查防止交叉污染等等。此外，员工还可以在公司认领福田，在自己的“责任田”里不让垃圾落地，在厂区内还建造大爱林、爱心农场、果园，员工们可以认领树木，种植自己吃的蔬菜，固锝员工每季度走入周边社区宣导环保，还利用地球日、节水周、地球一小时等国际性环保日开展活动，将更多的环保理念带给社会。

固锝同时也注重参与志愿活动，践行慈善理念。吴念博将“永续经营，大爱固锝”定位为公司的发展主线，他认为：人要有大爱情怀，企业也要有大爱文化。多年来，他一直积极倡导大爱、关怀、感恩、乐于承担社会责任的企业人文环境，并身体力行地倡导公益事业，践行“人心净化、社会祥和、天下无灾无难”的慈济理念，在他看来，从大爱超越的精神出发，实践净化人心。以人为本、互助互爱、追求真善美，得以净化人心；行孝、行善、乐于承担社会责任，得以祥和社会；倡导绿色环保、生态平衡、资源节约，得以天下无灾难。为了积极传播大爱，公司的党组织、团委和工会，组建了一支实力过硬的志愿工作者队伍。通过心灵工程的建设，精心设计志工培训课程，让准志工有心理上的认知。固锝目前已经拥有上千名公司志工，活跃在公司各个岗位、活跃在每个活动当中。乐于奉献、甘愿付出是全体志工的集体写照，青春靓丽的整齐着装，精神饱满的身影，成为固锝美丽的风景，爱的足迹记录了他们一次又一次的辉煌。

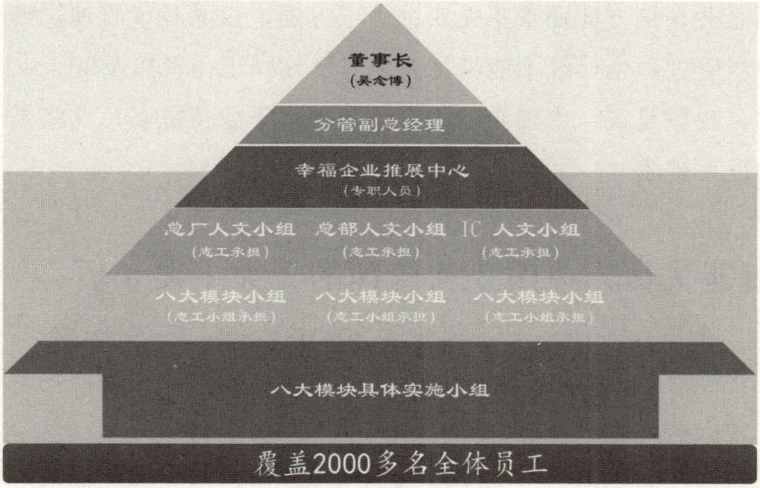

图3-2　固锝电子志工体系

将员工视为家人，给予家人般的关怀和照顾，并向员工传达“仁者爱人”、“推己及人”的思想，将“爱”的理念从个人拓展到整个社会、环境，创造出了一种大爱的氛围，这种强烈的人文管理便是固锝电子成功的关键。

当然，除了固锝电子以外，其它一些企业也在这方面取得了很大的成就，比如后面的案例分析部分要介绍的德胜洋楼。可惜的是，放眼整个中国，像固锝电子、德胜洋楼这样的企业，少之又少，总体来说，中国企业在人文管理方面还远远不够。当然，放眼全球，很多国际知名的企业甚至也还没进入人本管理的阶段，对人的认识和重视远没有达到一定的高度和深度，还仅仅停留在管理的表面阶段，不知如何通过认识人性来管理员工、激励员工。

中国企业之所以存在制度管理和人文管理的问题，归根结底都是心出了问题。领导者没有良好的心性，制度便会因为领导者而调整，而扭曲，形成潜规则，最终沦为领导者谋取利益的工具，而在领导者缺乏良好心性的情况下，他不太会对下属，对自己的责任人产生人文关怀，即使有，那也很可能只是短期的、局部的、工具性的，不会对整个大局产生多大的影响。

总体来说，制度管理和人文管理两方面缺失，由此而给中国企业管理带来特别的挑战。一方面，泰勒倡导的科学管理很大程度上是企业管理的基本功，中国企业在这方面还很不扎实；另一方面，仅靠科学管理，哪怕是最为精熟的科学管理，也已经不能满足企业对于知识工作者以及80、90后员工管理的需要，也就是说，中国企业的人文管理水平亟待提高，这将是我们未来所面临的巨大挑战。

2.机能失衡：中国企业管理的三大主要矛盾

实现发展方式的转变，建设创新型企业，进而承担更多的社会责任，为“五位一体”的经济与社会建设发挥企业应有的角色与功能，致力于中华民族伟大复兴的“中国梦”，这是当代中国企业必须的担当！但是，就目前中国企业总体管理水平而言，无疑是勉为其难。也正因为如此，管理的变革和升级显得迫在眉睫，势在必行。

实事求是的看，过去近四十年，我们在宏观和微观方面所形成的三大路径依赖，所造成的恶性后果，已经造成中国社会的两大奇缺，即内部缺乏精神，外部缺乏创新。但如果从更深层次来看，这两大奇缺背后反映的则是中国企业所面临的三大矛盾，它们分别是：

巨大而迫切的知识和能力需求与企业组织学习行为含量严重偏低之间的矛盾（以下简称为组织学习矛盾）；

巨大而迫切的精神和情感需求与企业组织人文关怀产品的供应严重偏少之间的矛盾（以下简称为人文关怀矛盾）；

巨大而迫切的合作和协同需求与企业组织分享机制的培育严重滞后之间的矛盾（以下简称为组织分享矛盾）。

组织学习矛盾上，一方面，中国经济结构调整及发展方式转变迫切需要企业的学习和创新；而另一方面，企业管理者和员工学习意愿不足，学习动力匮乏，学习机制和环境缺失，造成企业的学习行为，特别是创新性学习行为严重不足，创新投入低下，创新成果匮乏，最终反映在国际市场上，中国企业的创新性产品少之又少，总体来看，中国企业的产品在国际上的口碑欠佳，表面上是品质的问题，实质上看是学习和创新不足的问题。

人文关怀矛盾上，面对中国消费者更为注重心理体验的转变，面对新时代互联网经济、服务经济的转变，面对大众创业、万众创新所需要的巨大精神动能，以及工匠精神、品质革命所需要的人文情怀，我们企业集体人格中所蕴藏的精神价值是严重不足的，管理者人格和心性长时间处在偏低的水平。在管理实践中，这体现为管理者对员工的人文关怀，对员工的精神激励和情感激发的不够，这进而导致了员工创新的不足，导致了员工所提供产品和服务的人文精神的缺乏。

组织分享矛盾上，无论是做大做强，还是做长做久，企业都需要具有合作与协同的品质，这关系到企业能否获取和整合各种资源，特别是精神资源和知识资源，然而，中国企业普遍存在先天的不足，那就是缺乏分享的胸怀和品质，由此造成了分享不足，分享不足造成信任不够，信任不够造成合作不够，合作不够造成承诺和投入不足，由此决定企业间不能形成互利互惠的关系，就更谈不上和谐共生了。相比之下，中国企业所擅长的“一锤子买卖”在付出了较高的交易成本后，只能为双方带来短期的收益，并不适合长期的可持续发展。

上述三大矛盾分别对应的是知识资本、精神（情感）资本、社会资本的薄弱，也表征这从员工到企业组织在知识、情感和精神上的高度贫困，同时也决定着发展方式转变、供给侧结构性改革、“双创”经济发展所需要的知识性产品、情感性产品和精神性产品所需要的原材料供应严重不足。

不学习，无异于等待死亡

学习速度不够，必然会导致落后。而不学习，对于组织，特别是企业组织而言，则无异于等死。在人类社会由工业经济向知识经济演进的新时代，知识的生产、传播、交换和利用将是经济增长的重要推动力量。随着知识的作用日益为人们所重视，组织学习在企业管理中已经被摆到首要的地位。改革开放近四十年以来，中国人民、中国社会和中国共产党的面貌发生了历史性的巨变，取得了丰硕的成果，创造了“中国奇迹”，向世界展示了中华民族光荣复兴的美好前景，赋予了中华民族强势崛起的伟大力量。这条“中国道路”的背后是“中国学习”，“中国奇迹”的背后是“学习奇迹”。本着“吸收人类一切优秀的文明成果”的原则，开创了“中国学习”的新纪元。目前，中国各类组织以及个人所拥有的知识，不仅包括知识的数量、质量和知识结构，也包括显性知识和隐形知识，以及知识转换的能力，都有了显著地提高和改善，甚至飞跃，如果没有这种提升和飞跃，也就不会有所谓“中国奇迹”的发生。

但是，面对新的形势和环境、新的角色和任务、新的梦想和追求、新的问题和挑战，我们现有的知识与能力还很不够，二者之间还有着相当大的鸿沟。“中国制造”而不是“中国创造”、处于价值链低位、粗放型经济发展方式……这些现状的本质是企业经营管理中知识与技术含量的严重偏低，就是能力上存在巨大不足的表现，为了填补知识与能力的不足，我们真的太需要学习了，我们太需要早学、真学、扎扎实实、持之以恒的学习了。

然而，现实的情况是：和其他国家相比，我们的学习太少，组织中的学习行为含量太低。组织中参加各种培训的人越来越多：有到发达国家学习考察的、有申请读MBA/EMBA的……不得不说，在学习意识和学习风气上，中国人已经有很大改善，但是，这些仍然非常不够。只要看看我们的管理者每天都忙于什么，一切就都明白了。可以肯定的是，我们的管理者用于公关应酬、“跑部钱进”、买官求荣的时间，肯定是超乎我们想象的，更重要的是：在这些活动上，我们的管理者可能花了60%的时间，但背后付出的是90%以上的精力，而我们的专业人员、科技人员在行政事务上、在人际关系上，也浪费了大量的时间和精力。

书籍是人类进步的阶梯，是我们学习的重要途径。培根说：“读史使人明智，读诗使人灵秀，数学使人周密，科学使人深刻，伦理学使人庄重，逻辑修辞之学使人善辩；凡有所学，皆成性格。”读书对一个人的重要性，可见一斑。而中国人自古就以读书为贵，“万般皆下品，惟有读书高”便是最好的证明。按理说，在进入知识大爆炸时代的今天，人们读书学习的热情应该更加高涨才对，可现在，竟然有一半中国人不读书了，实在让人难以置信。

2015年，第12次“全国国民阅读调查”数据显示：2014年我国国民人均纸质图书阅读量为4.56本，相比2013年减少了0.21本；报纸阅读量分别为65.03期（份），相比2013年下降5.82期；期刊阅读量为6.07期（份），相比2013年增加0.56期，但在电子阅读方面则有所增加，但电子阅读，尤其是近年来兴起的微信阅读，具有碎片化、浅层次的特点，并不能取代传统的纸质阅读。而全世界平均每年每人读书的数据显示：美国计划达到每年每人50本，法国为20本，日本为40本，以色列为 64 本，俄罗斯为 55 本，相比之下，中国想要实现这方面的赶超，仍然前路漫漫。

再来看我国在企业培训方面的投入。中国企业在职培训投资总量偏低。统计表明，我国企业在员工培训经费的投入上普遍较低：占公司销售收入3‰以上的企业仅为8.7%，而占销售收入0.5‰以下的企业有48.2%。在我国的国有企业当中，30%以上对于人力资本的投资只是象征性地拨一点培训费。而过去10年，美国企业用于企业培训的投资每年以5%的速度递增，目前已占全美教育投资的一半，据悉，美国企业每年在培训费用上的花费约占雇员工资收入5%。以培训对象而言，中国农民工群体多达2.7亿人，其中80后农民工已占到61%，他们多在初中高中毕业的情况下就进入第二、三产业，受过培训的只有28%，而进入建筑业的农民工受过培训的仅7%，交通、采掘、食品加工领域也是如此，各类安全事故的频发，与如此低水平的培训投入有很大的关联。[①]

以上的例子都是关于培训和读书，当然学习不等于读书，也不等于培训。我们所说的学习，是指在工作和生活中，在健全的学习意识指导下，在强烈的学习愿望驱动下，基于解决问题的需求和事业发展的需要，围绕知识的识别、获取、传播、应用和创造而进行的培训、阅读、考察、调研、讨论、倾听、分享、互动、头脑风暴、深度汇谈、学历教育、课程学习等多样性、多元化的学习行为。但是，培训和读书是学习的基本形态，也是其它学习行为的基础，没有这些基本的学习行为，其他高层次的学习行为也很难发

①季明明：《努力建设探索中国开放大学的新路》，天津电大学报，2013年02期。

生。而诸如团队学习、头脑风暴、深度汇谈、大墙会议、世界咖啡屋、倾听、探寻、反思、内省、悬挂假设等，它们有利于呈现最佳观点、见解、看法和创意，但在我国企业更是相当稀少。也就是说，中国企业不仅学习行为数量偏少，而且存在结构缺陷，所以学习质量偏低。

学习行为密度低的情况不仅存在于中国企业，而且存在于整个中国社会。不得不说，在多数中国人的一生中，主要的学习来自学校学历教育，而毕业则意味着学习生涯的结束。也就是说，在此后长达50年的职业生涯中，学习行为往往相当匮乏。国家的崛起，民族的复兴，需要一支强大的队伍，强大的队伍从何而来？源于学习。正是因为注意到学习行为的严重不足，《国家中长期教育改革和发展规划纲要（2010—2020）》明确提出“基本实现教育现代化，基本形成学习型社会，进入人力资源强国行列”的目标。值得一提的是，以季明明教授为代表的学者很早就注意到中国人学习行为密度低的严重问题，因而大力推动“开放大学”，大力提倡“互联网+终身学习”，通过理念创新、机制改革、技术创新等，最终实现普通高等教育与职业教育、成人继续教育的融合，正规教育与非正规教育的融合，各级与各类教育的融合，线上与线下教育的融合①。

习近平主席指出：“我们的队伍里有一种恐慌，不是经济恐慌，也不是政治恐慌，而是本领恐慌……。”此语发人深省，不仅值得党员领导干部思考，更值得每个人学习思考。一方面是知识与能力的不足，另一方面是学习行为的稀少，这是一对严重的矛盾。能力不足实质上就是知识的获取和创造不足，根本上是学习不够，就是学习行为太少；学习行为的贫乏导致知识资源的贫乏，特别是最新的、前沿的、一流的知识的贫乏，而企业经营也好，国家发展也罢，无非就是资源调动与聚集、整合与转换的过程。在这个过程中，恰恰是知识资源作为第一资源发挥着决定性的作用，其他资源都是被整合者、被决定者、被设计者，所以，谁掌握了一流的知识资源，谁就占据了价值链的最高点而成为设计者，从而更多地掌握市场

①摘自季明明在“中国互联网＋教育创新发展论坛暨中国在线教育2015年度盛典”上的讲话，有整理。

格局的决定权和利益相关者的利益分配权。看看世界上一流的企业，以及最发达的国家，它们是如何既从外部跨界整合知识资源，又从内部创造有利于发明、发现、创造、创意等新知识产生的制度环境和人文环境，就可以看出：它们的成功绝非偶然。

我们这里所说的学习行为含量，包含着速度的概念，是单位时间里组织中学习行为的发生量。而正是这个量，它甚至可以决定一个组织的存亡兴衰。那它是如何决定的呢？按照自然界的生存法则，一个机体要生存，就必须适应环境。所谓适应就是能够与环境良性互动，良性互动就是从环境中获得物质、信息和能量，同时又向环境输出物质、信息和能量，这就叫你来我往，有来有往，相辅相成，相互依存，形成良性互动，否则，一个机体不能为环境输出价值，环境就不能为它补充能量，机体生命就难以为继。企业的经营，本质上就是不断地从内外部获得、挖掘、整合各种资源，通过管理，将这些资源转换成产品和服务，转变成价值转移给客户，并影响到社会与自然。企业的产品、服务及其带来的价值能够及时地满足客户以及社会的需要，则可以不断地从市场与社会环境中获得足够的回报，从而与之良性互动，求得生存和发展，否则，将会被环境所淘汰。

由此可知，价值由资源转换而来，而在知识经济时代，特别是知识型企业，最重要的、产生价值最大的资源是知识资源。那么，知识资源从哪里来？主要途径有两个：要么从外部购买，要么从内部发明创造，也就是说要学习，而且重要的是创造性学习。在客户与社会需求不断增长的情况下，只有保持足够的学习速度，学习密度、学习深度和学习强度，才能在竞争中实现生存和发展，否则便是低效率运作。在这个快鱼吃慢鱼的市场经济和全球化、网络化时代，低效率意味着淘汰和毁灭，而效率归根到底源于学习。因此可以说，一个组织，不学习，等同于坐以待毙。正是从这个意义上来说，学习行为发生的各项指标是企业组织的生命线，抓住这条生命线，逐步缓解，进而完善组织学习行为，让学习行为普遍地、大量地、高效地发生，让表现为最佳观点、最佳见解、最佳方案、最佳创意的智慧之泉井喷式涌现，我们的企业就可以逐步从全球价值链的低端向高端迈进，走上集约化经营与发展的道路，就能够摘取“中国创造”的桂冠；我们中华民族就可以打造遍布全球的企业帝国，实现伟大复兴的梦想，为人类文明做出更大的贡献。

精神情感匮乏——最深切的病痛

广义的精神是包含情感、情绪等心理因素的，之所以强调情感，是因为它有着独特的重要性。这里所说的精神是指狭义的精神因素，主要指的是信仰、核心价值观；这里所说的情感，则是一种心理体验，是一种人的需求，包括物质需求与精神需求是否得到满足，是否得到实现的心理感受。情感主要是通过互动，特别是长期反复的互动来建立的，它的表现形式是情绪，而情绪在很大程度上决定人的行为。应该承认，改革开放近四十年的过程，也是中国人民的精神世界与情感天地不断获得更多自由，变得更加丰富多彩的过程。有远见、有作为的企业家也开始探索注重精神与情感的人文管理之路，比如之前提到的固锝电子，包括海底捞、德胜洋楼等企业，在这方面都取得了相当大的成功。

但整体而言，中国社会精神信仰的危机、道德水平的滑坡、美好情感的缺失是显而易见的，这在企业中的表现则更为突出，规模更大。大量的小企业做不大，做大了的做不强，做到比较强了却又做不久，究其原因，除了客观环境因素之外，更多在于自身主观因素，其中最为重要的是：没有理想，缺乏信念，世界观、价值观、人生观处于较低层次，境界与格局没有能够随着事业的进步和形势的发展而提升。有的稍有发达就开始骄傲自满，小富即安，变得贪图享乐，甚至颓废变质；有的利欲熏心，为谋取私利不择手段，最终自食其果；有的做到了相当的规模，就开始自我膨胀，缺少分享与共赢的胸怀，失去包容与合作的能力；有的缺乏长远打算，或者经不住短期的、眼前的利益诱惑，舍不得对关乎未来发展的战略因素进行投入和培育，逐步失去发展的后劲。

而大量劳资矛盾，特别是引起公愤的“拖欠农民工工资”现象；大量的假冒伪劣产品，特别是令人发指的“毒奶粉”事等；大量的环境保护事件，特别是向地下排污等恶性环保事件等，诸如此类的置员工权益、客户利益、社会责任于不顾，甚至蓄意妄为的陋习、丑态乃至恶行，已经足以表明：在精神和情感上，我们许多企业都处在非常低的层次上。

精神与情感的匮乏，主要责任在于管理者，因为管理者是资源的最大掌控者。管理者的精神高度和情感深度决定了管理行为，进而很大程度上影响甚至决定员工的精神与情感状态，而员工所拥有的精神与情感，不管是积极的还是消极的，是高尚的还是龌龊的，都必将通过员工的行为融入到企业的产品和服务之中，并且传递给客户，同时影响社会与自然。当然，这些承载着思想与情感的产品和服务最终又将反作用于企业自身，最终决定企业的命运。在这里，直接发挥作用的是管理者的管理行为，包括基于制度的管理行为和非制度性行为，而行为的背后是管理者的情绪、心境、信念、信仰等精神与心理因素，其核心是信念、信仰等人文价值因素。管理者的每一个管理行为其实都是一个产品，或者说是一个人文产品，而这些产品是员工所处的环境中最重要的因素。所谓环境决定行为，在相当大的程度上，体现为管理者行为决定员工行为。人的塑造、文化的养成也是在这个环境中，换句话说，是在管理者种种管理行为的反复刺激、耳濡目染中完成的。然而，令人十分遗憾的是，我们的企业管理太缺乏我们所需要的、将我们这个社会建设的更加美好的人文气息和人文产品了！例如公正、尊重、信任、诚实、包容、感恩、分享、共赢等，这些传递正能量的精神元素与美好情感，就像喜马拉雅山上稀薄的氧气，其供应可谓严重不足。

精神的缺失与情感的贫乏实际上是一个严重的危机，但是，这并没有引起人们足够的重视。如果说人们对知识与能力的需求不容易觉察的话，那么，对精神与情感的需求就更不容易达到自知与自觉的状态。这主要是我们过去的经验，特别是近四十年来的经验造成的，在过去，我们的发展主要依靠资源及政策。说到底，主要靠粗放型经营与发展的“中国制造”，不仅知识与技术的含量严重偏低，而且精神与情感的含量更低。

企业组织系统中精神与情感含量的严重偏少，其结果表现在内部是员工士气低落，创造力丧失，产品质量下降，劳动生产率低下，发展乏力；表现在外部则是客户满意度下降，社会评价不良，商誉下降。

在传统管理者的看来，既然企业的宗旨就是赢利，那么公司就是投资者赚取利润的平台，员工和客户无非就是老板用来实现利润的工具，说到底，企业只不过是一台冷冰冰的制造利润的机器，这台机器可以没有思想，没有情感。

对于知识与技术含量极低的企业来说，如果管理者怀着这样的理念和心态，在粗放型经济发展大环境下，也许能够勉强生存，在非竞争因素的支持下，甚至可以呈现辉煌的假象。但是，在充分竞争条件下，特别是在技术升级、结构调整、发展方式转变的大趋势下，对于企业是什么、员工是什么、客户是什么的发自内心的回答，从根本上决定了管理者的境界与格局，也决定了他们的心态与心境，进而决定了企业管理的方法与手段，最终决定企业的成败与兴衰。

一个不可继续回避的事实是：企业是由人组成，人是企业的主体，而不是客体，物是相对于人的客体；而人是有血有肉，有情有义的，所以企业首先是一个有机生命体，而且是作为人的、最高级形态的有机生命体；不仅如此，他又不是单个的人，而是人的集合，所以，企业既是作为人的组织，又是作为组织的人，他是一个复杂的人。

按照组织系统学派的观点，组织作为一个大的系统，它是由多个子系统（物质系统、知识系统、精神系统、心理系统、社会系统等）组成的，它存在于任何企业，只不过在不同的社会发展阶段、不同的文明程度之下，在不同的行业、不同规模的企业之下，在不同的管理者的思想境界和知识水平之下，其各个子系统的规模或大或小，结构或简或繁，功能或强或弱。越是低端的制造企业，越是依赖物质资源和劳动力资源，而高端制造企业和知识型企业则对知识资源要求更高，服务业则需要更多的情感、心态等心理资源；在生活水平比较低、温饱问题没有解决的情况下，人们的需求层次处于较低的水平，对于尊重、公平、信任、关爱、价值实现等精神与情感的需求总体上不会很强烈。

需要强调的是，容易受到忽视的精神与情感资源，对任何一类组织而言，从来就是特别重要的，它的功能是独特的、不可取代的。即便是纯体力劳动，也是如此，低端制造业也不能例外。而对高知识含量的企业来说，如果没有足够强大的精神与情感系统，它甚至很难诞生，更谈不上生存与发展；而对知识含量要求较低的企业来说，如果没有足够强大的精神与情感系统，或许可以苟延残喘，但绝无基业常青的可能。

精神系统的内核是信仰，是核心价值观。一个没有理想与信念，没有使命感的组织，包括企业，是注定走不远的，即使暂时获得了一定的成就，但终归只能是昙花一现；情感系统的核心要素是分享、给予，以及奉献，一个一心只想着自己发家致富、光宗耀祖的管理者，也注定是做不大的。试想，一个精神上患有“佝偻病”的民族，如何能够登高望远，巍然屹立？一个在情感上患有“自闭症”的国家，又如何能够海纳百川，有容乃大？而企业的责任，不仅仅在于生产有形产品与服务，还在于创造科技成果，更在于创造精神文明，促进政治文明与生态文明，推动社会全面进步。

合作，达到目标最近的路

中国企业目前的现状：一是寿命短，二是难以做大、难以做强。2015年，中国中小企业已经超过一千万家，占到中国企业总数的99%以上，为国民经济贡献了60%的GDP、80%的就业岗位和50%的税收总额。但统计表明：目前中国中小企业平均寿命2.9年，欧洲和日本为12.5年，美国为8.2年。改革开放30多年来，不少企业可谓“其兴也勃焉，其亡也忽焉”，曾作为MBA教学案例的中国优秀企业80%已经倒下了，像华为这样的企业凤毛麟角。中小企业为什么做不大、做不强、做不长？自然有诸多客观的因素，但是从主观方面看，从某个角度看，是因为不会合作，不单是不愿意，更多的是不善于合作，所以无法获取、整合更多的资源，更无法整合到一流的资源，于是企业生命就慢慢趋于枯竭。

然而，中国企业太需要做大、做强、做优，所谓做大、做强、做优，就是中华民族需要千千万万个不仅规模巨大、科技实力一流，而且精神境界堪称典范的世界先进企业。如果没有千千万万个在综合实力上属于世界一流的企业，那么中华民族的伟大复兴是不可想象的。而这一切，全都取决于我们的企业能否拥有足够数量的一流资源。拥有一流资源的途径有两条，一是通过学习、创造而内生，二是通过合作、协同来获得。所谓内生，也需要内部的合作与协同；所谓获得只能是价值交换、互利共赢。所以，中国企业太需要做大做强，实质上就是说中国企业需要更多更优的资源，中国企业的现状，充分说明了其对合作与协同的内在需求是多么的巨大。

我们的确需要合作，但是，合作从哪里来？合作是怎样产生的？为什么在中国，企业组织不能形成更多、更广、更深层次、更强大、更长久的合作呢？

从历史文化与现实的角度看，中国人受小农经济思想的影响，历来就缺少合作的传统，合作的意识淡漠，没有形成合作的习惯。

但是，抱怨传统是不会有实际意义的。在这个世界，特别是进入21世纪的今天，没有合作无法做事。一个人，一个组织，一个国家，乃至整个人类社会，能创造多大的事业，几乎完全取决于它的合作能力。

因此，在这个世界上，想要有所作为，就必须学会合作，学会在更大的范围内、更高的程度上合作共赢、协调行动。

而合作，作为一种行为，从特定的角度看，它只是一个结果，而这个结果的原因，或者说产生这个结果的机制是什么呢？

只要看看我们周围发生的一些事情，稍加分析，就可以发现其中的因果联系。国人的心理中有一种怕合作的心态，因为经验不断告诉我们：不合作也罢，一合作就结怨。一个人自己办事，办得很好，一旦与他人合作，事情就变得复杂起来，所以我们常常见到：朋友之间不合作的时候，的确是亲密无间，某一天合伙做一件涉及比较重大利益的事情，比如合办一个公司，开始时创业艰难，无利益可分配的时候，还能相安无事、团结一致，一旦涉及利益分配，尤其是重大利益分配，十有八九会出现矛盾纷争，甚至撕破脸皮，最终反目成仇，散伙了事。如果这种现象属于偶然，那就不是什么问题，令我们深思的是：这种现象到处都是，经常发生。这就造成中国人害怕合作，必须要合作的话，先考虑自己的家人，因为除了利益之外，还有亲情可以维系合作；此外就是老乡，老乡当中，先是本村，然后是同乡，再就是熟人；到了国外闯荡，合作办事也是先考虑同乡，进而是中国人。与生人打交道，与生人合作，对于国人来讲，的确是一件不怎么擅长的事。正因为如此，我们能合作的对象就受到很大的限制，我们能获取到的资源，特别是知识资源与精神资源就不够多，不够好。

对于这些状况反复出现的原因，我们经常听到的说法是：某某太自私、太霸道，太没有道德，包括“过河拆桥”、“分赃不均”等，不一而足，其实质就是利益分配不公。为什么利益分配不公，说到底就是一个原因——没有建立分享机制。当然，没有建立分享机制的背后还有更深的原因，比如说，分享意识缺乏、游戏规则的意识淡漠等。

分享是合作机制的逻辑起点，没有分享，就不可能有真正的合作。任何一个组织之所以能够产生和维系，任何一件事情之所以能够办成，一个基本的动因就是利益，有了利益，大家才走到一起，而且正是因为走到一起，才能实现散兵作战所实现不了的利益。而分享则是合作的前提，任何个人或群体都不能多吃多占、多拿多要，更不能吃独食，而必须恰当地处理系统内外部的各种利益关系；有了分享，才会产生理解与信任；分享在哪个层次，信任就会在哪个深度；有了信任，才会形成合作，尤其是长期、真诚、高效的合作；信任在哪个深度，合作才会在哪个强度上产生，双方的承诺与投入才会在哪个程度上被激发；有了合作与协同，才会成就互利与共赢；有了长期的稳定的互利与共赢，才会推动进一步的分享与合作，也才能形成和谐与共生、做大与做强、做精与做优，做长与做久的良性循环。

在中国历史上的楚汉相争中，项羽曾多次对战刘邦并取得胜利，甚至连吕后和刘邦的父亲也曾沦为阶下囚，但让人诧异的是，虽然每次战败，但刘邦总是得以逃脱，而逃脱后仍然有不少人愿意死心塌地追随他，因而刘邦每一次都能东山再起，最终在积聚了足够的力量后，完成垓下之围而获得全面胜利。

在这场持续四年的战争中，相比刘邦，项羽出身名门，气力过人且长于战争，值得一提的是，项羽对部下彬彬有礼，关心有加，实在难以将他和失败挂钩。但是，项羽犯了作为一个领导的最大问题：不肯分享，也就是过于吝啬。据《史记》记载，“项王见人恭敬慈爱，言语呕呕，人有疾病，涕泣分食饮；至使人有功当封爵者，印刓弊，忍不能予；此所谓妇人之仁也。”意思是说：项羽对人特别好，但是当部下立功应当给予爵位的时候，项羽就一直将印章捏在手里，一直捏到印章都缺了角，仍然不肯授予部下。

而刘邦在这方面则与之形成了鲜明的对照。韩信本来最初投靠项羽，后来因为发展空间太小而转到刘邦麾下，之后屡立大功，封官也越来越高。在拿下齐国之后，韩信已隐然具备割据一方的实力，也许是基于这样的因素，韩信向刘邦提出：齐国刚刚拿下，人心不稳，需要封我为代理的齐王。这种挟功邀封的行为，可谓大忌。刘邦非常生气，但在综合权衡之后，最后直接封韩信为齐王，甚至超过了韩信的预期。

还值得一提的是，在楚汉相争的后期，项羽曾拉拢韩信，试图形成天下三分的局面，但韩信未经考虑就直接拒绝了，理由是“吾事项王，官不过郎中，位不过执戟，言不听，画不用，故背楚而归汉，今汉王授我上将军印，与我数万军，解衣衣我，推食食我，言听计用，故吾得以至此，夫人近亲信我，我背之不祥，虽死不易”，说白了就是韩信觉得刘邦待他很好，在物质和精神上都和他进行了最大程度上的分享，因此他义无反顾的选择信任和追随刘邦。

由此看来，分享完全可以决定人心向背，国家命运。那么，在今天的中国企业，上述意义上的分享机制建立得怎么样呢？本书的判断是：中国企业的分享机制发育严重滞后。从“毒牛奶”、“地沟油”、拖欠农民工工资、往地下排污等等事件当中，我们就可以看出，我们的企业与其他相关主体之间的关系处于何种状态，就能明白我们企业的心胸到底有多大，我们管理者的意识距离“分享”还有多远。

我们这么说，并非在抱怨什么，因为在整个中国社会，分享机制发育严重滞后，不仅缺乏分享，甚至是窃取和掠夺，这种窃取和掠夺已经造成环境污染、社会贫富分化等一系列问题。

根据北京大学的调查研究，中国已经是世界上收入不平等程度最高的国家之一，最富有的1%的家庭拥有全国33.3%的财富。据统计，自2003年以来，中国的基尼系数已经连续12年保持在0.46以上，按照国际惯例，0.4为社会分配不均的警戒线，高于0.4表示社会贫富分化严重，影响安定。贫富分化严重一方面有技术进步、全球化等合理因素，但同时，金钱和权力等资源的所有者往往不择手段，攫取更多的金钱和权力，拒绝承担社会责任，这也是重要原因。

在2015年英国慈善救助基金会(Charities Aid Foundation)发布的“世界捐助指数”中，缅甸排名第一，美国第二，而中国则是倒数第二，它反映了中国人在帮助陌生人、捐助财物和做义工方面的严重落后，事实上是中国人整体上缺乏分享精神。

在大环境如此的情况，企业要建立完善的分享机制，谈何容易。但是，我们仍然认为，建立并完善分享机制，是我们企业和管理者不可推卸的责任，是让我们所处的社会能够更加良性运转的必须选择，也是成全自己幸福完满人生的唯一路径。

其实，无论是组织学习矛盾，还是人文关怀矛盾和组织分享矛盾，根本意义上都是精神方面问题的体现，正如胡锦涛同志在庆祝建党90周年大会重要讲话中所指出的：“精神懈怠危险、能力不足危险、脱离群众危险、消极腐败危险更加尖锐地摆在全党面前，其中首要危险是精神危险。”而在十八届中共中央政治局第一次集体学习时，习近平总书记也讲到：“形象地说，理想信念就是共产党人精神上的钙，没有理想信念，理想信念不坚定，精神上就会缺钙，就会得软骨病。现实生活中，一些党员、干部出这样那样的问题，说到底是信仰迷茫、精神迷失。” 两代中央领导核心在新时期敏锐地共同聚焦道德、精神、人心，说明人格心性层面的危机已经是当代中国所要解决的最突出问题。

可以说，人格心性的问题，完全是旧有的行为模式、发展模式、心智模式长期持续所带来的恶果，种种现状表明：中华民族和中国人的心灵人格都已被严重损坏，这为中国未来发展带来了巨大的障碍甚至是危机。时至今日，过去的模式已经不可持续了，那未来的方向在哪里？是逆流而上，还是随波逐流？是生存，还是毁灭？已经到了我们做出抉择的时候了。我们必须认识到：要打造中国经济的升级版，首先要打造中国管理的升级版，而其中的根本在于：打造中国精神和人格的升级版。

本章启示：

1、人性规律之一是人的两面性，也就是自然属性和社会属性，用哲学家的话说就是：人的一半是天使，一半是恶魔。管理的功能就是一方面激发人作为天使的一面，使其不断地向善向好，做正确的事，正确的做事；另一方面则是抑制人作为恶魔的一面，使其不能做、不敢做那些损人利己、损公肥私的坏事。然而，长期的三种路径依赖（卖资源、投机取巧、潜规则）造成的三大严重后果（管理水平低下、创新能力不足、精神人格重创），在管理上的表现就是“阴阳两虚”：一方面是本就先天不足、需要补课的制度管理，其后天发育雪上加霜，由此造成作为管理管理文明重要基础的制度管理十分薄弱，表现阳虚；另一方面，工业经济时代中后期，特别是知识经济、服务经济时代所需要的人文性、激发式的柔性管理发育持续遭遇寒潮来袭，发育迟滞缓慢，阴虚表现突出。阴阳两虚病症的根除，是管理变革的突出任务。

2、管理上阴阳两虚的问题，必然反映到组织的能力上来，必然带来组织能力的削弱。三个主要矛盾根本上对应的就是三种能力不足与三种资本不足：一是做事的能力（知识资本）不足，也就是切实解决问题的能力不足；二是做人的境界与能力（精神资本）不足，而精神境界、人格心性的层次从根本上制约了人的全面发展；三是相处的能力（社会资本）不足，极端利己主义盛行压缩了分享机制发育的空间，信任失去了根基，合作没有了基础，互利共赢、和谐共生的局面难以形成，导致企业变大变强、做精做优，进而基业长青在更多时候成为梦幻泡影。三大矛盾中最为根本性的问题就是精神资本的匮乏，理想信念的危机。

3、三种路径依赖的长期影响，最为严重的后果其实是一种非良性的循环。它们不仅带来三大资本的匮乏，三种能力的弱化，有一种更加隐性的却更加深度的危害则是思想能力的不足，也即思想资本的匮乏。而人的一生，全部的能力都可以归纳为四种能力（做事、做人、相处、思想），四种能力缺一不可，但其中思想的能力，堪称万能之母，从源头上讲，它的重要性甚至超过精神资本（做人的能力），因为即便是万本之源的精神资本，它和其他的能力一样都需要通过学习不断地补充新的营养，从而与时俱进，而精神资本的营养的来源就是思想资本。思想资本通过不断地产生新的思想，包括关于人生的思考所形成的新的洞察、新的见解，推动着人的精神境界和人格动机的层次往上提升，进而推动人与组织的生命系统良性循环。

第4章

管理文明，大势所趋向何方

经过近四十年的发展，中国终于摆脱了全方位落后的局面，达到百年以来的历史高峰，但同时，中国正面临着国内外复杂的经济及政治环境。回想十九世纪，中国曾站在一个十字路口，但做出了错误的选择，造成了百年的屈辱。今天，中国又重新站在一个新的十字路口，是奋发向上，勇往直前，成为世界第一的超级大国？还是得过且过，陷入中等发达国家陷阱？幸运的是，如今的中国人已经有了掌握自己命运的信心，有着既高远而又开阔的视野，以及对于未来的洞察和判断。

当今，国与国之间的竞争，已经演变为企业与企业之间的竞争，这又很大程度上取决于管理水平的高低。石墨和金刚石的组成成分完全一样，但价值有着天壤之别，主要区别就在于碳原子的连接方式不同。同理，企业经营的资源在本质上差别不大，无非就是原材料、资本和劳动力，但经营方式不同，存亡成败便有所不同。而且，结合中国企业目前的管理现状，我们有必要对中西方管理文明进行梳理，并结合前沿科学，判断未来管理文明的走向，进而确定我们的因应措施。

1.殊途同归：中西管理文明的演变与融合

从中西管理文明的发展史来看，二者虽然起点不一，中间也经过了不同的发展路径，但最后到达了同样的终点。

具体来讲，在悠久的中国历史中，儒家、道家、佛家思想最终相互融合，它们构成了中国管理文明，乃至整个中国文明的根基。其特点在于强调人的精神、情感等心性因素，更多倾向柔性管理。近代以来，随着对西方文化的接受，中国对西方管理思想进行了较为系统的学习，尤其是在科学管理方面，可以说，经过不断的实践和反思，中国最终走上了中西合璧的道路。

而西方管理文明则主要经历了古典管理理论、现代管理理论和当代管理理论这三个阶段，在进入第三个阶段后，西方管理理论开始更多重视人的精神和情感因素，在传统的制度管理基础上，逐渐朝中国传统的管理思想靠近，倡导柔性管理，二者可谓殊途而同归。

从三教合一到中西合璧

由于地理原因，中西文明在很长一段时间内是相互隔绝的，因而在演进过程中逐渐表现出自己的特色。在三千多年前的商周王朝更替过程中，周人便将道德与天命相联系，所谓“惟不敬厥德，乃早坠其命”。在《诗经》中，包含大量对统治者失德的批判，比如《诗经•魏风•伐檀》的“不稼不穑”。在这之后，孔子对传统的道德伦常规范进行了系统的整理，并将其总结为仁、义、礼、智、信，孟子则提出恻隐之心、羞恶之心、辞让之心、是非之心，并将“仁”提高到儒家思想的核心位置。在经历秦朝法家治国及汉初道家治国之后，汉武帝罢黜百家，独尊儒术，自此以后，中华文明正式确立了道德伦常的传统，在实践上，几乎每个大一统朝代均强调以德治国；在理论上，后世的阳明心学对儒学的内涵进行了进一步丰富，强调从自身的角度，通过修心而提升对自我的管理，对他人的管理，从而达到人生境界的提升。

可以说，孔孟之道是中华文明中极为浓墨重彩的一笔，与此同时，道家及佛家在这方面也毫不逊色。

道家思想以老子和庄子学说为基础，其主要特色在于上善若水、虚静无为等理念。在自然万物中，道家最崇尚水，这一方面是由于水的曲直随形，顺应时势，另一方面则在于“水善利万物而不争，处众人之所恶，故几于道。居善地，心善渊，与善仁，言善信，正善治，事善能，动善时。夫唯不争，故无尤”，这说的便是水的宽厚、仁慈、奉献、诚信等品德。“致虚极，守静笃”，虚静反映的是道家在纷扰环境中对心灵的关注，对于个体精神价值的重视，此外，有所不为，才能有所为，做好减法，才能更好地做加法，因此，道家倡导的是虚静无为，它和上善若水一样，共同体现了道家思想心性至上的原则。

在佛家看来，众生皆苦，因此，佛家强调普渡众生。救众人于苦难，这就是慈悲，这在本质上与儒家的“仁”是一致的。慈悲的表现是布施，包括财布施、法布施、无畏布施等，这些布施行为都源自那颗慈悲为怀的心，无论是“时时勤拂拭，勿使惹尘埃”，还是“本来无一物，何处惹尘埃”，都体现了佛家对心性的时时关注。正是在这样的心性下，在中国历史上，佛家救苦救难，为一代又一代人提供了物质援助与精神皈依。总之，佛家强调个体内在心灵的澄澈空明，通过心灵的修炼，达到精神的高度自由，推动自身与他人达到幸福的彼岸。

历史上，儒家、道家、佛家由于立足点不同，曾相互斗争，比如佛教就曾多次被禁，但是，斗争的结果是你中有我，我中有你，三者相互借鉴，最终走向了相互融合，合流而成为中华文明的核心。在长达千年的时间里，中国傲视全球，心性道德是其中的重要因素。

但近代以来，由于种种原因，中国陷入亡国亡种的忧患中，有不少学者进行了思考。从早期的器物不如人，再到制度不如人，最后到文化不如人，掀起了一场轰轰烈烈的文化反思运动。有学者认为，中华传统文化仍然大有价值，只是需要取其精华，去其糟粕，比如“两脚踏中西文化，一心评宇宙文章”的林语堂；而有些学者认为其不过是旧社会的腐朽产物，必须全然去除，包括汉字、中医等，倡导全盘西化，这以陈序经等为代表。

经过长期的实践和反思，在中国文明的取舍问题上，中国人最终形成了这样的主流意识：中国文明固然有其不足之处，但总体上仍需继承，断然不可全盘否定；西方文明固然有其长处，需要我们取长补短，但不可完全照搬。由此，中国文明正式实现了中西合璧，反映在管理上，中国企业一方面倡导管理者注重修养，提升自己和员工的心性，以德服人；另一方面重视制度，有法可依，有法必依，违法必究。

“经济人”在觉醒

与中国形成鲜明对照的是，西方在过去相当长的时间内远远落后中国，但第一、二次工业革命彻底反转了这种局面，在短短的一百年里，大量的发明创造爆发式产生，急速扩张的资本主义以狂风骤雨之势将全球纳入了其发展体系，创造了举世瞩目的辉煌，其管理模式也一度成为全球企业管理的范本。从管理理论的发展来看，西方主要经历了古典管理理论、现代管理理论和当代管理理论这三个阶段，其中，古典管理理论以科学管理理论为代表，现代管理理论以行为科学理论及管理理论丛林为代表，当代管理理论以企业文化理论、学习型组织理论为代表。

为了满足经济发展对劳动生产率的巨大要求，19世纪末20世纪初，泰勒在工厂和煤矿进行了一系列实验，对工人的动作进行了研究，最终将完整的动作进行了细分，并对每个细分动作进行了标准化，而且，他对生产工具也进行了研究，由此推动了工具的标准化。在大量数据的支持下，依照科学的原则，泰勒制定了一整套标准化、程序化的流程规范，这就是科学管理。此后，这种管理模式在全球范围内大幅扩张，即使在当下的许多行业，占主流的仍然是这种管理模式。

科学管理将管理视为科学，它的核心假设是“经济人”，即人的本性是利己的，其行为是理性的，他最关心的是如何提高货币收入。个人的一切活动都受“利己心”支配，每个人通过追求自身利益而促进整个社会的共同利益，这就是亚当•斯密“看不见的手”。在“经济人”假设基础上，由于员工趋利避害，管理的核心即控制，具体便是“胡萝卜加大棒”。这种方法强调对员工的物质激励，也符合当时的时代背景，因而在工业革命的初期非常有效。然而，对泰勒管理模式的进一步研究表明：该方法在初期卓有成效，但到了后期，效果越来越不明显，甚至产生了负面效应。在这个过程中，一些工业心理学家渐渐发现：泰勒管理思想忽视工人的精神、情感，产生了很多的弊端，比如劳资纠纷和工人罢工层出不穷，这些情况促使管理者们决定重新研究工人劳动效率，正是在这种背景下，行为科学理论走上历史舞台。

霍桑实验的研究结果表明：人不仅是“经济人”，还是“社会人”，影响人的劳动积极性的因素，除了物质利益外，还有社会和心理因素，因此，企业应该把职工当作人来看待，而不应将其视作无差别的机器。随后，马斯洛需求层次理论，双因素理论，X理论-Y理论等相继产生，推动了行为科学理论的深入。最终，管理理论和实践开始重视人性，肯定了企业的生产活动与个人的行为差异有密切关系，主张把两者联系起来考虑。与此同时，在管理学家孔茨所提出的“管理丛林”中，包括管理过程学派、管理科学学派、权变理论学派等均在不同程度上对人的因素给予了重视，尤其是权变理论，它主张一切都要根据具体环境，没有什么理论和方法能放之四海而皆准，而人则构成了具体环境的重要因素，而且越来越重要。

在科学管理理论、行为科学理论、管理理论丛林之后，西方进入了现代管理理论阶段，这以企业文化与学习型组织的兴起为标志。二十世纪八十年代，在对日本企业进行长期调查后，美籍日裔管理学家威廉•大内撰写了《Z理论——美国企业如何迎接日本的挑战》一书。在该书中，他总结了日本企业在全球制胜的重要因素——企业文化。由此掀起了全球范围内企业文化研究和实践的热潮。而在彼得•圣吉的学习型组织理论中，五项修炼被概括为自我超越、改善心智模式、建立共同愿景、团队学习及系统思考。可以说，学习型组织将管理的焦点更多放在了个体上，通过个体心性及行为的改善，最终达到整个组织的提升。

无论是企业文化，还是学习型组织，它们有别于传统管理理论的重要特质在于：重视个人的因素，尤其是个人精神与情感等因素。从一味强调刚性的管理手段，到逐步重视柔性的管理方法；从低端的利益驱使，到高端的精神驱动，更多着眼于满足个人的精神需求，提升个人的心灵，从而保证个体与组织的不断进步，个体与组织的高度和谐。从西方管理理论的整个演进过程来看，在人的精神因素方面，古典管理理论完全漠视，采取的是完全的刚性管理；现代管理理论有所注意，讲求刚柔结合，但仍然以刚为主；相比古典管理理论和现代管理理论，当代管理理论则更为强调人的精神因素，它更加关注员工的精神和情感，更加重视柔性的因素。可以说，在长达千年的时间里，中国和西方的管理虽然走了不同的道路，但随着近代以来的西学东渐，以及近四十年来西方对以中国为代表的东方文化的学习，二者正在走向共同的终点，那就是对个体心性的重视，对刚性管理和柔性管理的并重。

2.曾经美好：中国国民性发展及反思

既然心性在管理中的作用至关重要，那中国人这方面表现如何呢？很明显，现实只能给出一个让我们沮丧的答案，但是，中国人并非历来如此。在马可波罗的记载中，中国是世界上最美的国度，这种美不仅体现在物质上的繁荣，更体现在中国人的彬彬有礼，雍容大度。可以说，在长达两千年的历史中，中国人在国民性方面可谓世界的表率，在不同时期，它表现为不同的风貌。在先秦时期，中国人国民性表现为自然淳朴；在汉唐时期，中国人国民性表现为激情奔放；在宋代时期，中国人国民性表现为温柔宁静；而到了明清时期，中国人国民性却表现为沉沦萎靡，甚至在近代被讥讽为“东亚病夫”。

先秦：如之何勿思

在先秦时期，先民总体上就像一个孩童，自然淳朴，天真无邪。这种天真，在我们现代人看来，甚至可以说是傻，其中的典型包括伯夷、叔齐的不食周粟，宋襄公的不击未济等。

“武王已平殷乱，天下宗周，而伯夷、叔齐耻之，义不食周粟，隐于首阳山，采薇而食之”（《史记·伯夷列传》）。伯夷、叔齐本为商末孤竹国的王子，二人认为：周身为商的臣属，伐商是以下犯上，非常不义，因而劝阻周武王伐商。而在周灭商后，二人感到耻辱，决定隐居在首阳山，最终活活饿死。

春秋战国时期，宋、楚两国隔河交战，宋国已经在河的一边摆好阵型，而这时候楚国的军队正在渡河，有下属劝宋襄公，不如等楚国的军队尚未过河，立刻发动袭击，宋襄公不听；过了一会，楚国军队已经过河但未摆好阵型，下属再次劝宋襄公立刻行动，但宋襄公仍旧按兵不动。结果，等楚国军队集结完毕，双方正式开战，宋襄公大败，这一战成就了其流传千年的迂腐之名。殊不知，在那个倡导贵族精神的时代，宋襄公身为商王之后，流淌的是贵族的血液，坚决遵守一个贵族应有的道德礼仪，即使战败，也是实力不济，无可厚非，若只能按后世的以成败论英雄，这和今日的以财富论成功，又有什么差别呢？只能说，在功利主义大行其道的情况下，宋襄公就成了一个典型的悲剧。

“关关雎鸠，在河之洲。窈窕淑女，君子好逑”，这是《诗经》的开篇，它表达的是一个男子对一个女子的痴心追求，日思夜想，辗转反侧。在作者的笔下，这种情感显得那么的自然而美好，即使是“窈窕淑女，君子好逑”般的大胆直白，也丝毫不显得逾矩，更为后世所津津乐道。《诗经·王风·君子于役》所表达的思念更为动人，“鸡栖于埘。日之夕矣，羊牛下来。君子于役，如之何勿思”，试想一下：太阳西落，鸡纷纷回笼，牛羊也从山上下来，这个时候，那个男子因为服役，仍然没有回来，怎么才能停止想念呢？这种动人的背后，不就是最简单的，最为自然淳朴的感情吗？正如孔子对《诗经》的评价：“诗三百，一言以蔽之，思无邪。”

汉唐：直挂云帆济沧海

在经历春秋战国时期的动荡与整合之后，到了汉唐时期，在国民性方面，中国人就像一个青年，激情奔放。

以汉代为例，汉武帝时期，面对不时劫掠边境的强邻匈奴，汉朝结束了自开国以来的和亲政策，开始主动出击，赢得了对匈战争的主动。在长达44年的时间里，汉武帝倾举国之力，终于开疆拓土，彻底化解了匈奴对汉朝的威胁。在农耕民族对抗游牧民族的战争史上，这是一个奇迹，而正是因为大汉帝国的这种雄风，才有了汉人这个绵延千年的称呼。

除了军事，在文学领域，汉人一样激情奔放。汉代最为出色的文学体裁当属汉大赋，它在整个汉代均相当流行，有名的如《两都赋》、《两京赋》等，这种文体使用博富绚丽的辞藻，通过反复的铺张，全方位的挖掘，极力表现出结构宏大，场面雄壮的特点。这种文学体裁的流行也表明当时人们以大为美的审美倾向。

唐代的激情奔放，一点也不亚于汉代。在对外战争方面，唐朝完成统一不久，即对高句丽和突厥进行持续打击，并最终将二者灭国，使得边境得以稳定，而在唐朝几百年的历史中，和吐蕃曾多次交锋，虽然并没占据明显优势，但至少有力阻碍了吐蕃的扩张，保障了丝绸之路的畅通。

在文学方面，唐诗则是后人不可逾越的高峰。以风格而论，在流派纷呈的唐诗中，以李白为代表的浪漫主义诗派是其中的一颗明珠。其作品富于大胆的想象，奔放的豪情，“长风破浪会有时，直挂云帆济沧海”，“黄河之水天上来，奔流到海不复回”。值得一提的是，在大唐盛世，边塞诗派构成了一道独特的风景，这类诗歌多以苍凉壮阔的边地风景为依托，表现不屈不挠及为国杀敌的豪情壮志，比如“野云万里无城郭，雨雪纷纷连大漠”，“黄沙百战穿金甲，不破楼兰终不还”，“相看白刃血纷纷，死节从来岂顾勋”等，边塞诗派的风格被后人总结为雄浑、磅礴、豪放、浪漫、悲壮等，唐人的激情奔放，由此可见一斑。

宋朝：杨柳岸晓风残月

到了宋代，国策转为崇文抑武，在这种情势下，中国人也开始由汉唐的外部空间开拓，转向内在心灵关照。“吾心即宇宙，宇宙即吾心”，宋代理学与心学蔚然成风，波及当时的朝鲜、日本，甚至影响着千年之后的我们。在对内心的探求中，温柔宁静成为以苏轼为代表的宋代知识分子的最高追求，所谓“此心安处，便是吾乡”，“一蓑烟雨任平生”等，某种程度上，这恰如人到中年的心境。

此外，以宋词为例，豪放派与婉约派是宋词流行的分类，但这种分类容易造成误导。在流传至今的宋词中，甚至不到1%的能够算作豪放派，而且，即使是苏轼这样的豪放派代表作家，其类似“花褪残红青杏小，燕子飞时，绿水人家绕”的温柔婉约之作也不在少数，因此，完全可以说，宋词的重要特征在于抒写轻柔细怨，其音律婉转，语言圆润，表现的是柔婉之美，这恰好表达了宋人温柔宁静的人格特征。

在中国历史上，宋朝可以说是一个转折点。宋朝以前的各个时代，中国人的国民性虽形态各异，但可圈可点，但在宋以后，元代统治者以武力征服中原，将稍有一点反抗精神的，尽皆屠戮。在崖山之役中，陆秀夫迫于元兵的威势，抱着小皇帝跳海自尽，“崖山之后，再无中华”。在统治过程中，元朝君主将被统治者分为色目人、汉人、南人三个等级。对以汉人和南人为主体的中国人，从制度上进行歧视和虐待，时间长达半个世纪。在大一统王朝中，五十年的时间虽短，但在这种赤裸裸的奴役下，中国不仅在经济、政治、科技上退步，更严重的是中国人的精神受到肆意摧残，这是文化上的大退步，这种退步一直延续到明清时期，流毒无穷。

明清：万马齐喑究可哀

到了明朝，改朝换代给了人们一丝希望，但事实表明：统治者在野蛮方面，却并没有输给蒙古人。在基业开创时期，朱元璋尚且开放大度，等到地位稳固下来，朱元璋便开始挥动屠刀。如果说大规模屠杀权贵是因为政治斗争，那么在对待知识分子的态度上，朱元璋的态度则是极端的专制独裁，只要朝廷下旨，知识分子就必须应召为官，否则便是杀戮，这在中国历史上也是极其少见的。为了加强集权统治，明朝相继建立东厂、西厂、锦衣卫等特务机构，密切监视百官的一言一行，而且，对于普通百姓，明朝严格限制人口流动及职业自由，以最严苛的方式进行管制。可以说，在明朝的专制皇权之下，已经没有多少能够自由呼吸的空间了，中国人只能苟延残喘，在精神上总体如一潭死水，毫无生息。在这种体制之下，中国人变得自卑、懦弱、麻木、自私、贪婪，在明清交替之际，少有志士进行反抗，这与宋亡时形成了鲜明的对照。

到了清代，专制统治顺理成章。血腥的屠杀也终于激不起多大的浪花，当然，扬州与嘉定是为特例。

近代以来的反思

就在中华民族浑浑噩噩之时，西方列强兵临城下，从鸦片战争到甲午海战，再到八国联军侵华战争，中国连连惨败，签订了一系列丧权辱国的条约，最终沦为殖民地半殖民地。面对国家和民族千年不遇之屈辱，无数仁人志士进行了反思，这种反思一共包括三个阶段。

第一阶段发生在鸦片战争之后，反思的结果是“器物不如人”，因而大力倡导“师夷长技以制夷”，由此洋务运动兴起，中国大力购买国外先进武器，一度成为各国先进武器的展览馆。但在甲午海战中，中国海军无论在装备，还是人数上，都占据了明显优势，当时几乎没有人认为中国会输，包括西方发达国家，结果竟然全军覆没，究其原因，中国士兵纪律松弛，缺乏斗志，这是重要原因。

甲午海战的惨败引发了第二阶段的反思，反思的结果是“制度不如人”，因而开始推动变法维新，但坚持了103天即宣告失败，在辛亥革命后，中华民国在制度上全面学习西方，实行三权分立，但不久就陷入了军阀混战的乱局，西方列强通过扶植军阀，仍然相当程度上控制着中国的命运。

在第一次世界大战爆发后，中国虽为战胜国，但维护国家主权的诉求被日本及西方列强无视，国内群情激奋，五四运动促使国人对中国局面的反思进入第三个阶段，反思的结果是“文化不如人”。文化体现为人的精神，体现为民族人格，也就是国民性。中国之所以堕落至此，归根结底在于：中国人的心性出了问题。在这方面，较早的梁启超，以及之后的鲁迅、胡适都进行了相应的理论研究及实践工作，但整体上成效甚微。

改革开放后，中国发生了翻天覆地的变化。在物质方面，中国正在逐一收复往日的失地，但在精神上，也就是在“文化不如人”上，中国仍然存在许多的问题，我们仍需要进行反思：为什么我们“文化不如人”？文化，归根结底来自于教育，而需要指出的是：中国的家庭、学校和社会，已经形成了一个大染缸，让我们感到痛心的是，一朵朵“性本善”的花儿，最终都为这个染缸所吞噬。

家庭教育上，中国的农村留守儿童问题已经不容忽视。据统计，我国目前留守儿童超过6000万，其中有约900万一年也见不到父母。陪伴留守儿童的往往是年迈的爷爷奶奶，父母能给予他们的，往往是最基本的物质保障，而情感、精神等方面的长期缺失则在不经意间造成了更为严重的问题，根据研究，留守儿童经常感到烦躁、孤独、闷闷不乐等负面情绪的几率大大高于非留守儿童，因而对自己和社会都造成了伤害。

2015年6月9日，贵州毕节的4名留守儿童自杀，年龄最大的为13岁，而最小的则仅仅5岁，年龄最大的孩子留下一封遗书：谢谢你们的好意，我知道你们对我好，但是我该走了。据悉，这四个孩子3年前就没有母亲照顾，父亲外出打工，爷爷奶奶已经离世，而外公外婆也无法照顾孩子，四个孩子就这样成了留守儿童。由于贫穷，他们不能上学，整体待在家里，唯一的食物就是父亲种下的玉米。在长期的闭塞环境中，他们在这么美好的年龄，就失去了对生活的任何期望，而最终选择以死亡作为解脱。据悉，当地2012年也曾发生过流浪儿童在垃圾箱生火取暖而引发一氧化碳中毒的悲剧。

2015年6月10日，湖南衡阳界牌镇，一对姐妹在从学校回家的路上被投毒而死，凶手最终被证实为镇上12岁的留守女孩陈晓雯。2014年8月12日，四川自贡，一名三岁女童被人扔入粪坑致死，后来查明为13岁的留守女孩苗丹，起因在于她撞到三岁女童后，害怕自己的爸爸妈妈要赔很多钱，于是选择抛尸灭迹。2014年2月18日，湖南娄底，14岁的留守少年肖明杀害了来网吧找他的父亲。而根据2013年最高人民法院的相关统计，留守儿童的犯罪占到未成年人犯罪的70%，并呈逐年上升。

除了留守儿童问题，城市独生子女的家庭教育也不容乐观。城市独生子女在物质上往往相当富足，但精神人格的培育则往往没有引起足够重视，这最终往往导致孩子缺乏分享意识，成就动机不足，我行我素，甚至表现出一定的攻击性等问题。而且，有些家长不自觉的将一些不良社会风气带入到家庭，比如鼓励孩子的功利性，为了竞选班干部而送礼等，上梁不正下梁歪，孩子就在耳濡目染中被毒害了。

李天一，曾经有着令人羡慕的生活，他家庭条件好，父母都是著名歌唱家；教育背景好：曾就读北京中关村三小、人民大学附中、美国沙特克圣玛丽学院；成长经历好：4岁选入中国幼儿申奥形象大使；4岁学习钢琴，师从于中央音乐学院著名钢琴教授韩剑明先生；8岁开始学习书法至今，师从清华大学方志文先生；10岁加入中国少年冰球队，多次参加国内外少儿冰球比赛。连续两届荣获全国希望杯青少年儿童钢琴比赛二等奖、中国作品演奏奖。全国少儿钢琴比赛金奖，第八届北京钢琴艺术节优秀演奏奖。连续三届荣获爱我中华全国青少年书法大赛铜、银、金奖。并入选2009激情奥运爱我中华青少年书画双年展。2009年成为最年少的海淀区书法协会会员。然而，“三好学生”的结果：2011年9月6日，因与人斗殴被拘留教养1年，2013年9月26日，因涉轮奸被判入狱10年。之所以产生这样的结局，本质上在于其父母对其的长期骄纵，这从案发后，其父母的种种言论便可见一斑。

学校教育上，学校本应是一方净土，应是儿童成长的乐园，但现实中，净土不净的情形则让我们实在难以乐观，在升学的压力下，不少学校往往以分数为导向，重视知识教育，忽略技能教育，更谈不上人格教育，在现实中，不少高校学生在工作、学习和恋爱上稍有挫折，便选择轻生。而且，在一些学校，学生之间相互攀比，老师也更加“青睐”那些有背景的学生，在实施教育的过程中给予更多的资源倾斜，甚至出现家长竞相给老师送礼的情况，这样的学校，已经和社会没有多大差别，希望凭借它们培养出心智健全的下一代，无异于缘木求鱼。

根据《中国教育发展报告(2014)》，中国中小学自杀率较为严重，其中最严重的是初中，根本原因则在于应试教育制度。应试教育强调以知识为基础，以分数为中心，为了得到尽可能高的分数，学生的大量时间被投入到书山题海，而且在所谓一刀切式标准答案的大棒指导下，不少学生的创新性被严重抹杀，在应试教育下，学生在精神人格上往往处于压抑状态，由此引发一系列问题。北大儿童青少年卫生研究所曾对全国13个省的约1.5万名中学生进行调查，结果表明：20.4%的中学生考虑过自杀，做过自杀计划的占到6.5%。

除了应试教育以外，学校以及老师自身的不良风气侵蚀着学校教育的根基。教师节本是体现中华民族尊师重教的一大好事，但在不少的学校，教师节的送礼之风越来越甚，一些家长为了让给孩子安排更好座位，得到老师的更多关照，通过送礼而拉拢老师，更多家长的心态是：有很多家长送，如果自己不送，担心小孩被忽视，因而只能被动送礼。而在学生没有送礼的情况下，甚至出现部分教师明示或者暗示学生送礼的情况，2014年9月10日，黑龙江依兰县高级中学一名班主任在课堂公然向学生索要礼物，因为学生不够主动，该班主任以各种脏话、粗话训斥学生整整一节课。除了送礼以外，部分教师毫无师德，甚至全然无视法律，对学生进行侵犯，近年来，不少幼儿园和小学曝出猥亵事件，已经使得人人自危，这样的学校，何言教书育人，何言学生的精神人格？

社会教育方面，中国人具有相当的成就动机导向，但是，目前的成就动机往往仅以金钱衡量，拆迁户、中彩票、潜规则等往往最能勾起人们的神经，可以说，整个社会弥漫着严重的功利主义倾向，弥漫着严重的短视主义导向。

以政府而言，不少官员在闪光灯下异常耀眼，言必称百姓，但最终被证明不过是一个个巨贪，为了更高的权力和更多的财富，他们买官卖官，讨好上级；为了窝藏资金，他们绞尽脑汁，地板下，水塘里，无所不至。以企业而言，很多企业在发展过程中依靠潜规则，领导一心追求利益的最大化，甚至党同伐异，压榨员工，在企业界，受到追捧的成功人士，不少属于此类，在这种企业环境下，员工学会的，只能是在市面上大行其道的厚黑之学，而其获得成功的途径则不是踏实做事，而是研究怎么做人，怎么溜须拍马，怎么通过捷径迅速上位。在百度“魏则西事件”中，为了增加医院和个人收入，医生不惜欺骗身患重症的魏则西，令其花费重金，承受化疗和放疗的痛苦后怀恨而死，这次的事件让这家医院和莆田系的行径得以浮出水面，但更多的类似事件则仍然隐藏在水下。

据央视网报道，2013年国庆节，天安门广场举行升国旗仪式，11万人冒雨观看升旗仪式。升旗仪式结束后，天安门广场满地垃圾，最密集处甚至看不到地面。150名保洁员人手一把扫帚，用2辆清扫车和2辆垃圾收集车，以“拉网式”的排兵布阵，花30分钟才将垃圾全部清除。初步估计，清扫的垃圾多达5吨左右。难以想象的是，一些人刚刚唱着国歌、流着眼泪，目睹鲜艳的五星红旗冉冉升起，内心充盈着身为中国人的自豪感、责任感，一转身就将食品袋、瓜果皮、废纸片等垃圾随手乱扔，全然不顾这样做会给其他人和环卫工人带来多大的麻烦，会给天安门广场造成多严重的污染。这个充满爱国感情的广场，瞬间变成垃圾场。

覆巢之下，安有完卵，流风所及，几乎所有的组织都难独善其身，不得不悲哀的说，这就是我们的家庭教育、学校教育和社会教育，在这样的教育下，我们的国民性能让我们乐观吗？然而，中华民族的伟大历史复兴，归根结底是文化的复兴，没有美好的国民性，中国便不可能实现文化复兴，更不可能实现中华民族的伟大全面复兴。面对目前的现状，不得不说，在提升国民性的系统工程上，我们仍可谓路漫漫其修远兮。

3.时不我待：新科学，新时代，新心性

在一百年以前，国民性的沦落几乎导致了中国的亡国亡种，在百年之后的今天，国民性的问题仍然没有得到根本好转，不然，中国产品何以成为品质低下的代名词？中国人何以屡屡成为全球热门景点的特殊关照对象？在和

平成为世界主流的今天，国民性的沦落不大可能导致百年前的悲剧，但和平不意味着没有奴役和压迫，在任何时代，落后难逃挨打的命运。在当今的世界，国与国之间的竞争已经从传统的军事竞争，转变为经济竞争，转变为企业与企业之间的竞争。

那么，企业之间的竞争，其关键何在？在于经营管理好企业最重要的资源。那么，企业最重要的资源是什么呢？答案在于员工。在这样一个知识与精神资源愈发重要的年代，管理水平的高低，直接决定了员工的潜力发挥，进而决定了企业的竞争优势。那如何提高管理水平？在量子力学等前沿科学的研究中，已经涌现了一批研究成果，这些惊人的研究成果极大颠覆了现有的科学理论，更重要的是：它们蕴育着新的管理思想，蕴育着一个伟大的新时代到来之前的管理变革。

而且，从之前的章节中，我们可以看到：中国企业过去近四十年所依靠的发展模式已经难以为继，迫切需要适应新时代的需要，推动转型。那什么是新时代呢？在过去近四十年，我们的经济可以概括为资源经济、制造经济，输出的是知识含量低下的产品。这种模式过去成就了我们，但如果抱着这种模式不放，它就会败坏我们，尤其是，无论中国还是整个世界，已经进入一个新的时代，其最大内涵就是知识经济与服务经济。

经济转型需要相应的要素支撑，与发达国家相比，目前，土地、劳动力这样的传统生产要素仍然是我们的优势，在技术上，我们的差距也已经大幅减小，而在资本上，我们甚至屡屡走出海外，那么，中国企业为何在国际竞争中仍然捉襟见肘呢？首要的问题在于心性。尤其在知识经济与服务经济时代，传统的生产要素重要性已经大大降低，而知识、精神作为新的生产要素，在知识经济和服务经济中的地位举足轻重，而创造发明的大量产生，美好服务的踊跃呈现，背后均是心性。

量子理论：下一个管理变革的思想之源

2015年1月8日上午9时，于人民大会堂召开的国家科技奖励大会正式颁奖，中国科技大学的潘建伟团队“多光子纠缠及干涉度量”最终获得国家自然科学一等奖。2016年8月16日，中国成功发射了世界首颗量子科学实验卫星——墨子号。正如《自然》杂志2012年的评价：在量子通信方面，在不到十年的时间内，中国完成了对该领域内国家的追赶，未来将成为这方面的最强者。

量子通信技术实现的前提在于量子理论中的两个重要理论：量子纠缠理论和海森堡测不准原理。所谓量子纠缠理论，是指具有共同来源的两个微观粒子，无论它们距离多远，只要其中一个状态发生改变，另一个则会做出相应的改变，而且中间不存在时间差；所谓海森堡测不准原理，是指微观粒子可能同时处于多个状态的叠加，但当人为观测时，它会随机呈现其中的一种状态，因此，人为的干涉会改变其状态。

从量子理论的形态来看，在微观世界，传统牛顿理论所强调的稳定、有序和独立性均面临着巨大挑战，在传统的牛顿式思维之下，人们力图对微观粒子进行进一步的细分，从而找到组成物质的基本微粒，从原子到原子核，再到夸克，再到……，随着研究的深入，物质细分的难度越来越大，几乎不再可能。对此，量子理论的解释是：这些微粒不是孤立的，它存在于与其他微粒的相互联系中，它们之间你就是我，我就是你，因此不能再被细分。

既然粒子之间有着如此紧密的联系，那作为个体的人呢？一直以来，我们将个人视为绝对独立的个体，认为人具有逐利和自私的天性，为了生存，我们同其它个体竞争，包括周围的同学、同事乃至亲人，按照亚当•斯密“看不见的手”的说法，在这种不断竞争的过程中，整个社会得到了进步，而人类社会之所以产生和不断进步，也很大程度上依赖于这种竞争，甚至所有生物都是为了生存而竞争的孤立个体。物竞天择，适者生存，我们只能选择竞争，这就是残酷的真相吗？

在这方面，量子力学为我们打开了一扇透着阳光的小窗。正如《念力的秘密Ⅱ》的总结，生命更多是以合作的动态关系存在，所有生命都连接在一张巨大的网络上。生命的本质是与外界进行能量交换的系统。因此，通过合作，生命得以维持和发展，是合作推动着人类社会的向前发展，而不是竞争，至少不只是我们过度强调的竞争[①]。

而且，根据量子理论的研究，人类大脑的局限性决定了它以“选择性感知”的方式来观察世界，真正进入我们意识知觉的都是被“筛选”出来的。我们内心强烈的心理追求对我们感知的选择具有巨大影响。

并非所有的信息都能够进入到人的意识知觉，这是由大脑的“选择性认知”决定的。只有那些符合人的信念、情感、期待的信息才能进入人的意识知觉，以供人们的头脑进行分析和判断，进而得出结论，采取行动，塑造命运。你影响着你观察的东西，你所观察的东西取决于你愿意观察的东西，并且，你的判断取决于你的主观的信息处理[②]。而我们的信念、情感、期待，本质上就是我们的世界观、人生观和价值观，也就是我们的“心”。“心”，不仅仅是参与，而且在很大程度上，甚至在根本上决定着现实世界的形成与发展。

在选择性认知方面，并非只有量子理论的支持。根据认知心理学的研究，个体的认知一共包括五个阶段：首先是外界刺激，其次是觉察，再其次是识别，之后是复述与反应择定，最后是反应。个体在整个流程中具有选择性，但选择发生在哪个阶段呢？知觉选择模型认为：在觉察和识别之间，存在信息上的过滤，也就是说，并不是所有的信息都能进入大脑而被识别，只有少量与我们的兴趣，情感，信仰等一致或接近的部分，符合我们那颗“心”的部分，才能进入我们的大脑，成为我们分析判断的依据。

也就是说，员工的心，很大程度上决定了员工所能接收的信息，从而决定了员工思考的结果，以及最终的行为和命运。但是，正如我们前面章节中所说的，员工的“心”从何而来？“心”不会是从天上掉下来，更不是什么上帝神灵赋予的。从马克思主义哲学的角度，这颗心源自他过去所经历的林林总总，是客观世界的浓缩和再现，而管理者的种种行为，也是员工之“心”的重要养料。管理者的一言一行、一举一动，甚至一心一念，都是提

①琳内·麦克塔格特：《念力的秘密Ⅱ：发挥念力的蝴蝶效应》，北京，华夏出版社，2012。

②张其金：《量子管理》，北京，中国商业出版社，2014。

供给员工消费的知识与精神，特别是精神意义上的产品。员工消费什么精神产品，就将在精神上变成怎样的人。那么，从这个角度，管理者期待员工能够具有学习、分享、关爱、奉献等美好品质和行为，管理者就应该先给出这些品质和行为，正所谓种瓜得瓜，种豆得豆。

此外，按照量子理论的观点，我们的世界存在两个秩序——显性秩序和隐性秩序[①]，隐性秩序决定显性秩序。企业的外部行为包括市场占有率、利润等，体现为显性秩序，它是由隐性秩序决定的，隐性秩序包括战略、理念、愿景、价值观、企业家精神等软实力，即企业的精神与思想系统，它们构成了企业的内生动力。如果说过去管理者忽视企业中的隐性系统，这还不至于造成严重后果的话，那么，在21世纪的今天，忽视组织中的精神、情感、价值观、信仰这些隐性因素，将会带来致命的后果，而重视人，重视人的精神与情感，重视合作，比以往任何时候都将获得更多持久的竞争优势。

总体来说，量子理论所倡导的联系，倡导的合作，倡导的心性，倡导的精神与思想，正是我们现在的中国企业所迫切需要的，随着量子理论的逐渐兴起，一场管理变革正呼之欲出，这对于中国企业来说，是挑战，更是机会。

“心”时代：做一个“有心人”

改造国民性，提升中国人的心性，已经成为中华民族全面复兴的当务之急，而不得不说，在当下的知识经济时代，这项工作更为迫切。正如Sturat Crainer在《管理百年》所说：“泰勒发现了工作，福特探索出大规模生产的工作，斯隆将工作组织起来，但是没有发现是人在做工作。”如果说在工业经济时代，员工的精神、情感与工作绩效关系还不是太大，因而没有引起

①夏洛特·谢尔顿，刘芊：《量子飞跃：改变你工作和生活的7种量子技巧》，北京，中国财政经济出版社，2008。

足够关注的话，那么在知识经济、消费经济时代，任何一个管理者都必须将员工，将员工的心性放在核心的位置，因为在知识经济、消费经济，根本上就是“心”经济，人是知识与智慧。精神与情感的载体，最重要的是人在创造知识，传递情感，而不是机器，或者是其它。未来中国，巨大的红利，一是知识创新的红利，二是精神与情感升华的红利，而前者又取决于后者，受制于后者。供给侧结构性改革，与其说是一场品质的革命，不如说是一场心灵的革命。唯有将巨大的精神与情感能量融入企业组织的制度流程，注入价值链运行的各个环节及每一个组织成员的行为，才能造就高能级的、伟大的产品和服务。

科学管理极大推动了管理水平的提升，但正如我们在前面的章节中所指出的：无论是基于管理在理论上的发展，还是科学管理在实践中的屡屡碰壁，我们都有必要意识到：科学管理存在很大的局限，它并不是包治百病的灵丹妙药，有的时候甚至适得其反。有学者提出，科学管理的效果很大程度上取决于工作的性质，在工作的确定性水平越高，复杂性程度越低的情况下，科学管理就越有效，反之则不那么有效。

问题是：在我们当下所处的时代，随着传统制造业的没落，苹果、阿里、腾讯等新兴企业的崛起，对知识的开发、管理和运用已经成为一种新的经济增长方式，在知识的大量集聚过程中，新兴产业迅速崛起，由于新的知识，部分传统产业也重获生机，这便是知识经济时代的新景象。与传统的工业经济时代相比，知识经济时代的工作往往具有高度的不确定性和复杂性，同样的工作，交给不同的员工，最终的结果可能有质的差别。在很多情况下，没有人能告诉员工终点在哪里，也没有人告知抵达的路径，所有的一切，全在于员工自己。

而在这种情况下，我们的绩效考核模式仍然没有摆脱“胡萝卜加大棒”的模式，它往往基于结果导向，尤其是显性的、可量化的结果，辅之以对过程的控制。但对于知识型工作，在工作结果方面，个人工作的完成往往需要团队的协作，因而在贡献上具有较大的模糊性；在工作过程方面，由于员工工作依靠的主要是知识，而不是体力，工作可以随时随地进行，具有相当大的主观随意性，很难观测和评估，因而传统考核模式的效果往往大打折扣。如果结合管理实践，我们就会更直观的认识到：我们的工作发生了变化，我们的员工也必须发生变化，从而适应这个新的时代。与传统工业经济时代的员工相比，在新的知识经济时代，员工需要至少具有以下几方面的特点：

（1）善于学习

在知识经济时代，知识以爆炸的速度涌现，按照传播学之父威尔伯•施拉姆的比喻：如果将人类之前的一百万年比作一天，那么几乎一切重大的发展都集中在最后的七分钟。而按照摩尔定律，当价格不变时，集成电路上元器件的容量，大约每隔2年左右会翻倍，性能也会翻倍，这意味着技术的巨大进步，其背后是知识的指数级增长，在这种情况下，新的知识不断替换旧的知识，导致我们现有知识的不断贬值。尤其在当下知识大爆炸的时代，学习的速度如果不能超越知识贬值的速度，那就有如逆水行舟，不进则退，学习型组织理论问世后，在全球掀起了一股学习型组织热潮，背后就有这方面的原因。

当然，学习绝不能止步于知识的获取，为学而学，停留在简单知道的层次上，而要在大量知识的基础上，经过创造，产生新的知识，新的技术，新的见解，新的实践，这才是学习的价值所在，这才是真正的善于学习。苹果公司之所以能打败诺基亚，红遍全球，重要原因在于它调动了内部员工及外部软件开发者的积极性，从而激发创造行为源源不断的产生。

（2）乐于分享

俗话说，一个好汉三个帮，一个篱笆三个桩。在知识经济时代，面对精巧复杂的科技产品，面对浩如烟海的知识海洋，没有一个人能够解决所有的问题，在这样一个时代，要想获得成功，途径只有两种：要么创建一个团队，要么加入一个团队。而团队之所以与个体不同，其背后的原因在于分享，只有分享，才能产生更多的发明创造，才能产生更多的价值，整个团队才能获得更多生存和发展的资源，由此而推动更高层次的分享，可以说，团队的发展，正是沿着分享——创造——价值——分享……这样一个循环链进行的。

就层次来说，分享包括知识分享、价值分享和情感分享。知识分享体现为团队成员间的信息互通。新老员工间的传帮带，企业内的读书分享，各种形式的课堂等都属于知识分享。价值分享体现为整个团队在创造价值的同时，在分配上共享这种价值，实现团队内的尊重与公平。情感分享体现为团队成员间的相亲相爱，痛苦与人分享，便少一份痛苦；快乐与人分享，便多一份快乐，这便是情感分享的力量。这三种分享形式相互依存，其中，知识分享是分享的基本形式，而情感分享则是分享的高级形式。

（3）勇于追求

从马斯洛需求层次理论的角度来说，知识型员工虽然仍存在生理和安全需求，但相对于一般员工来说，他们往往更为关注尊重、归属感和自我实现，尤其是个人价值的实现，这对他们有着极为重要的意义。中国人民大学教授彭剑锋、张望军（2001）通过研究发现，在我国知识型员工的需求因素中，个人的成长与发展、有挑战性的工作最为重要，占比31.89%。国内研究者文魁，吴冬梅（2003、2008）对北京的20家企业的知识型员工的需求进行了研究，结果发现知识型员工的需求高低排序为个人发展、业务成就、工作自主性、人际关系和金钱财富。因此，知识型员工往往并不是为了外在利益而工作，工作的价值在于工作本身，他们会乐于接受具有挑战性的工作，并努力使之完美。为了检验新的药物，屠呦呦等科研人员甚至不惜自己的身体，只有在内在精神的驱动之下，才会有他们对个人价值义无反顾的追求。

而无论是善于学习、乐于分享，还是勇于追求，均有赖于员工的心性。没有良好的心性，就不会有美好的理想，不会有恒久的追求，也不会有积极的分享，以及大量的学习行为，有的就只是简单的复制抄袭，永远亦步亦趋；就只是为了一己之利而罔顾团队，永远一盘散沙；就只是顾着眼前的短期利益，永远左摇右摆，彷徨迷失。

分享是一种精神，也是经济

分享并不局限在道德领域，在经济方面，分享也得到了越来越多的重视。2016年3月5日，在十二届全国人大四次会议上，李克强总理所做政府工作报告中提出：“以体制机制创新促进分享经济发展，建设共享平台，做大高技术产业、现代服务业等新兴产业集群，打造动力强劲的新引擎。”

那什么是分享经济呢？1978年，美国德克萨斯州立大学社会学教授马科斯•菲尔逊和伊利诺伊大学社会学教授琼•斯潘思撰写了《群落结构和协同消费》这篇论文，首次提出共享经济概念，这一概念的核心在于：资源所有者通过一定的平台，将自己闲置的资源拿出来，通过出让使用权来获得一定的收益。共享经济，实质上就是分享经济，从这个定义出发，分享经济一直存在于我们的传统经济活动中，比如民间借贷等，但在20世纪以前，整个分享经济的规模较小，因此没有引起关注。

20世纪以后，分享经济在海外获得了飞跃式的发展。借助于互联网的商业化，二手交易平台Ebay，影片租赁平台Netflix，P2P网贷平台Zopa等公司相继成立并取得了较好的发展，在美国经济危机之后，一批分享经济平台相继成立，其中著名的短租巨头Airbnb成立于2008年，出行巨头Uber成立于2009年，办公共享巨头Wework成立于2010年，表4-1列出了国外主要的一些分享经济平台。

表4-1 国外分享经济平台

行业	共享平台
房屋短租	Airbnb, House Trip, Wimdu, LuxuryRetreats
闲车短租	Uber, Getaround, Hallo, Lyft, Relaygldes, SideCar, Zipcar
车位短租	ParkingPanda, ParkatmyHouse
拼车	BlablaCar, Colnuto
名车飞机轮船	Qraft, Jumpseat, BlackJet.SurfAir, Arrow
自行车	SpinLister
宠物寄存	Rover, DogVacay
闲置物品短租	Fribi, Rentoid, SnapGoods, Grabio, EggDrop
餐桌分享	EatWith
办公场地短租	LiquidSpace, Loosecubes, PivotDesk, Breather

资料来源：阮晓东：《共享经济时代来临》，载《新经济导刊》，2015年第4期，第56页。

相比之下，中国的分享经济起步较晚，在2011年，许多分享经济企业产生，涵盖了中国的许多行业，包括中国平安旗下的网贷平台陆金所，租房平台途家、蚂蚁短租，互联网医疗平台春雨医生等。在这之后，滴滴打车、人人快递、回家吃饭等分享经济平台竞相上线，中国的分享经济实现了迅猛发展。表4-2列出了国内主要的一些分享经济平台。

表4-2 国内主要分享经济应用平台

应用平台	主要业务类型
滴滴打车	打车软件+配驾专车
快滴打车	打车软件+配驾专车
易道用车	配驾专车
PP 租车	P2P 租车
友友租车	P2P 租车
AA 拼车	拼车服务
途家	B2C，收取佣金
小猪短租	P2P，收取佣金
蚂蚁短租	类淘宝，收取佣金
爱日租	类淘宝，收取佣金
游天下	取消交易佣金，为短租房东提供服务
爱大厨	P2P，收取佣金，由专业厨师提供服务
春雨医生	在线医疗服务
人人快递	兼职快递员服务
回家吃饭	基于近距离的美食服务

资料来源：阮晓东：《共享经济时代来临》，载《新经济导刊》，2015年第4期，第55页。

根据《中国分享经济发展报告（2016）》的数据，2015年，我国的分享经济规模已经达到19560亿人民币，参与人数达5亿人，占GDP超过1.5%，预计到2020年，这一数字将达到10%以上，因此，分享经济前景广阔，未来有望获得更大的发展。

分享经济之所以能蓬勃发展，主要在于分享经济的本质。在分享经济的运作模式中，主要包括三个方面的主体：供给人、需求人及平台。借助互联网平台，闲置资源的供给人和需求人突破了传统的时间和空间上的限制，并最大程度上减少了中间环节和交易成本，因而使得供需双方实现了较好的无缝衔接。

对于资源所有人而言，由于资源的闲置不会给他带来任何收益，而分享经济盘活了资源，为资源所有人带来了收益。比如，随着中国人财富的增长，许多家庭都配备了私家车，或者拥有比较多的闲置时间，这就为参与分享经济奠定了基础。在私家车主开车上下班过程中，如果能够拉上顺风客，那么汽车的利用效率就会得到大大的提高，当然，他自己也会得到一笔报偿，而即使在周末休息时间，只要有兴趣，也可以通过Uber专车来达到同样的效果。

对需求人而言，由于所需要的商品和服务均为供给人的闲置资源，这意味着供给人提供这些商品或者服务的成本非常低，因此价格往往较低。以Airbnb平台而言，通过该平台预定的住房，其价格不到同等条件酒店的一半，而顺风车与传统出租车的价格也完全不可同日而语。借助分享经济，需求人仅仅付出较小代价，需求就得到了更好的满足。

对平台而言，由于平台起的是居间成交的作用，因此平台主要有两种盈利模式，一种是收取手续费（服务费），比如途家、小猪短租等；另一种是对交易双方均不收费，但凭借产生的规模流量优势，通过垄断性平台获得超额收益。以打车巨头Uber为例，目前其业务已经覆盖到全球范围内的310个城市，市场估值达500亿美元。因此，在分享经济中，三大参与主体形成的是一个多赢的局面。

事实上，分享经济造福的并不仅仅是这三方。在分享经济中，由于资源所有人利用的是闲置的资源，而在整个社会，相当多的资源利用度不高，甚至是完全闲置的状态，这就一方面造成了资源的紧张，另一方面造成了资源的浪费。以国内的打车服务而言，在北京等一线大都市，出行难已成为多年的诟病，但在新的分享经济模式之下，一方面软件叫车减少了出租车的空驶时间，拼车、顺风车等服务则提高了，并将私家车等部分闲置资源纳入到整个分享经济体系中，无疑是对社会资源的盘活，这有助于缓解北京的拥堵，并有助于节能减排。以互联网模式下的顺风车来说，拼车服务能减少55%的交通拥堵，由于倡导分享汽车，德国不来梅市每年减少的二氧化碳的排放量达1600吨。

此外，在分享经济中，由于商品和服务的价格降低，按照经济学理论，价格的降低将带来需求的增加，包括一些此前处于压抑状态的需求，而更多的需求将有助于平台的更好发展，从而扩大就业。总之，从许多角度来讲，分享经济具有经济学意义上的外部经济，整个社会都因为分享经济而得到实惠。

但是，分享经济作为新生事物，在获得迅猛发展的同时，也引发了不少争议，尤其是针对分享经济的监管问题。前不久，发生在印度首府新德里的一起Uber司机强奸案让这家公司卷入了漩涡，人们对Uber的安全性产生了疑问，而市政府之后禁用Uber，便是这种心理的体现。但是，传统的出租车领域就没有这种事故吗？这样的事件，如果不能证明Uber造成了显著的更高频率，能归罪于Uber吗？

在分享经济的发展模式中，互联网平台是其中极端重要的一环。传统经济时代，企业的社会联系相对稀少，活动空间相对狭小。互联网经济时代，企业的边界被打破，成为整个互联网上的一个节点，比如一台电脑，连上互联网就如鱼得水，无所不能，脱离互联网则一事难成。企业要么主动拓宽自己的边界，获取越来越多的资源和市场，要么被拓展，被整合，被淘汰。德鲁克就曾预言：互联网带来的最大的影响就是零距离。零距离意味着万人万物的互联互通，这种互联互通不仅广泛，而且直接、透明，且信息对称。这对于企业经营管理的几乎一切活动，包括构建社会联系，经营社会资本方法与策略，都具有颠覆性的影响。然而，企业的根本之道不仅没有被颠覆，而且被更加鲜明、清晰地凸显。基于根本之道的精神价值，特别是经营企业社会资本最重要精神元素，也是社会资本链条的逻辑起点——分享精神，更是成为互联网精神的内核。所谓互联网精神，即开放、共享、合作和协同，这些品质是互联网得以良性发展的基础，而互联网的发展则反过来促进了这些美好品质的培育。

在分享经济中，交易双方往往之前素不相识，可以说是缺乏信任，因此，分享经济的关键在于培育和扩大这种信任。正如学者对互联网的评价：互联网企业，始于技术，成于信任。但信任从何而来？来自于美好的分享，而在分享过程中，最起码的要求在于遵纪守法，是诚信、尊重、平等、包容等一系列美好品质，如果缺乏这些最基本的品质，分享经济的发展将困难重重。

由于互联网所带来的信息便利性，在分享经济中，任何有悖于基础法律法规和互联网精神的行为往往将迅速曝光，比如在印度的Uber事件中，肇事司机仅在报案一个多小时后便落网；在回家吃饭等订餐平台上，如果供应方有食品质量方面的问题，也将通过用户评论而被迅速传播。因此，在分享经济中，供应者的精神和情感更直观的成为产品的组成部分，而基于优胜劣汰的市场逻辑，那些不符合我们的法律法规，不符合我们的道德情感的产品，在分享经济中将会迅速淘汰，基于这种选择机制，分享经济在有助于经济发展的同时，也有助于更多弘扬人性中善良的一面，提升整个社会的人际信任。可以说，良好的心性是分享经济发展的重要土壤，而分享经济的淘汰机制则有助于激发这种良好的心性，目前，分享经济作为新生事物，在监管还没有完全跟上的情况下，在人们的心性水平还停滞不前的情况下，阻碍分享经济发展的一些问题也尤其明显。

对很多中小企业来说，办公场所租金成为其不能承受之重，如果租的地方太小，不够体面，不便于招揽业务；而如果租的地方太大，租金将成为沉重的负担，而且空间使用效率并不高。在这种情况下，Wework应运而生，它强调的是办公场所共享的理念，但是，这家世界顶级的分享企业绝不仅仅是将办公室分割出租那么简单。

在Wework提供的办公场所中，有开放式的办公桌，也有保密性较好的小型办公室，不同公司的员工可以在一个大的办公桌上办公，而打印机、传真机、会议室和茶水等则为大家所公用。这种混合办公在节约资源的同时，也产生了一些意想不到的效果。相对封闭性较强的传统办公，这种新的办公模式大大促进了不同企业员工之间的相互交流，进而促进了新观点、新思想，甚至新产品的诞生，加上Wework对整个场地的精心布置和装饰，以及举办的各种联谊和分享会，Wework受到很多中小企业的追捧，甚至一些企业在成长到一定规模后，仍然对Wework依依不舍。

当然，由于空间的开放性，也存在一些并不那么和谐的声音。比如个别企业和员工会存在不文明的现象，包括大声喧哗、抽烟等违反公共场所文明守则的情况，也不符合以分享为核心的互联网精神，在极端情况下甚至可能发生窃取商业机密的情况，对于这些问题，Wework也是有备而来，只要出现上述情况，在同一办公场所办公的“同事”们就可以发动投票，达到一定比例，这样的企业和员工就会被“驱逐”，从此进入Wework黑名单。

对于分享经济来说，互联网技术固然重要，为供需双方带来直接的资金节约固然关键，但分享经济壮大的核心则在于：供需双方在互动的过程中，是否能以分享、合作等互联网精神作为内在准则，这就要求分享经济的参与者必须怀有这样的品质。Wework受到欢迎，实质上是因为它提供了这样的一个平台，提供了这样一个良性循环的分享安排机制。

美好的服务，源自美丽的心灵

在知识经济和分享经济迅猛发展的同时，值得我们注意的是服务业的崛起。2013年，我国服务业占GDP比重首次超过工业，到了2014年，整个服务业的比重达到48.2%，成为国民经济的支柱性行业。根据国家发改委的数据，2015年前3季度，我国服务业增加值为250779亿元，占比51.4%，达到了历史高点。目前，北京的服务业比重达到80%，上海的服务业比重也达到了70%，按照发达国家服务业普遍占70%到80%的水平，我国服务业有望在未来获得长远发展。

在多数情况下，服务经济表现为产品与服务的结合，而在部分情况下，服务经济并不需要。与其他行业相比，服务业的特殊性在于：其生产结构中，最重要的生产要素不是资本，也不是土地，而是人力，而且，这种人力有别于传统生产要素中的劳动力，因为它并不是简单粗放劳动的重复叠加。在服务经济中，服务质量的好坏，直接关系到商品能否实现向资本的惊险一跃。以餐饮行业为例，海底捞之所以门庭若市，有人将其归因为50%的食物加50%的服务，即一方面在于其火锅味道的鲜美，另一方面在于其热情而周到的服务。

对餐饮企业来说，顾客排队虽然表明生意好，但排队时间太长也会让顾客受到打击。在海底捞，当顾客在等候区时，海底捞便会奉上食物、棋牌，乃至美甲及擦鞋服务，在这样的服务之下，有的客人甚至愿意多等半个小时。在顾客享用食物时，海底捞员工会密切关注顾客的需求，并创造条件满足，比如镜布、手机袋、降火及感冒药等，并主动为孕妇和婴儿提供相应的方便，甚至在单个顾客就餐时，为了化解其孤独，在对面座位上放个穿上围裙的玩具熊，这又怎么能让顾客不为之动容呢？以利相交，利尽则散；以心相交，方能成其久远。可以说，这些发自员工内心的细微服务直指顾客的心，极大的满足了顾客的心灵需求，已经进入了以心相交的层次。

对于海底捞员工无微不至的服务，很多人将其归因到物质利益上。当然，在海底捞，表现优秀的员工一定会得到可观的回报，但如果将这种服务简单归因为利益驱动，那就有点失之偏颇了。事实上，这种高水平服务的背后，一方面是物质利益，另一方面是人文关爱，这种关爱直接来自海底捞对员工的信任和关心，直接来自海底捞管理者的那颗心。

秉承以情动人的原则，海底捞管理者站在员工的立场上，解决了很多劳动密集型企业没有解决的问题，包括为员工提供医疗保障基金，如果员工表现优秀，海底捞还会上管老，下管小，即一方面为他们的父母提供养老保险，另一方面让他们的孩子参加海底捞在四川创办的寄宿制学校。此外，海底捞赋予了员工很大的自主性，比如给予一线员工打折及赠送菜品的权利，这是难以想象的。

如果说海底捞的美味是可以模仿甚至超越的，那么它的服务则让竞争对手望而却步，即使一些餐饮企业在形式上进行仿效，但正如《海底捞你学不会》所说，海底捞成功的背后，是把人当人对待，这体现的是公平、尊重、激励、关爱等内涵，这些内涵的背后是心性，可以说，海底捞的成功在于其管理者的那颗心，在于受管理者影响的员工的那颗心，那颗关爱顾客、关爱同事、关爱企业的心。

在服务经济中，光有产品是远远不够的，更重要的是相应的服务。服务质量的好坏表面上取决于服务人员的技能，但实质上取决于服务人员的心性。在现实中，很多企业为了获得短期利益，功利主义大行其道，各种厚黑学被堂而皇之的捧上殿堂，甚至部分企业鼓励员工坑蒙顾客，提升个人短期业绩，从长远角度来说，这样的企业必将关门大吉。

在当下的中国，提高服务行业人员心性，实质上是一种服务行业的供给侧改革。放眼遍观中国的服务业，问题更多不在于需求，而在于供给，不然，在教育、医疗、旅游等领域，就不会有那么多的消费者高价享受国外的服务了。根据商务部的数据，2015年中国游客继续在海外出手阔绰，境外消费达1.2万亿元，除了奢侈品消费外，服务类消费占据了相当的比重。因此，我们有必要从心性的层次上改造服务业，打造具有竞争力的服务经济，更有效的拉动内需，推动中国经济的顺利转型。

可以说，与十年前相比，中国经济已经发生了翻天覆地的变化，员工的工作也发生了巨大的变化。按照权变理论，没有一种管理模式是放之四海而皆准的，“橘生淮南则为橘，橘生淮北则为枳”，“世异则事异，事异则备变”，管理也应与时俱进，既然知识经济与服务经济已经崛起，二者指向的都是心性，我们也需要因应这种变化，对于管理者来说，如何顺势而为，提升员工的心性？这关系到企业的转型升级，关系到中国经济的发展，乃至整个中华民族的伟大历史复兴。

本章启示：

1、中西方文化历史渊源不同，发展阶段不同，风格气质不一样，需要相互学习与借鉴。事实上，两大文明所趋同的方面已是越来越多，管理也是如此。从竞争角度看，国与国之间的竞争，很大程度上是企业之间的竞争，而后者的实质是管理的竞争，而管理的竞争根本上是文化的竞争，而文化的竞争核心在于人文精神之高下。由此可以说，中国企业管理要取得相对于西方国家企业的优势，关键在于：一是结合时代要求，包含未来趋势的要求，将中国文化的优秀的精神资源加以系统性的提炼，萃取，加以践行贯彻，加以切实落地，与此同时摒弃那些陈腐的、落后的、糟粕的成分；二是对于西方文化中那些优秀的元素，特别是中国文化中相对稀少、薄弱、缺乏的部分，加以充分吸收和彻底消化；三是对于两种文化重合、共同认可的价值部分，尤其是在实践中西方见长，中国不足的部分，比如：平等、自由、诚信、法治等等，需要加大践行力度，切实知行合一。只有超越我们自身文化的局限，有超越西方文化的不足，才能创造新的管理文明的样态，为中国企业弘扬中国精神，支撑中国梦想奠定强大的文化基石。

2、中国企业管理文明本质上是中华文明在企业管理上的表现，是中国人的精神气质，或者说国民性，在企业管理上的呈现。我们的祖先曾经有着那样惊艳、优美的精神风貌，也曾经有着那样低俗的，甚至是堕落的人格表现。这既是令人费解的矛盾，有恰恰说明中国人的精神气质的丰富性和多样性，以及人性的可变性。在当前这样一个既极其光明，又相当黑暗的时代，中国人的国民性何去何从，全在于我们每一个当代中国人自己此时此刻的选择，而这种选择从根本上决定着中国、中国企业向何处去。

3、对于精神价值的取向，每一个的选择既是举足轻重的，同时又是微不足道的。青山遮不住，毕竟东流去。毕竟形势比人强。知识经济、服务经济、分享经济的发展，以互联网为重点的高科技的进步以及所面临的种种突破，量子物理学的研究成果对于人类思维方式的持续冲击，让我们不得不睁大眼睛，站在高处，开放思维，并提前张开双臂拥抱随时可能发生的意料不到的变化。而在变化中站稳脚跟，保持定力，抓住机遇，化解挑战，由混沌走向更高级别秩序的生命法宝，就是不忘初心，坚守并努力升华我们的精神世界。

第5章

管理4.0，变革之路怎样走

在前一章中，我们对中外管理文明的演进、中国国民性的发展、当下新科学及经济形势进行了分析，所有的分析都指向这样一个问题：对于中国来说，传统的发展模式在创造成就的同时也带来许多危害，尤其是对中国人心性的巨大破坏。新的时代呼唤着新的发展模式，呼唤着新的管理。从企业产生以来，管理的演进经历了经验型、科学型、人本型和生命型四种形态，其中，生命型管理代表了目前企业管理所能达到的最高境界，绝大部分企业都还处在其它三种形态。

那么，生命型管理为什么能够超越其它形态？如果说经验型管理效法的是经验，科学型管理效法的是科学，人本型管理效法的是人性，那么生命型管理效法的是天道，是天地宇宙的运行规律与秩序。生命型管理看重系统联系，主张分享合作，强调互利共赢，追求和谐共生。它通过分享而获得联系，通过联系而获得资源，通过资源而生成价值，通过价值而进行分享，具有超越利润、进化创新、构建和谐等特征，因而能够将企业主、管理者、员工、客户、供应商、竞争者、社区、社会、自然乃至整个宇宙都纳入考量之中，从而实现平衡发展，基业长青。

按照管理大师阿里·德赫斯在《长寿公司》中对生命型企业的定义：生命型企业指的是为了“生活意义”（The meaning of existence）而存在

和发展的企业，管理者把企业作为一个有理想、有目标并与生存环境相平衡的“生物有机体”来培养和管理，实现企业生命的延续。①

什么是生命型管理呢？简单地讲，遵循生命型企业运行规律的管理就是生命型管理。具体地讲，企业管理者以活出生命的意义为追求，因此将企业当做生命系统来看待，并且按照生命系统运行规律的要求以及相应方法来建设和运作企业，进而实现企业生命系统的良性发展，这样的一个过程，就是生命型管理。

那么，如何创建生命型企业？基于“场”理论，我们认为：创建生命型企业的途径在于造“场”，这个“场”的核心是分享，基础保障是制度规范与人文关怀的刚柔结合，关键举措在于领导者以其言行营造有利于生命型企业产生和发展的环境。

本章将对以上内容进行具体阐述。

1.管理的进化：从1.0到4.0

自人类社会产生以来，管理就产生了。在原始社会时期，氏族成员通过协作而捕获猎物，管理在其中的重要性不言而喻；在封建社会时期，已经涌现出一批依靠管理思想而经营谋利的商贾，比如子贡、范蠡、吕不韦、沈万三、胡雪岩等；近现代以来，随着企业的正式出现，管理逐渐被作为一种生产要素而得到重视。

以企业而言，管理经历了从1.0到4.0的演进。1.0指的是经验型管理，顾名思义，就是管理者往往依赖于自有经验而进行管理，本质上就是摸着石头过河的管理；2.0指的是科学型管理，它以科学管理为核心，追求标准化和流程化；3.0指的是人本型管理，它注意到此前科学管理对人的忽视，而将人提高到管理的核心位置；4.0指的是生命型管理，它不仅将个人视为生命，而且将企业乃至更广阔的行业、社区、国家和自然视为一体的生命，从最大程度上调动内外部相关主体的积极性。

①阿里·德赫斯：《长寿公司——商业“竞争风暴中的生存方式”》，北京，经济日报出版社，1998。

经验型管理：且行且摸索

总体上来说，十九世纪初以前的企业管理一般属于经验型管理。在更早以前，虽然不存在正式的企业，但管理仍然广泛存在于整个社会，不少人以其经营管理智慧而在历史上留下了浓墨重彩的一笔，子贡、范蠡便是其中的杰出代表。

子贡，孔子弟子，春秋时期卫国人。根据《史记·货殖列传》的记载，子贡不仅学问出色，而且在经商上颇有成就。他在曹国和鲁国之间做买卖，贱买贵卖，最终富可敌国，孔子在后世声名斐然，这也与作为成功人士的子贡不遗余力的推广宣传不无关系。那么，子贡经商成功的秘诀何在？

按照《论语》及《史记》的说法，子贡经商，一靠个人品质，所谓“君子爱财，取之有道”，正是因为子贡对诚信等个人品质的坚守，被后世奉为“儒商始祖”；二靠个人技能，子贡能够相当好的把握商品的涨跌规律，在商品低价时进行囤积，在高价时卖出，屡试不爽，这让孔子也深为佩服。

在帮助越王勾践吞并吴国后，范蠡功成身退，四海经商，辗转之间而成就惊人之财富。在范蠡的经商过程中，他善待合作者，对雇工慷慨，对农民仁慈，在遇到灾年之时，主动削减地租，并积极救济灾民。值得一提的是，范蠡经商，似乎并不是为了利润，在他的一生中，曾经三次将自己积累的财富分给朋友和穷人，但每次都成功崛起，这不能不说是商业史上的奇迹。

可以说，子贡和范蠡在商业上创造了辉煌的成就，这也为后人树立了典范。明清以来，随着资本主义的萌芽，民营经济获得了一定的发展，也产生了胡雪岩、乔致庸等商人，推动了近代中国的发展。然而，当我们对中国的管理史进行梳理时，往往能够发现：近代以来名噪一时的许多企业家，似乎并没有达到子贡和范蠡的高度，换句话说，从春秋战国时期到近代以来的两千多年时间里，在管理方面，我们似乎并没有太大的进步。

在缺乏进步的问题上，宏观原因可以归结于资本主义发展的缓慢，而微观原因则要归结于经验型管理。在两千多年的时间里，无论是个体户、小作坊、还是近代的工厂，都没有摆脱主要依靠经验进行管理的模式，虽然管理者往往以史为鉴、以周围为鉴，但不得不说，在管理上，依然没有较为科学的理论和方法来指导实践，也没有比较系统的制度、流程和标准来规范行为，更多还是靠感觉，还是“船到桥头自然直”，组织命运，基本取决于领导者，一旦杰出的领导者离开，整个组织的发展很快陷入困境。在这种情况下，不仅整个社会的财富积累缓慢，管理的发展更是极其缓慢。

近代以来，随着西方文化的传入，西方管理思想和技术也大量传入中国，这为国内相对落后的企业管理注入了新鲜的血液。后来，在管理的过程中，中国企业家注意到“拿来主义”的诸多问题，更为注重将西方管理模式和中国本土特色进行结合，从而达到更好的效果。应该说，这些都在整体上为中国企业摆脱经验型管理创造了良好的条件。但是，从中国一些企业的表现来看，很难说我们已经不再依赖经验型管理了。

1996年，太子奶在湖南株洲成立，1997年，其销售额达到约500万，但创始人李途纯在当年一鸣惊人，以8888万的天价成为当年央视日用消费品标王，而当时，太子奶已经半年没有发出工资了，就连分期付款广告费的首付款也是借来的，结果，这次豪赌赢来了8亿元的订单。

第一次豪赌的成功，让李途纯对自己信心满满，接下来，在没有经过详细论证的情况下，他制定了更让人心潮澎湃的扩张计划，包括斥资20亿在湖南株洲、湖北黄冈、北京密云、江苏昆山建设四个大型生产基地，为了筹集用于扩张的资金，李途纯甚至大力鼓励经销商提前打款以低价拿货，对于超过保质期的货物，无偿更换，这样，经销商会尽量多预付货款，而不用承担销售的风险，依靠这一办法，太子奶迅速在全国建立了完善的经销商体系，借助这样的渠道队伍，太子奶顺利向银行贷款，在高峰时期，太子奶的欠款超过50亿。

如果说之前的经营模式是为太子奶埋下地雷的话，那么引爆地雷，将太子奶推上绝路的是另一场豪赌。2006年，为了尽快上市，太子奶引入英联、高盛、摩根士丹利等三大投行的7300万美元投资，但附带条件是：若三年经营业绩增长达不到30%，李途纯则让出其控股权。在这场豪赌失败之后，从此太子奶一蹶不振。

太子奶的失败，一方面可以归结为其缺乏对市场的理性分析，过度依赖自己之前的成功经验，在高速扩张的过程中，当绷紧的资金链遭遇金融危机，遭遇三鹿所造成的乳业危机，业绩下滑、遭遇退货、人心散乱等危局接踵而来，在投行的压力下，李途纯也被迫出局，最终形成多输的局面。

另一方面，在太子奶的员工看来，太子奶的失败在于管理失控。以人员结构而言，太子奶的员工并不多，但管理层达上千人，副总有20多个，但都没有正式的明确分工。太子奶员工工资福利的确定基本没有制度，完全凭领导的一句话。而且，太子奶的管理层，以与李途纯有关系的湖南人为主。以发展战略而言，太子奶一度持有大量现金，但并没有完全坚持直营业务，而是进入服装、食品、化妆品等行业，盲目多元化，这都从内部极大消耗了太子奶本就不充裕的精力。

其实，类似太子奶这样大起大落的事迹，并不新鲜，秦池的衰落，巨人大厦的倒下，也并不那么遥远，这些企业可谓“其兴也勃焉，其亡也忽焉”，它们最终的陨落，可能有很多原因，但其中重要的一项则是经验型管理，在特殊的年代，太子奶大干快上，获得了一定的成功，但在之后的时间里，它以为这种大冒险总能获得成功，忽视内部管理与外部市场分析，覆亡在所难免。

结合太子奶、秦池、巨人等案例，我们不难看出，经验型管理具有以下特征：

（1）企业经营发展缺乏系统理论指导，管理者往往以其个人经验展开工作。比如，对市场环境的分析往往是感性的；比如，管理者依靠冒险而获得一时成功，这种策略往往会在以后得到更多的应用。所以，经验型管理受制于个人寿命，即便是产生了很好的局部的、个人的经验，也注定是难以传承的，因此也是不稳定的。

（2）在管理过程中，缺乏规章制度的约束，缺乏对流程的控制，随意性较强。在经验型管理中，往往目标并不是太明确，而达成目标的路径更是灵活，因此，在实际执行的过程中，往往会出现较大的偏差，不利于最终目标的实现。同时，由于缺乏规范的制度和标准，企业内部各个方面、各个局部的经营管理行为往往是各行其是，各有各的套路和打法，所以，容易表现为优劣与好坏的不平衡。

（3）具有强烈的个人主义色彩。由于经验型管理的灵活性，领导者的特殊地位，以及中国的集权文化传统，在经营管理的过程中，极易形成企业领导者“一言堂”的情况，整个企业在战略、日常管理及企业文化上，都具有领导者强烈的个人主义色彩。

（4）因为上面的三个特征，实行经验型管理的企业容易遭遇挫折，因此规模往往偏小，很难做大。当然，这并不是说规模较大的企业就不存在经验型管理的情况，实际上，中国的大多数企业，往往或多或少的存在经验型管理的情况，只是程度的轻重有所差别而已。甚至从某种意义上可以说，中国企业大多数从整体上仍然属于经验型管理，尽管这些企业也同时具有了一些更高级管理形态的元素。

客观来说，经验型管理具有其灵活性和便利性，也可能获得一定的发展，在特殊的历史机遇下，甚至能创造辉煌，而且，其中也不乏值得提炼和推广的宝贵经验，但是，风物长宜放眼量，经验型管理往往经不起时间和空间变化的考验。在现实中，一旦遭遇大的环境变化，比如核心人物去世、市场环境变化等情况，奉行经验型管理的企业便有如飘摇风雨中摇摆不定的航船，随时可能覆没。

科学型管理：技术至上

19世纪末20世纪初，随着第二次工业革命的进行，整个社会的劳动生产率快速提升，为适应工业发展的需要，一大批工厂如雨后春笋般涌现，吸纳了大量的劳动者。在此前的阶段，如果说传统的经验型管理尚能胜任的话，在这个新的阶段，经验型管理可谓捉襟见肘，难以应对如此复杂的情况，在新的时代，管理由传统的经验型管理阔步迈入新的2.0阶段——科学管理，科学型管理也应运而生。

在泰勒等人的大力倡导下，科学管理应运而生。就实践层面，科学管理可以分为以下三个部分：工作分解、人员招聘与培训、绩效考核。

工作分解方面，传统的经验型管理往往忽视对整个流程的控制，而科学管理则将每一项具体工作的动作（流程）进行分解，确定完成该项动作（流程）的最优方法，从而基于该方法确定每一个动作（流程）所需要的时间，这种时间甚至能准确到几分之一秒，整个结果将成为一套标准体系。

人员招聘与培训方面，基于上面的标准体系，企业引进满足相应条件的工人，并对他们按照这个标准去培训。具体到工作中，要求每一个动作（流程）都必须按照标准规范来进行，在标准规范前，完全不需要个人的思考，需要的是反复的执行。

绩效考核方面，实行绩效工资制。工人的工资最终取决于他在规定时间内的劳动成果，因此，如果想获得更高的工资，就必须严格按照现有的标准规范执行，尽可能熟练掌握。相比于传统的计时制，这种考核制度无疑更能提高工人的劳动效率。

在科学管理得到广泛应用之后，整个资本主义社会的工业生产效率大大提升，实现了比经验型管理高40多倍的效率，管理在生产要素中的重要性，也正式得到了重视，由于投资少、见效快，科学管理一时成为管理领域的圣经。事实上，它的的确确是人类历史上一场管理大革命。

过去的一百多年时间里，在管理促进方面，在经济发展方面，科学管理发挥了巨大的推动作用。但是，几乎从一开始，科学管理就引起了巨大的争议：效率方面，在推动科学管理之初，企业绩效尚能显著提升，但在后期，随着科学管理力度的加大，效果却越来越不明显，而在超过一定限度后，科学管理甚至产生了负面效果；在情感方面，科学管理强调的是标准和规范，某种程度上将个体视为机器的一部分，而忽略了人的思想和感情，极易导致人的异化。在管理实践中，已经有证据表明科学管理的过度使用会造成许多严重的后果，尤其在对人性的摧毁上。可惜的是，部分企业为了攫取利润，大力推崇科学管理，对于其弊端则选择性忽视，因而造成了一幕幕的悲剧。

2010年11月至2011年6月，非盈利组织中国劳工观察对中国十家电子工厂进行了调查，调查对象近600人，根据调查结果，最终发布了名为《全球化的悲剧：电子行业血汗工厂真相》的调查报告，在这一报告中，这些工厂被曝存在许多问题，其中包括：

（1）工作时间严重超标。按照《劳动法》的规定，每月加班时间不得超过36小时，但这十家工厂的加班量均远远超过这一数字，最高的甚至达到140小时。

（2）工资水平低。这些工厂普遍制定了相当低的基本工资，而想要获得满足基本生活水平的报酬，只能依靠加班，在这种情况下，加班虽然表面上是自愿的，但实质上则是强迫的。

（3）劳动强度大。所有的工作流程都有非常严格的时间规定，时间精确到上厕所。在惠普生产线上，每3秒就必须完成一个动作，为了保持高效工作，工人必须每天站10小时以上。在戴尔生产线上，每天160个工人必须严格按照流程组装三千台电脑。

此外，这些工厂还存在不签订正式的劳动合同、用工歧视等一系列问题。这些问题都存在共同的目标：迫使劳动者以更高的效率工作，工作更长的时间，在劳动者身上尽可能少投入，从而赚取尽可能多的利润。

客观上来说，科学管理虽然不能与血汗工厂，与压榨剥削等划上等号，但在这些企业中，科学管理无疑成为无良老板赚取不义之财的重要手段。因为科学管理的导向是效率，是利润，因此当科学管理发展到极端时，极易出现上面的情况，最终人的自由、潜能、动机、经验、价值、创造力、生命意义等都被忽视，甚至整个人性都被利润吞噬，在这个过程中，科学管理可谓帮凶，联想到此前提过的富士康员工跳楼事件，对于科学管理，我们更应该保持理性的认识。

由于对流程规范的控制，一定程度上，科学型管理能够提高劳动生产率，但并不能理解为：控制越严，劳动生产率便越高。科学型企业有必要把握好控制的度，一旦超过这个度，可谓过犹不及。总体来说，科学管理可能带来的问题至少包括：

（1）员工缺乏关爱与尊重，因而满意度低。

在过度推动科学管理的情况下，一线管理者的任务往往不再是关心和支持员工，而是监督员工，对员工的错误进行记录和责罚，有时甚至出现辱骂员工的情况。在这种情况下，员工得不到起码的关爱和尊重，也会建立对管理者的敌对思维，对整个公司的敌对思维，这不利于员工本人，更不利于企业。

（2）过分注重效率，导致人性的缺失。

在科学型管理看来，效率永远是第一位的，为了更高的效率，为了更好的业绩，部分企业甚至强迫员工长时间、高强度进行标准化作业，尽管这种强迫可能不那么明显，比如降低基本工资而提高加班工资。而能够更好融合员工与企业关系的文化建设、联谊活动等则一概免去，由此导致员工将绝大部分的精力都花在了流水线上，而在信仰和精神层面则一片荒芜，最终造成人性的缺失。

归根到底，科学管理是一种控制式管理，合理的控制在很多情况下是必要的，但是，如果管理只剩下控制，那么，其基本假设便是：人和机器是无分别的。根据马斯洛需求层次理论，个体的需求按照层次的高低分为生理需求、安全需求、社交需求、尊重需求和自我实现及自我超越，如果说以科学管理为代表的控制式管理可能能够满足员工的生理需求和安全需求，那对于其它需求，单纯依靠科学管理则很难满足。因此，在管理的实践领域，过度推崇科学管理必然会遭遇失败。

当然，我们指出科学管理的不足之处，并不是反对制度化、流程化，反对标准和技术，事实上，中国企业管理突出的问题在于“阴阳两虚”，其中，阳虚，指的就是刚性管理，即制度化、标准化管理水平低下，需要恶补科学管理这一课，并且在新形势、新技术条件下创造性落实。然而，需要让广大管理者明白的是：管理不能单纯依靠科学管理，毕竟管理的对象是人，而人的需求是复杂的，并不能靠简单的胡萝卜加大棒，靠严格的标准和流程就能实现高效管理。

当人类社会发展进入到工业经济中后期，知识的重要性越来越凸显，知识工作者的作用越来越重要，特别是人类进入知识经济时代以后，知识工作者以及他们的生产力成为管理最大的挑战。以控制为主要特点的科学管理越来越难以为继，越来越多的学者和管理者意识到了这一问题，意识到管理过程中人的重要性，意识到对人的激发是提高知识工作者生产力的最佳途径，因而管理必须进入一个新的3.0阶段——人本型管理。

人本型管理：人是中心

正如此前所提到的，无论在实验还是实践中，科学管理均被发现具有一定的局限性。而在探究霍桑工厂效率低的过程中，梅奥领导的实验小组获得了一些激动人心的新发现。

在梅奥的一系列实验中，最有价值的莫过于其针对福利、针对员工访谈和针对群体而展开的实验，这些实验最终得出了这些结论：员工并不是完全的“经济人”，员工的生产效率受其心理影响，受企业中的员工关系等因素影响；企业中存在“非正式组织”，这些非正式组织能够影响员工的感情和价值判断，从而影响生产效率；与员工的沟通非常重要，当员工感觉到被重视的情况下，生产效率便能得到提升。

如果说，科学管理重视的是技术、流程和规范，那么以梅奥为代表的行为科学管理理论学派则高度重视人的重要性，在霍桑试验之后，这一理论学派蓬勃发展，综合了心理学、社会学、管理学、人类学、经济学等多个学科的知识，从理论上将人提高到了前所未有的地位，而在20世纪80年代，“Z理论”的提出则从实践领域表明了重视人的必要性。

20世纪80年代，面对日本经济发展的咄咄逼人，日裔美国学者威廉•大内对美日两国的企业进行了比较研究，最终他将更为先进的日本式管理归纳为“Z理论”，其核心要素包括：上下一体的管理，应让普通员工参与决策，反馈信息；基层管理者对基层问题能够放手处理，中层管理者则承上启下，做好高层管理者与基层之间的沟通；长期雇佣员工，以增强其安全感和归属感；关心员工的福利；优化工作环境；坚持全面而持续的考核等。

从“Z理论”的核心内容，我们可以看到，Z理论较少涉及流程规范及控制，而是集中在以人为中心上。在理论和实践领域的推动下，管理中一股重新发现人的思潮迅速席卷了整个世界，传统的2.0管理也终于升级为3.0管理——人本型管理。

与科学管理相反，在人本管理中，管理者尊重员工、关爱员工，尽可能与员工沟通，以及让员工反馈意见，参与决策等，在这种情况下，员工的归属感、安全感、成就感等心理需求得到了较好的满足，因而更有可能增强其责任感，激发其主观能动性、创造性，最大程度发挥个人潜力。如果说在科学管理的模式下，员工发挥的是体能上的潜力，而且这种高强度、长时间的发挥并不可持续，那么在人本管理下，可谓“士为知己者死”，员工的潜力发挥不仅来自体能，更来自脑力劳动，可以说，在需要创造性劳动的知识经济中，科学管理寸步难行；在需要美好精神的服务经济中，科学管理也往往难以产生好的效果。在之前我们提到的统计数据中，企业中发挥潜力的员工数量不到20%，这背后有许多方面的原因，但是，人本管理的缺失，无疑是其中非常重要的一个原因。而反观一些优秀企业，比如华为的成功，很大程度上在于“以奋斗者为本”，而德胜洋楼、固锝电子之所以成功，也要相当程度上归功于人本管理，正是在人本管理的激励下，员工的潜能得以发挥，企业得以持续高速成长。

那么，什么是人本管理呢？所谓人本管理，就是在管理中以人为中心，一切围绕人而展开，其核心要素可以大致概括为：

（1）尊重人。作为人，存在最起码的尊严，人本管理必须做到尊重每一个人，尊重其作为主体，而不是客体的地位。这就意味着，不同层级的管理者和员工在人格上是平等的，而在员工不经意间犯错时，采取的往往不应该是责骂，而应该是鼓励。

（2）依靠人。在科学管理中，企业发展的资源要素被概括为土地、资本、原材料、劳动力等，但劳动力资源的提法意味着将人视为一种较为低端的资源，不是企业发展所依靠的对象，因而员工的潜力往往被压制，而人本管理则强调人在企业发展中的重要性，在管理中要依靠员工，信任员工，积极授予他们权利。

（3）满足人。企业应考虑到员工的各种需要，积极创造条件予以满足。包括但不限于具有竞争力的薪酬福利体系、畅通的人才晋升渠道、丰富的员工培训、良好的内部人际关系、富有一定挑战性的工作等，以激发员工的积极性、创造性、自觉性和能动性。

（4）为了人。人是目的而不是手段。发展的目的是为了人，为人服务。企业的发展目标并不完全是为了利润，更不是为了利润而忽视员工的需求，相反，企业创造利润，是为了更好为自己的利益相关者进行价值回馈，其中就包括员工。

从上面这些要素来看，人本管理“看上去很美”，的确，在人本管理理论产生之初，不少学者为之欢呼雀跃，从科学管理的压抑氛围中，我们终于再一次发现了自己，终于能够告别人性黑暗的假设，迎接更为阳光和美好的我们。那么，是不是只要做到人本管理，所有与人有关的管理问题便烟消云散呢？

答案无疑是否定的，从实践层面而言，如果人本管理确实能承载我们如此厚重的期望，那么，就不会仍然存在管理效率低的问题，就不会有那么多的企业不到5年迅速夭折。在人本管理如此振奋人心的情况下，我们仍然不得不提醒：人本管理存在相当大的局限性。这主要表现在以下这些方面：

（1）内涵模糊。关于人本管理中的“人”如何界定的问题，并没有得到较好的解决。在现有的绝大部分研究中，“人”往往局限于员工，那么，管理者、投资者、顾客等群体，它们属于“以人为本”的范畴吗？如果是，在范围那么宽泛的情况下，如何处理好这些群体之间的关系问题呢？如果不是，那所有的员工都应当纳入以人为本的范畴吗？华为的提法是“以奋斗者为本”，而在不少宣扬要以人为本的公司中，由于人本管理内涵的模糊性，人本管理的执行往往表面化，最终沦为空泛的口号。而空泛的口号往往是有害的，因为它可以被各种人作为旗号，进行损人利己的勾当。

（2）部分情况下不适用。从人本管理的主张来看，它主要依据的是人性论中的“性善论”，但人性往往是复杂的，它是动物性和神性的统一，因此很可能部分是魔鬼，部分是天使，如果单纯依靠人本管理，人性中向善的那部分固然得到发扬，但对于魔鬼部分，人本管理的作用值得怀疑。

（3）以自我为中心。人本管理看到了“人”，但是如上所述，“人”的内涵不清楚，“人”就可能被理解为或者被实践为“我”、“我们这些人”、“我们人类”，于是就容易忽视更多的联系和更大的整体，出现本位主义问题，其具体表现包括：一是“个人本位”，就是个人为中心、个人利益至上，甚至极端个人主义。二是“局部本位”，这个局部，包括本企业、本民族、本国家、本部门、本山头、本派别等。“局部本位”就是忽视全局利益和整体利益，甚至将局部利益凌驾于全局利益之上。三是“人类本位”，就是人类中心主义，将人类视为万物的主宰，可以肆意掠夺、利用和践踏整个自然。

因此，企业的人本管理往往容易局限于员工或者内部人员，较少有企业将其扩展到外部的社区、自然环境等，因而在强调人本管理的过程中，人的主体性得到了加强，但在人本管理的理念下，人作为一个整体，自我中心视角得到不断加强，因而在自然的对立面上，越走越远，人对自然，依然存在掠夺和破坏，雾霾与温室效应的加剧，水资源、土地资源的被污染，这些都是断绝我们子孙后路的事情，但我们依然在做。可以说，人本管理最大的局限性在于没有从理念上解决人与人、人与自然的关系问题。

因此可以说，人本管理最大的问题在于忽视并破坏了人与自然之间的联系。它所强调的人本是狭义的以人为本，实际上是中国传统以人为本的思想在西方世界非此即彼的二元对立的思维方式和文化传统影响下发生变异了的狭隘的人本主义思想。随着西方经济与文化的强势传播，这种思想对世界各国文化造成了严重的影响，由于这种影响，中国文化传统中的人本主义思想被忽视、掩盖和扭曲。

与西方文化相比，以人为本是中国文化最基本的精神，也是最鲜明的特征，是中华民族对人类文明的一大突出贡献。西周以后，中国逐渐确立了以人为本的文化精神，倡导人与人，人与自然的和谐。相比之下，西方在公元一世纪以后确立了以神为本的文化，这以基督教为代表。直到欧洲启蒙运动时期，西方才扛起人本主义的旗帜，高喊出“不要做深的奴隶，而要做人自己”的口号。启蒙运动的思想来源之一是古希腊罗马文化，然而更加重要的思想来源则是十六世纪以后通过西方传教士从中国引进以人为本的文化精神。由此，人从神那里得到了解放，主体性、能动性、独立性被释放出来了，因而具有了更大的能量，但不幸的是，由于西方世界崇尚二元对立的思想方法，以人为本的思想在西方逐步变异，甚至演化为人类中心主义、极端个人主义和科学主义，进而使人沦为物质的奴隶。

所以，西方的以人为本与中国传统的以人为本大相径庭。在以儒家为主流的中国传统文化中，对神可谓敬而远之，“子不语怪力乱神”，“大学之道，在明明德，在亲民，在止于至善”，可以说，中国家庭和社会运行更多依靠的是道德伦理的自觉和自律。决定人的命运的根本因素是人，是人的德行，而不在于外在的财富、权力等，那么，如何实现这一状态？那就是自我管理，自我管理是中国以人为本思想的重要内容，其根本在于修身养性。

修身养性的核心在于：以天地为榜样，向天地学修行。这就是中国文化中又一个非常重要的传统：以天为则。从逻辑上讲，这也是以人为本思想的延伸和应有之义。孔子说“大哉！尧之为君也，巍巍乎！唯天为大，唯尧则之”，道家“道法自然”强调的也是尊重天地万物的客观规律。“天人合一”，其本质是“天人合德”。人道效法天道，要努力做到“德配天地”。

人不仅要向天地万物学习，不仅与之“合德”，而且要与之“和谐”。不能狂妄自大，企图成为天地万物的主宰，而要尊重自然，顺应自然。如此，中国的以人为本的人文精神结合了“以天为则”与“天人合一”的思想，这才是我们要追求的人本主义。在管理领域，这种追求集中体现在我们接下来要阐释的“生命型管理”和“生命型企业”。

总体来说，从西方历史的演进来看，中世纪时期，人性被神权压制；工业革命以后，在科学管理的笼罩下，人性依然被压制；在人本管理产生后，人性终于获得了释放的空间，个体能动性也得到了一定的发挥，这是管理上的一大飞跃，也是整个社会的进步。但就人本管理的局限及现实应用情况来看，就国内最优秀企业的管理状况来看，虽然人本管理仍将经历长期的发展，但它绝然不是管理的终极阶段，新的管理4.0阶段也将逐渐来到，那就是生命型管理。认识人本管理的诸多局限，并不在于否定人本管理，而在于更好的应用人本管理，更好的将管理提升到生命型管理。某种意义上讲，人本型管理是以人为本，生命型管理是则是以道为本，道法自然，终极追求是天人合德，天人合一。

生命型管理：以道为本

“人法地，地法天，天法道，道法自然。”这是老子的《道德经》中的一句话，它的意思是：人类根据大地的变化规律而展开生活作息；而大地则依据上天而气候变迁，养育万物；上天则依据万事万物的运行法则而进行变化；这种法则最终依据的是自然规律。它表明的是：个体必须尊重相应的客观规律，对于人来说是如此，对于企业来说，也是如此。

那么，企业的发展应该依从什么规律呢？很多人的第一反应是市场规律，固然，企业发展是应该遵循市场规律，而且在将企业仅仅视为利润工具的情况下，市场规律是企业唯一需要遵循的规律；但是，企业真的就是利润工具吗？企业作为人组成的系统，就不会有思想和灵魂吗？

在更高的层次上，我们完全有理由，并且应该将企业视为生命，因此，企业的发展，必须遵循生命运行和发展的规律。那么，这种规律究竟体现在何处？

（1）生命具有系统性。生命，在常人眼里，是芸芸众生，千姿百态。但在科学家的眼中，它们却是富有层次的生命系统。从微观的原子水平到宏观的群体水平，都属于生命系统的不同范畴，有着不同的物质和结构基础、发展和变化规律。而且，生命系统不仅具有纵向上的层次性，也存在横向上的协作性。而横向的协作性是以联系性为基础的。生命的本质在于联系，生命就是联系的总和，或叫关系的总和。没有联系就无所谓生命，失去联系终将失去生命。以人而言，人可以分为八大系统：运动系统、神经系统、内分泌系统、循环系统、呼吸系统、消化系统、泌尿系统、生殖系统。这些系统之间相互分享，相互协作，正是在它们的密切配合之下，人作为一个整体得以保持和谐，并且与外界构建各种关系，保持种种联系，不断地进行着物质、信息、知识、思想、精神、情感、能量的交换，才使得生命得以与外部世界保持适应与和谐。正因为如此，科学家将生命系统定义为：能独立与其所处的环境进行物质与能量交换，并在此基础上实现内部的有序性，实现发展与繁殖的系统。

（2）生命具有进化性。从整个生命的演化历程来看，之所以整个自然呈现出如此丰富多彩的生命，这是因为：过去的38亿年，生命在始终不断发展，不断完善，不断根据环境变化而调整自我。在生命的进化过程中，环境是最大的仲裁者。以恐龙为例，在大约2.5亿年前，恐龙产生，在之后的时间里，恐龙不断进化，无论在陆地，海洋，还是天空，恐龙都是名副其实的霸主，但在地球环境发生剧烈变化后，以恐龙为代表的许多物种在进化上并没有做好适应的工作，因而绝大部分灭绝。在这样的淘汰方式下，生命通过进化而产生新的性状，甚至发展出新的物种。

（3）生命具有目标性。生命的目标性，从低层次而言，是为了生存下去，生命的许多行为而围绕这一目标而展开，甚至有学者认为：生命存在的唯一目标，就是为了生存繁衍。这种说法具有一定的合理性，但是，越是高等的生命，越不仅仅是为了自己的活着，而存在超越食物等物质之上的其它目标。在长尾猴争夺地盘的战争中，往往有一些担任哨兵的猴子，它们在敌人进犯时大声嘶教，从而警戒同伴做好准备，即使这样会大幅增加其自身的危险，如果有人说这是长期协作之后的本能，或者说是保护后代或者种群需要，仍然不够的话，那么，大雁对于受伤同伴的持续照顾，大象让人动容的葬礼，狗对于主人的不离不弃，鸳鸯与配偶的相濡以沫，这些都充分表明：动物并不是行尸走肉，其行为的宗旨并不完全是繁衍生息，精神情感也不是人和动物的区别所在，动物，包括人类，都有自己的喜怒哀乐，都有自己的精神情感，只不过，人类作为高等动物，在这方面表现更为丰富而已。

可以说，生命的系统性和进化性是生命存在的基本保障，没有系统各成员的相互协作，生命将瞬间瓦解，没有38亿年时间的不断自我更新，生命将灰飞烟灭，生命的目标性则是生命前行的动力，它在生命发展到一定阶段后，不断丰富着生命本身。在意义感的驱使下，人类的精神情感世界得到前所未有的张扬，诗和远方成为我们的不懈追求，我们的情感，我们的价值，我们的文化，乃至所有的我们，都得到了发展。

对于生命型企业来说，学习的正应该是这种生命的系统性、进化性和目标性，也就是说，以生命的视角来经营企业，将企业视为生命。

对企业而言，生命的系统性启示在于：一方面，将企业内部视为一个生命系统，推动员工、管理者等群体之间和谐关系的建立；另一方面，将企业外部视为一个生态系统，也即更宏大的生命系统，进而构筑尽可能多的高质量联系，与外部群体进行分享互动，最终与竞争者、供应商等外部群体建立和谐的外部关系，获取更多更好的资源，从系统性中，生命型企业可以学习到的是分享、联系、资源、和谐等理念。

生命的进化性启示在于：企业应该改变对过去产品、过去发展模式、经营管理信条的依赖，积极以创新适应市场环境，甚至改变市场环境。苹果手机成功的关键，很大程度上便在于其创新性。

生命的目标性启示在于：企业不是利润的工具，或者仅仅是利润的工具，在利润之上，企业应该有更高远的追求。事实表明：有更高追求的公司，往往在绩效上表现得更为卓越和可持续。

总体来说，生命系统运行和发展的规律为我们的管理提供了诸多借鉴，要提升我们的管理，就必须要学习这种规律，推动企业的和谐、创新与使命感，推动生命型企业的创建和发展。

管理的1.0到4.0体现了管理的螺旋上升规律，每一个新阶段的管理都是对前一个阶段的扬弃而不是简单地抛弃，而4.0阶段的生命型管理则是对经验型管理、科学管理和人本管理的综合，它综合了这三种管理模式的长处，并站在系统论高度上对企业和人进行了全新定位，有助于我们从更长远的角度实现个人、企业、社会与自然的共同发展。

必须指出的是，对于经验型管理、科学管理和人本管理，并不存在谁对谁错的说法。管理1.0到管理4.0是一种超越，而不是抛弃，2.0是对1.0的扬弃，3.0是对2.0的扬弃，管理层次的上升，是对过去基础的一种传承，在这种传承基础上的进一步升华，即使是生命型管理，它也必须以人本管理和科学管理为基础，也不能完全排除经验型管理的因素，实际上也无法排除经验性因素，而且，在管理实践中，我们要不断从经验中汲取更高层次管理理论与实践的养料，好的管理往往是一种综合性的应用形态。

某种程度上，管理1.0到4.0是企业发展到一定阶段的产物。因此，断然不能完全肯定哪种管理，或者否定哪种，虽然它们在层次上有一定分别，但这并不代表更高层次的管理模式在任何情况下都优于较低层次的管理模式，比如对于小微企业尤其是初创阶段的小微企业来说，往往经验型管理就是最优的管理模式；对于制造企业来说，科学管理则必不可缺；而对于软件开发等高技术含量的公司来说，人本管理地位则举足轻重。也就是说，我们倡导根据企业实际情况，积极实现不同管理模式的结合，在条件具备的情况下，推动管理向更高层次前行，而且，如果有可能的话，应该自觉地，着力地为企业管理建立较高的起点，包括树立和践行生命型企业的理念、方法与策略。

值得一提的是，世界上的企业千千万万，其命运也呈现不一，但归根结底，企业的命运可以分为四种：昙花一现、芸芸众生、平安长寿、基业长青。具体如图5-1所示。

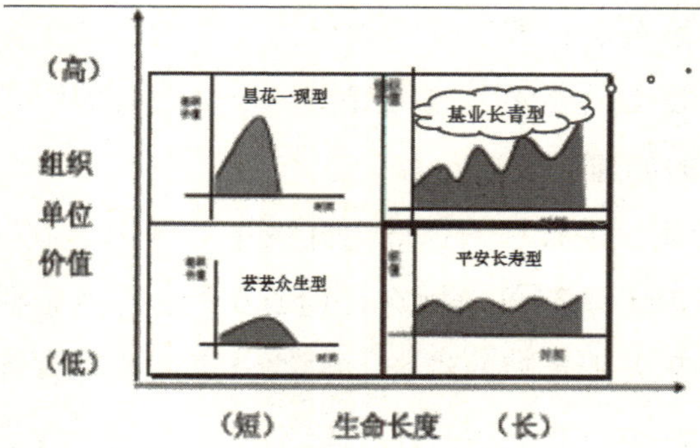

图5-1　企业的四种命运

昙花一现型企业在现实生活中较为常见，它们往往一时之间气势如虹，迅速在市场上取得声望，短时间内实现爆发式增长，但最终体力不支，轰然倒塌，可谓“眼看它起朱楼，眼看它楼塌了”。比如秦池，借助1995年的央视标王效应，此前默默无闻的它红透了整个中国，但它在1996年故技重施，以3.2亿元的高价再续央视标王，由于质量问题、成本问题，最终走向破产。

与昙花一现型企业不同，芸芸众生型企业没有辉煌的成功，当然也谈不上辉煌的失败，它们活着，也仅仅是活着而已。在现实中，绝大部分的中小企业都属于这种类型，轻轻的它们来了，轻轻的它们走了，不带走一片云彩。

平安长寿型企业虽然没有较高的绩效，增长也并不那么明显，但它们在相当长的时间里，在某一领域内精进专注，成为该领域内的佼佼者。在欧洲，许多企业有着上百年的历史，比如瑞士的一些钟表作坊，意大利的一些皮制品加工企业，它们心无旁骛，默默无闻，我自岿然不动，任尔东西南北风。

基业长青型企业则一方面生命恒久，另一方面始终稳定增长，表现出了卓越的绩效。比如成立于1911年的IBM，在一百多年的时间里不断成长，即使是好几次金融危机，也没能阻碍它成长为全球最大的信息技术和业务解决方案公司，2015年的世界500强中，IBM名列第44位。

不得不说，依靠管理1.0、管理2.0与管理3.0，我们很难打造一家基业长青型企业，对于中国企业来说，想要实现基业长青，必须依靠管理4.0，将企业作为生命体，从生命系统的角度看待企业，遵循生命的规律要求来建设和运行企业，让企业绽放出生命的精彩，活出生命的意义。

2.道法自然，生命型组织运行机理

德国著名管理学家马利克曾表示：管理就是资源向着价值的转换。那我们不禁要问，资源从哪里来？资源来自联系，也就是来自我们与周围构筑的各种关系，对企业而言，这种联系主要是后天的，其发展情况也将主要取决于这种联系的好坏。既然联系那么重要，我们不禁要问：这种联系从何而来呢？答案是分享，只有借助持续的分享，企业才能与员工、管理者、投资者、顾客等群体构筑良好的关系，当然，这其中的逻辑是：分享产生信任，信任产生合作，合作意味着彼此的承诺与投入并形成共赢，共赢带来和谐，和谐带来持久的良好联系。分享的具体内容，则是由我们所能整合到的资源转换出来的价值，因此，围绕分享、联系、资源和价值，形成了如图5-2的生命循环结构图。

图5-2 生命循环结构图

在这个循环系统中，转换、创新、和谐的作用也至关重要。转换是整个系统运行的基础，没有转换，不仅资源无法变成价值，价值到分享，分享到联系，以及联系到资源都无法实现。创新是推动整个循环以更高效率运行的核心力量。无论是从分享到联系，从联系到资源，还是从资源到价值，从价值到分享，都不同程度上存在着创新力量的推动，没有创新，就不会有互联网，不会有分享经济，不会有众筹，这些都是更高效率循环的组成部分。而和谐则体现为整个循环系统平稳运行的状态，也就是说，借助上面的循环系统，所有的参与者完成了资源交换和价值生成，并形成相互协作、共同发展的良性互动关系。

分享——生命之种

分享，是生命之种。这里的“种”有两个含义，一是种子的种，二是播种的种，前者是名词，后者是动词。按照佛法思想，我们所说的每一句话、所做的每一件事、所存的每一份心，都是为自己的命运种下一粒粒种子，从而形成个人的“种子库”，种子推动业力，业力造就命运。可见：分享，如同播种，种瓜得瓜，种豆得豆，种什么因，得什么果。人与组织，命运都是自己种出来的。分享，作为实在而具体的行为，既是精神境界、道德格局、理想情怀的刻度，更是生命连接、生活空间、“大我”“小我”的尺度。

从环境中获取各种资源，通过内在机体的转化，生成和创造价值，将价值分享给环境中的其它生命主体，借助这种分享，分享者与外界建立了丰富多样而又强大的联系，这种联系反过来又回馈分享的主体，为其提供各种各样的资源，生命系统由此良性循环。可以说，这是任何一种生命存在的基本方式。

对作为万物之灵的人来说，分享更是一种无比宝贵的高尚品质。“爱人者，人恒爱之”（《孟子•离娄章句下》），什么是爱？爱就是对人的关爱，对人的分享，这种分享不仅包括利益层面，也包括精神层面和情感层面。只有分享，才能让已有的联系得到加强和优化，才能构筑数量更多、质量更高的联系。

在中国传统文化中，分享精神得到了高度的重视，甚至可以说分享是儒家思想的核心所在。孔子认为“人而不仁，如礼何？人而不仁，如乐何”，强调“里仁为美”，那什么是仁呢？所谓仁者爱人，由此可见，仁就是爱，而爱就是给予，给予就是分享。

按照儒家经典的说法，仁的思想内涵包含两个字，就是忠恕。所谓忠，就是“己欲立而立人，己欲达而达人”，也就是：己所欲，先施于人；所谓恕，就是“己所不欲勿施于人”。前者的实质是分享，后者的实质是分担，分担实际上是分享的延伸。按照分享对象的不同，仁表现为很多形式，与父母分享，那是孝；与兄弟姐妹分享，那是悌；与朋友分享，那是义。总之，分享是维系一切社会关系的基础。

如果说儒家学说以仁为核心，那么佛家思想则以慈悲为核心，所谓慈悲为怀，普度众生。慈，指予他人以快乐，这既包括物质上的，也包括精神上的；所谓悲，指解除他人的痛苦，这在本质上与“慈”一致。因此，慈是分享，悲是分担，本质上都是分享，都是增加欢喜。在大乘佛教中，慈悲和智慧被视为最高的法门。慈悲、智慧、分享实际上是一脉相传，一体三面。佛教意义上的智慧，即终极智慧，也叫辨识智慧，指的是一种认知一切事物和万物本源的能力和境界。《大智度论》卷四三：“般若者，一切诸智慧中最为第一，无上无比无等，更无胜者，穷尽到边。”因此，般若智慧是认识世界达到一定高度之后的境界。慈悲，则是对待世界的悲悯的情怀，是对待这个世界的态度，它以般若智慧为基础。佛经当中，慈悲被称为“万善之基本”。那么，将般若智慧和慈悲情怀呈现出来，落到实处的是什么呢？肯定是实际的和具体的行动。这些行动中，最基本、最重要的当属布施，佛家“六波罗蜜”中，首当其冲的就是布施，其次才是持戒、忍辱、精进、禅定和般若，般若既是前五项修炼追求与达到的境界，又是一项修炼法门。布施，包括财布施、法布施和无畏布施，其实质就是物质利益分享和精神利益的分享。所以说，从般若、慈悲到布施、分享，本质是一回事，是参透、放下、拿起和担当的一个逻辑链条。

在先秦时期，墨家还提出了著名的“兼爱”思想，对儒家的仁爱思想进行了延伸，强调“不独亲其亲，不独子其子”，“天下兼相爱则治，交相恶则乱”，在墨家看来，分享不能仅仅止于家人和朋友，应该延伸到陌生人，甚至自己的仇敌。

在以基督教为主导的西方文化中，分享也被视为极大的美德，这从西方的博爱精神就可见一斑。所谓博爱，就是与所有人分享，包括自己的敌人；与所有生命分享，包括大自然的一草一木；与所有的事物分享，包括整个宇宙。它包括三个方面：首先，上帝是爱人的，他不忍人因为原罪而永受苦难，于是便有了耶稣为了替人类赎罪，而被钉在十字架上的事迹；其次，因为上帝爱人，作为回报，人理应爱上帝，这样，人和上帝之间就有了分享；最后，虽然人没法直接与上帝分享，但我们每个人都是上帝的子民，因此，只要与其他人分享，便相当于与上帝分享，这正如《马太福音》中所提到的：你们不愿意人们恨你们，愿意人们爱你们，那么你自己首先要做到爱人，而不是恨人。不管朋友也好，敌人也好，都是上帝的儿子，对仇敌也不能恨，也要爱他们。

现代学者对分享进行了科学研究，根据《大连接：社会网络是如何形成的以及对人类现实行为的影响》，从人类早期的进化历程来看，只有擅长合作与分享的个体才能生存下来，在地球上延续自己的基因。我们镶嵌在社会网络上，必须与他人合作，在这种合作中，自利并不总是有利可图的，与那些只关心自己的人相比，那些乐意帮助别人的个体，生存下来的可能性更大。因此，利他与合作是“网络人”的天性，换句话说，人是社会关系的总和，而社会关系的维系则有赖于利他与合作，有赖于分享，没有分享，社会关系将随之解体，最终对个体以及整个社会造成巨大的负面影响。①

《念力的秘密Ⅱ》则列举了许多例子来表明：在分享过程中，人体会产生相应的化学物质，这会让我们感觉良好，同时会有助于延年益寿。比如普林斯顿大学的心理学家乔舒亚•格林和乔纳森•科恩认为：当我们遭遇或者想象有人受害时，大脑中与关爱有关的神经元网络会发亮，而在母亲注视自己孩子的时候，这一部位也会发亮；加州大学伯克利分校心理学教授达谢•凯尔特纳的研究表明：在个体行善时，心跳速度会降低，神经会放松，还会分泌更多的催产素，这有利于人体的健康，而对于婴儿而言，催产素是增强母子感情的重要激素。②

以企业而言，要想营造一个生命型企业，领导者必须首先具有分享的精神。华为的成功固然是近二十万员工集体奋斗的结果，但是，如果用两个字表达华为成功的秘诀，这两个字就是：分享。没有让出98.6%股份这个伟大的分享行为，就不可能有伟大的华为；而没有乔布斯“活着就是为了改变世界”豪情壮志般的分享精神，也就不会有今天的苹果。领导者是否分享，以及分享到什么层次，直接影响到基层员工的心性水平，进而影响到基层员工的绩效水平，影响到整个企业的发展水平。

在企业内部，分享是激发员工潜力的重要途径。生命型企业成功的关

①尼古拉斯·克里斯塔基斯（古乐朋）：《大连接：社会网络是如何形成的以及对人类现实行为的影响》，北京，中国人民大学出版社，2013。

②琳内·麦克塔格特：《念力的秘密Ⅱ：发挥念力的蝴蝶效应》，北京，华夏出版社，2012。

键在于最大程度上发挥员工潜力，而不是有大量的资本，或者是土地、原材料、政策或其它。传统企业往往将员工当作获取利润的工具，甚至是压榨和剥削的对象，将员工仅仅视为劳动力，那会得到员工怎样的回报呢？最多不过是一丁点可怜的体能罢了，而大量的知识和经验则被浪费。而分享则能唤醒和激发员工的责任感、使命感，以至自主性、能动性、想象力和创造力，从而为公司贡献知识，贡献美好的精神，产生知识资本和精神资本。

在企业外部，分享则会赢来外部利益相关者更多的信任，以及在信任基础上的更多投入，所谓众人拾柴火焰高。壳牌公司，一个有着百年历史的大型跨国企业，全球员工不过十来万人，但仅仅是这些人，便支撑了其在全球100多个国家和地区的所有业务，事实上，在这十来万员工的背后，是上百万，乃至上千万的利益相关者，这包括采掘、运输、经销等领域，没有壳牌和他们的分享，没有他们对壳牌的信任，就不会有这样一个卓越的壳牌。

联系——生命之源

联系，是一切生命的源头。碳氢氧氮磷硫是组成生命的六大主要元素，但它们本身并不是生命，而只有当它们以某种方式结合到一起，组成为一个特定的结构时，才能成为一个生命体。从这个意义上讲，联系才是生命之源。任何一种元素，甚至任何一个人，其独立的存在，都不能成为真正意义上的生命，这正如马克思对人的定义：人是社会关系的总和。不与外部世界发生联系的生命，就不是真正的生命，即便曾经是，亦终将枯萎，人如此，组织亦是如此。生命因联系而生成，因联系而改变，而被塑造，更因联系而强大和繁荣。

彼德•圣吉曾表示：“中国的传统文化中，仍然保留了那些以生命一体的观念来了解万事万物运行的法则，以及对于奥秘的宇宙万物本原所体悟出极高明、精微和深广的古老智慧结晶。”[①]可以说，这种万物一体的系统

①彼得·圣吉：《第五项修炼——学习型组织的艺术与实务》，上海：上海三联书店，1998。

观，深深扎根于中国的传统文化中。

儒家方面，孔子曾提出“七十从心所欲而不逾矩”，这种状态，正是一个人在道德与智慧均达到相当程度的情况下，在人与人之间，在人与自然之间，游刃有余，行走自如的状态，到了汉代，这种哲学思想直接被董仲舒发展为天人合一的哲学思想体系。此外，儒家“以时入山林”式的自然保护理念，也是其天人合一观念的全面体现。

道家则更早，且更为明确地表现出了这种智慧。庄子直言“天地与我并生，而万物与我为一”，这表达了人与自然宇宙完全没有界限的状态。而在万物间的关系上，道家主张一切均源于“道”，所谓“道生一，一生二，二生三，三生万物”，基于这种渊源关系，整个宇宙当然是一体的，它们统一于“道”，而且按照“道”不断繁衍生息。

如果说在儒家和道家的理论中，在天人合一体系下，个体的自我意识并没有消失，但在佛家所倡导的“无我”追求中，将个体与周围万物相区别的界限都消失了，无论是世俗名利，还是自身的肉体，《金刚经》所谓的“无我相，无人相，无众生相，无寿者相”，即是提倡个体完全消解，从而达到寂静无我的状态。

事实上，万物一体的理念不仅体现在传统文化中，在社会学、生态学、宇宙学领域也已经得到了验证。

社会学方面，根据哈佛大学心理学教授Stanley Milgram所提出的“六度分隔”理论，虽然整个地球上超过70亿人，但任何两个陌生人的间隔，不会超过6人，即最多只要6人，就能让两个陌生人相互认识，这也充分表明了我们所居住的不过是一个地球村，而在技术的推动下，交通及通讯工具的日益先进，这个世界就变得更小了。

生态学方面，我们熟知每个物种都处在一个食物链中，处在一个生态系统中，而整个地球则是最大的生态系统，在这个系统中，任何两个看起来不相干的物种都有可能发生联系。我们生活着的这个地球，正是一个万事万物相联系的地球，南极的冰川融化，可能让千里之外的居民流离失所，亚马逊雨林一只蝴蝶翅膀偶尔振动，也许两周后就会引起美国得克萨斯州的一场龙卷风。

宇宙学方面，我们已经知道，地球不是宇宙的中心。地球的发展和演化，和太阳、月球等其它宇宙成员有着密切的关系，太阳黑子的爆发，会影响到地球的降水量、通讯，甚至经济周期，一颗小小的陨石，就能造成地球上大量物种的灭亡，包括统治地球上亿年的恐龙，我们的生活，与整个地球，乃至整个宇宙，息息相关。

应该说，这种宇宙一体，不正是我们上面所归纳的生命运行与发展之系统观的体现吗？对企业来说，要想基业长青，就必须效法这种系统观，以系统的视角看待周围的万事万物。

对一个企业来说，情况同样如此，按照最简单的方式，我们可以将企业分为内部和外部，企业内部包括管理者和员工，外部则包含顾客、股东、供应商、竞争者等其它群体，管理者、员工、顾客、股东、供应商、竞争者等构成了企业生存的系统。这个系统就是企业长期以来的所作所为、所说所言、所思所欲而形成的“种子库”所推动的“业力”系统，就是企业的命运所在。企业生命中的一切的境遇、故事、恩怨情仇、兴衰成败，无论是昙花一现，抑或是基业长青，都取决于这个系统。要改变命运，我们就得改变这个系统的结构，要改变结构就得改变我们的身与意，改变我们的言论、行动和起心动念，根本在于起心动念，在于我们做企业的动机，让动机往上提升，让我们的心连接更宏大的系统，念及更多的众生。

对一个系统来说，看到、想到、关注、重视并自觉地去构建、激活和加强内部各个方面，以及内部与外部相关方面的联系，无疑至关重要。看到更多的联系，也就看到更大的整体。生命型企业更是如此，它以这种整体联系的视角构筑企业的整个生态系统。在阿里•德赫斯的《长寿公司》一书中，作者将生命型企业的重要特点之一总结为：同内部与周围的人和机构的关系（生态性）。他认为在世界上所有的物种中，人类的进化程度是最高的，其次则是鸟类家族的一些成员。[①]按理说，这些鸟类出现较晚，并没有太多的时间完成进化，但为何他们能在进化榜上雄踞第二呢？作者以下面的例子进行了说明。

①阿里 · 德赫斯：《长寿公司——商业“竞争风暴中的生存方式”》，北京，经济日报出版社，1998。

在本世纪初英国的牛奶运输系统中，瓶装的牛奶是不加瓶盖的，因此被山雀和红知更鸟觊觎，久而久之，这两种鸟类就学会了如何从瓶口吸食牛奶。但在二次世界大战之间，牛奶瓶口被加上了铝箔，在这之后的几年间，英国所有的山雀都学会了怎么刺穿封口，而红知更鸟则没有集体学会本领，即使偶然有一只学会，其它的仍然没有学会。按理，这两种鸟类在智商上相似，生活区域一致，但为什么会有这样的分别呢？

从生活方式而言，山雀过的是家庭式的群居生活，上百只山雀时常集体活动，而相比之下，红知更鸟的“圈子”则小很多，他们有固定的领地，雄性不允许其它同类进入其领地，因此，既然偶然有一只学会了如何刺穿奶瓶封口，其它的也依然不会。

从山雀和红知更鸟的案例中，我们可以看到：联系紧密的物种，整体学习能力更为优秀，在创新和进化上也更为突出。生命型企业也是如此，企业内外部群体联系紧密，因此促进了不同资源间的流动、整合与再创造，管理者和员工的潜力得到了最大程度的发挥，其它群体也得到了相应的提升。

资源——生命之本

“本”的本义为草木的根，与末相对，其重要性显而易见。所谓无本之木，一是不可能存在，二是即便是已有的草木，如果去其根系，其生命亦难以为继。如前所述，联系对于生命如同水之源头，然而，如果没有碳氢氧氮磷硫的存在，何谈联系？如此，生命又从何而来？生命的价值又凭什么去创造呢？没有价值又何谈分享呢？没有分享又怎样去构建有效的联系呢？而如果联系丧失，生命终将消逝。

对于人和组织这样的生命体，其存在和发展所需要的资源包括六个方面，也就是六大资源。从经营角度，我们将它们称之为六大资本，即：精神资本、情感资本、知识资本、行为（习惯）资本、社会资本和思想资本。六大资本是企业立身之本，是客户价值乃至一切价值之源，是企业组织生命力之源。

在现实中，许多企业都致力于优化自身资源，但是，哪些资源才是企业最应重视的资源？不得不说，在这个问题上，许多企业的认识还停留在相当久远的年代。

在农业社会以及更早的时间里，整个生产活动停留在最为简单的阶段，最为重要的资源莫过于土地，土地关乎着最广大人民的生计，也关乎着国家的存亡兴衰。从历史上看，每一个大一统封建王朝的覆灭，都与土地的过度集中有着重要的关联。进入到工业社会后，大规模的生产活动如火如荼，传统的土地资源仍具有一定的重要性，但劳动力和资本（金钱）则得到了重视，尤其是资本，获得了前所未有的话语权。

现在，我们已经处在了一个新的时代，按照琳达•格拉顿的说法，一个组织最需要的是三大资本：知识资本、精神资本和社会资本。没有这三大资本的经营和积累，在这样一个知识经济时代，在这样一个互联网经济时代，企业就不可能实现基业长青。

知识资本指的是基于自身的知识，发现、研究并解决问题的能力，是对事物发生和发展规律的一种了解、掌握和运用。1990年，普拉拉哈德和哈默尔首次提出了企业核心竞争力理论，他们认为：企业核心竞争力在于积累性学识，尤其是协调不同生产技能和整合不同流派的学识。从这个角度出发，知识资本构成了企业核心竞争力的重要源泉。

精神资本指的是一种精神资源，包括使命、愿景、价值观等精神心理因素，它有助于我们将资源更好的用于事业的发展。精神资本是人的主观能动性的集中体现，没有精神资本，就不会有中国共产党“小米加步枪”式的经典胜利。对于一个企业来说，其企业文化是精神资本的集中体现，没有“以奋斗者为本”的企业文化，就不会有无数华为人不畏艰苦，争相奔赴海外的事迹，也不会成就华为的今天。

社会资本指的是不同主体之间由于相互信任、依赖、合作、支持而形成的一种关系资源，它对于个人、企业和国家，以至整个人类均具有重要意义。有学者对社会资本进行研究后指出：国民之间的相互信任水平越高，国家的经济（社会）发展水平越高；企业方面，小米手机创立仅6年，估值就能达到450亿美元，它之所以短时间内声名鹊起，也相当程度上在于它所精心构筑的米粉团，以及最优零部件供应商体系；个人方面，所谓三个好汉一个帮，每一个人能成就多大的事业，取决于他能赢得多少人的支持。

除了上述三大资本之外，从组织运行全链条和全要素的角度，根据我们的研究和归纳，还有三种资本对于组织而言是必不可少的。这三种资本分别是：情感资本、行为（习惯）资本和思想资本。

上面所讲的精神资本实际上是狭义的精神资本，广义的精神资本应包括情感资本。情感资本与狭义的精神资本既有联系，又有区别。情感资本，指的是个人或者组织的情感、情绪、心态、心境等心理因素的综合状态。情感，是指人的利益是否得到满足的一种心理体验。因此，情感是人与人之间互动的结果，是互动所带来的心理体验。利益实现，则体验良好，体验好，则带来良性互动，进而带来美好的情感联系，美好的情感联系又反过来促进彼此互动的良性循环，带来认可、理解、信任，以至忠诚，继而带来积极、自觉的支持、配合、协同、合作，以及相应的承诺投入，进而带来互利共赢，和谐共生。情感联系的层次，取决于彼此分享互动的良性程度，所以，情感资本经营的要义就是分享，就是物质利益和精神利益的舍得与付出，就是回馈与反哺，就是感恩与慈悲。

行为资本，也可以叫做习惯资本，或者叫做行为习惯资本。它指的是个人或组织将认知转化为行为的能力以及其所具有的行为结构，所拥有的良好习惯的多少。一方面，精神资本、情感资本、知识资本与物质资本共同决定了一个人的行为表现，决定了一个组织到底会发生什么行为，到底会出现什么样的行为结构，反过来说，从行为表现也可以看出一个人、一个组织的精神面貌、情感世界和知识水平；另一方面，行为结构直接决定了人和组织会出现什么事情，发生什么故事，提供什么产品和服务，由此最终决定组织的命运。在整个行为系统中，属于习惯性的那一部分行为，对于生命的运行，以及运行的质量，具有最基础的决定作用。所谓“习惯决定命运”，道理就在于此。宏观上讲，人的命运几乎就是一组习惯决定的，这些习惯包括生活习惯、学习习惯、工作习惯、为人处世习惯，以及思维方式、思想方法的习惯。习惯一旦形成便很难改变，但并非不可能改变，从这个意义上来说，在行为系统中，新行为和新的行为习惯至关重要，因为它们决定了人和组织精进和变革自我的实际能力。

思想资本，就组织而言，指的是组织所具有的产生新思想的能力，实际上它就是组织的学习能力，或者学习能力的核心所在。它决定组织所能够拥有的新思想的多少及其先进性如何。一个组织如果没有新的思想产生，那么无论它过去和现在是多么的辉煌，它的未来都是暗淡的，并终将走上衰退与消亡。新的思想表现为新的观点、见解、看法和创意，基于新的思想才有新的理念、政策、制度和模式，然后才会有新的举措、行为、产品和服务，最后才会产生新的成果，包括物质、财务、文化的成果收获。

组织进步或进化的逻辑是这样的：任何一个方面和一点一滴的进步，都源于新思想的产生，而新思想的产生又取决于新的信息能否进入组织和个人大脑的意识知觉，而新的信息能否进入又取决于人们的心智模式是否弹性、开放、可调试。如果我们的心智模式封闭、僵化、固化，那就如同一个人与外部世界切断了联系，不再有新的空气和养料的滋养，生命终将枯竭。然而，人的心智是不是能够，或者说容易处于一种开放、弹性、空杯的状态，实际上取决于另一种力量，这种力量就是由精神资本所决定的精神力量。我们的精神境界越高，我们的动机层次越高，我们的愿景越是宏大，我们的愿力就越是强大，我们就越是愿意并且经常是刻意地追求改变，并且保持对自我内部敏锐的觉察，以及对于外部环境的敏锐观察，而只有这样的一种觉察和观察，以及由此而造就的洞察与洞见，才让我们能够及时地获取相关的信息和知识。

精神资本是生命中最深切的动能，是精神与使命的力量让我们不断地卸掉旧的人生动机而跨入新的生命境界，她总是能够使得我们跨越模式与秩序的边界，由混沌走向更高层次的秩序，与环境共舞，跟无边的世界玩一种叫做“无穷”的游戏，让生命实现一次次的自我超越。所以，我们说思想资本是组织进步的源头活水，实质上所指的是其中关于精神心灵层面的新思想，是关于人的生命“活法”与“心法”的新的感悟、体会，以及新的见解和思考。后者才是一切资源之源，一切资本之本，一切能力之母，是万法之首。

不得不说，四大资本受到重视，意味着我们离生命型企业更近一步。相比于传统受到重视的土地、资金、劳动力等资源，四大资本均体现为无形资本，而且往往以个人为载体，这就意味着，在这个新的时代，人，而不是劳动力，将得到前所未有的重视，正如在生命型企业看来，整个组织的最高追求不是利润，而是潜能的发挥，潜能从何而来？来自于组织中所有个体的知识，所有个体的精神，所有个体的思想，所有个体所构筑的内部及外部联系。那个体的知识、思想和精神从何而来？它们也来自个体所构筑的联系。因此，四大资本，至少从直接的意义上讲，都来自于联系，然后，四大资本增值又反过来推动联系的丰富与厚实。

知识资本的直接来源是学习。不过学习的形式可能千差万别，最常见的学习形式包括阅读、培训、集体讨论等，但在一般情况下，多数学习形式都体现为知识的传递，即由知识分享者传递至学习者，这种传递本质上都借助联系而进行，即使是阅读，实质上是读者和作者在发生联系。联系越是广泛多元，知识和思想来源的渠道就越是丰富多样；联系的层次越高，所获得的知识与思想资源的质量就更高；精神资本和情感资本的直接来源是教育和熏陶，包括家庭、学校和社会的教育和熏陶。无论是爱恨情仇，还是诗和远方，都来自于我们与家庭、学校和社会的各种联系，正如《大连接》中所描述的：社会网络影响着我们的选择、行为、思想、情绪，甚至是我们的希望。影响虽有大有小，但社会网络会对我们产生影响却是一个不争的事实。我们的连接关系，并不局限于我们认识的人。朋友的朋友的朋友也可以启动链式反应，并最终连接到我们，就像遥远的波浪最终冲到美丽的海岸一样。[①]行为资本是精神、情感、知识共同作用的的结果。社会资本，直接来讲，是通过行为与对象发生互动，构成联系，产生情感，带来信任与合作的结果。思想资本的原材料，直接而言，来源于社会资本，也就是个人或者组织

①尼古拉斯·克里斯塔基斯（古乐朋）：《大连接：社会网络是如何形成的以及对人类现实行为的影响》，北京，中国人民大学出版社，2013。

所构建的社会联系网络，原材料经过心智系统的加工生成的新思想，则分别补充到精神系统、情感系统、知识系统当中。由此，生命系统运作、转化，演生出丰富多彩的生命景象。

需要特别指出的是，六大资本都是无形资本。这些资本一直以来不被传统管理者所重视，更谈不上对它们的苦心经营。不得不说，六大资本可谓构成知识产品、情感产品和精神产品的核心原材料，对于它们的系统性忽视是未来新经济、"心"经济发展的巨大瓶颈。

价值——生命之柱

几乎所有生命存在的理由都是能够创造特定的价值。譬如一棵大树，它不仅从它所处的生态系统中获取阳光、空气和水，以及土壤当中的各种营养，它更是要释放氧气、生出阴凉、开花结果、涵养水土，其落叶还要化作腐朽以作肥料，其价值不仅巨大，而且多元。假如大树做不到这些，不能够创造这些价值，又假如越来越多的大树和森林失去了产生这些价值的功能，那么其所处的相应的生态系统就必然走向衰退，大树本身也终将枯竭，以至消亡。

自然界中的生命是这样，作为最高层次生命有机体的人，以及作为人的生命集合体的组织，更是如此。

人的生命如同一座建筑，其落成的结果是渺小还是宏伟，首先要看它的根基是否厚实，也就是上述六大资本是否强大，但最终还是要取决于建筑物的柱子是坚实厚重，还是单薄空虚，也就是我们所创造的价值是大是小，是虚是实。生命的厚度，完全是由它所创造的价值累计叠加而成的。相当于人一生中所说的每一句话，所做的每一件事，所发的每一颗心，都是一个个微型产品，呈献给与我们相处的每一个人；我们所做的每一件完整的事情、工作、项目、工程，属于中型产品，或者叫做中观产品。而当我们离开人世，我们便将自己塑造的整个人生作为一个产品献给了这个世界，这个产品可以叫做宏观产品。微观产品犹如给一枝花松土、栽植、浇水；中观产品犹如育成了一支花；宏观产品犹如打造了一个花园。产品与产品之所以存在差异，那是因为不同产品所内含的价值是不一样的，生命的意义也因此不同。

人的生命不是抽象的而是具体的，生命的形态是多样的，她是通过多重角色来表现的。而作为每一个角色的生命，都有相应的服务对象，相当于每一个角色都对应特定的客户，都需要创造相应的价值，否则，这个角色就失去了内涵，就失去了存在下去的理由，就会像自然界中的生命一样衰退、陨落。譬如：作为父母，要为儿女创造价值，不仅要生好，还要养好，特别是要育好。作为儿女，要为父母创造价值，要赡养、尊重、陪伴，尽各种孝道。当然，如果我们做不到或者没有做好，作为父母和儿女的角色在形式上仍然存在，不会消亡，但是，已经是虚多实少，甚至名存实亡。又如：作为妻子，要为丈夫创造价值，而作为丈夫，要为妻子创造价值。假如丈夫不能为妻子创造价值，相当于不能为这个特别的客户带来她所需要的，而他应该带来的利益，那么理论上这个丈夫的角色就没有存在下去的理由，由此导致一拍两散。这个不足为怪，生活中有的人觉得很委屈，觉得自己很努力，有吃有穿，有房有车，妻子还是不满意，婚姻没有质量，勉勉强强维持，甚至提出离婚。殊不知，妻子所诉求的，特别是她所重点诉求的，那才是真正的客户价值所在。比如说：她真正需要的或许是陪伴，或许是忠诚、靠谱，或许是浪漫，甚至是更高层次的精神需求，而这些，有可能是丈夫所忽视的，或者给不了的，甚至是反其道而行之的。如果一个婚姻关系，夫妻双方不能够彼此为对方提供和创造价值，给予对方所需要的能量，婚姻就会失去内涵，甚至成为“空壳”婚姻。我们通常把那些不能够为社会创造价值，甚至仍然在消耗社会资源，而由于种种原因还在“活着”的企业，叫做“僵尸”企业，而事实上，在特定的位置上不承担责任和义务，也就是不能够创造价值的角色，都带有僵尸的属性。这样的说法可能会有人觉得有损人的尊严，然而，作为人，如果不创造价值，谈何尊严？人活着的全部意义在于创造价值。即便一个人病倒在床，或者失去劳动能力的时候，只要他还有意识，只要他心中对于帮助他的人怀有一种感恩之情，即便这种感恩难以表达出来，那也是一种难得的精神价值。

管理就是资源向着价值的转换，这个定义具有典范意义，因为它不仅从企业生命的角度阐明了企业生命存在的方式和机制，也道出了生命的真谛。价值，对于组织生命有如擎天柱。因为人伦的关系，人的生命不会因为不能够创造价值而在实体上消灭。而组织，特别是企业组织，一旦不能够为客户创造价值，它就将很快失去生命，并且从实体上瓦解、消亡。政府、政党、社团、企业等莫不如此。“五四运动”之后，中国大地上先后产生过500多个政党组织，但是，绝大多数政党已经不复存在了，为什么？归根到底的原因是不能为“客户”创造价值，也不能在价值链上为发挥应有的作用。而中国共产党在为人民服务方面，在历史发展的各个阶段，在更大的程度上创造并分享了举世瞩目的价值。

纵观企业的成败兴衰、生死存亡，说到底，还是关乎价值创造与价值分享。在特定的发展阶段，譬如过去的30多年里，有大量的企业活下来，甚至发达起来，其原因并非价值创造与分享，而是潜规则、投机取巧等不正当的路径与手法。但是，随着经济体制改革的深化，随着价值导向进一步的确立，这些企业如果不能摆脱过去的路径依赖而走上实实在在的价值创造与分享的轨道，那么其命运的走势与结局是可想而知的。因为：中国社会大变局时代最基本、最重要的变局就是计划经济进一步转向市场经济，而这就意味着市场机制对于资源配置的决定性作用将得到充分的发挥，也就是市场经济最基本的规律会得到充分的尊重和体现。而市场经济最基本的规律就是价值交换规律。这个规律告诉我们一个最朴实的生命真理：你所要得到的一切必须以你能创造的某些价值为前提。也就是你的生命运行必须以价值创造为条件。这个规律还启示我们：一个真正的价值为王的时代已经来临，未来更将深度融入和影响我们的工作和生活。

在市场经济条件下，商品的价格取决于商品的价值，也就是说，商品交换是以商品价值为中心的。在经济管理领域，价值无疑是最热门的关键词，从传统的价值交换理论，到价值链分析，再到客户价值理论，无不以价值为中心。然而，什么是价值呢？从哲学层面上，价值是指客体能够满足主体需要的效益关系，从这个意义上，企业的价值是企业能够满足其特定主体的效益关系，然而，在目前的管理领域，谈到企业的价值，我们往往将其理解为其未来现金流量的折现，一个企业是否健康，是否伟大，很大程度上取决于这些现金流量。不得不说，在对价值的理解和实现上，我们似乎出现了一定的偏差，这主要表现在以下几个方面。

（1）将价值所指向的主体固化为股东和客户，缺乏对其它主体的关注。对一个企业来说，当我们谈及价值的时候，往往首先想到的是股东价值。传统的股东价值最大化理论认为：企业存在就是为了给股东创造尽可能大的价值。而这种价值则源自企业所提供的产品和服务，源自企业产品和服务所具有的客户价值。因此，在管理领域，股东价值和客户价值得到了高度的重视。然而，企业的存在，仅仅是为了股东，为了客户吗？

答案无疑是否定的，我们之前的分析已经表明了这一点。企业不仅为股东和客户服务，还为员工服务，为供应商服务，为社区服务等等，企业社会责任理论就充分表明了这一点。在2016年7月11日的长江商学院论坛上，包括杜维明在内的顶尖学者及管理者普遍认为：企业应摒弃传统的以股东为中心的视角，以利益，尤其是短期利益为中心的视角。既然企业对员工具有相应的责任，那么是否在企业价值中，企业的员工价值应该纳入考虑之中？而从更大的角度来考虑，企业对所有利益相关者的价值，也就是社会价值，是否应该得到比股东价值更多的重视？在这方面，已经有一些组织先知先觉的走在了管理的前沿，在2015年的《哈佛商业评论》的全球CEO排名中，来自丹麦的一家规模不大的公司击败了那些传统500强CEO，原因就在于这家企业所积极承担的社会责任。

（2）将价值类型固化为经济价值，且体现为短期经济价值，缺乏对精神、情感等人文价值和生态价值的关注。既然企业是一个有生命的组织，经济利润是企业生存的基础，但企业的生存，却并非完全为了经济利润，这就好比人吃饭是为了活着，但活着却不是为了吃饭，完全以经济利润来评价企业，某种程度上就如当下中国社会的现状：以物质财富的多寡来衡量个人的成功。

如果说重视经济利润而忽视其它价值是一种短视，那么重视短期经济利润则是短视中的短视，可悲的是，这种短视存在于绝大部分的企业。在中国的上市公司中，围绕财务指标的各种考核是衡量职业经理人及公司是否成功的重要指标，这包括季度考核、半年度考核、年度考核等，而投资者则紧盯这些指标，决定买入或是卖出公司股票，为了迎合这种频繁的考核，公司的经营管理往往围绕短期目标而展开，即使这有损长期目标，也在所不惜，前面所提到的三鹿公司事件，则是为了短期利益而罔顾法律法规的极端案例。

特别要提出的是，这种过度强调经济价值，尤其是短期经济价值的情况不仅存在于企业，在地方政府中也相当普遍。在较短的考核年限内，为了达到靓丽的业绩，许多地方政府领导人导演了许多面子工程，在很多城市，随着领导人的变迁，建筑往往是一轮一轮的拆了又盖，盖了又拆，在这个过程中，强拆、破坏古迹等现象层出不穷，大量的人力、物力和财力则被浪费。

（3）将价值载体固化为显性产品，忽略了对员工等其它价值载体的关注。管理就是资源向着价值的转换，但在目前的管理领域，这种价值的载体在于企业所提供的显性产品，或者是服务。当然，显性产品对于企业而言有着关键的意义，因为只有借助它，才能实现交换的关键一跃。但对于企业而言，其价值载体并不只是这些可供交易的显性产品，事实上，在企业的经营管理活动中，产生了大量的隐性产品，在这些“隐性产品”中，最为重要的便是员工。

在越来越多的行业里，知识，尤其是隐性知识，往往以员工为载体，而且，企业的精神情感，企业的价值观，最终都必须以员工为载体。可以说，在企业的发展过程中，员工所承载的和企业有关的知识、精神情感及价值观不断得到丰富，最终产生了与该企业相匹配的员工。员工作为企业的“隐性产品”，便是这样产生的。

员工作为企业的“隐性产品”，不仅是企业的价值载体，而且员工首先是人，拥有人的主观创造性。在管理实践中，优秀员工是产生优秀产品的前提，而能够产生优秀产品的企业，往往一定有优秀的员工，也就是说，是“隐性产品”决定了显性产品，企业要想提供始终保持卓越的显性产品，就必须注重员工这个“隐性产品”的培育。

事实上，在企业经营管理活动的所有环节，产品不仅产生于生产环节，还产生于销售环节，产生于所有的经营管理环节。企业所有的活动，都在生成产品，产生价值，无论这些价值是正面的，还是负面的，而这些林林总总的价值最终将汇集为企业的总体价值，最终决定了企业的命运。以美好的方式对待员工，就生成了员工的精神价值，以美好的方式对待自然，就生成了企业的生态价值。在企业生成的价值中，有的以显性产品为载体，但更多的价值则是隐性的，这些隐性的价值以员工为载体，以社区为载体，以生态环境为载体，这些价值构成了企业最大的价值，才是企业最终产品的价值之源。

从以上论述可以看出：基于价值交换规律的市场机制的功能，并不仅仅是更高效率地创造物质财富，产生更多的GDP和企业利润，更为重要的作用在于它对于整个社会的价值导向，以及这个导向对于社会的各方面文明所产生的深度的、长远的、非线性的和全局性的影响。在市场机制的作用之下，企业若要得到它所需要的资源，不可能长期依赖政府或者父母的“供血”，而是要努力通过为客户提供优质的产品和服务来为客户创造价值，取得收入，然后用所得收入去市场上交换得到自己所需的各种资源。也就是说，如果企业不能创造价值，就不能换取资源，也就不能维持企业运行，就必然是停业、破产。企业为了生存发展，为了做大做强，就必须不断地为客户创造价值，就必须聚焦于客户价值的创造以及客户价值创造能力的持续提升。如此一来，企业的品质就会得到系统性的提高和优化。相应地，处于价值创造链条上的员工，在价值导向的作用之下，在优胜劣汰的机制激励之下，学习与创新的意识和能力必将持续得到提升，围绕价值创造的各项素质与能力必将得到提升，上述四大资本得到经营与增值，人得以全面发展。

意义——生命之魂

关于意义对生命型企业的作用，在现代科学中，存在两个具有启发性的理论，它们分别是分形理论和奇异吸引子理论。

分形理论（Fractal Theory）是当今十分风靡和活跃的新理论、新学科。分形的概念是美籍数学家本华•曼德博首先提出的。分形理论的关键词就是迭代。曼德博认为“分形是最漂亮的迭代结果”。从本质上说，生命的过程就是组成模式的过程。自然界中的云、河流、山峦、植物、村庄，以及我们的大脑、肺脏和循环系统等等，都是分形，它们在更小的尺度上复制某种基本的图案。在复杂的网络环境内，对一个简单的公式不断迭代，就可以建立分形秩序。分形秩序存在于自然界各种形式的生命中：植物中的菜花就是非常典型的例子，散状花型出现在菜花不同的层次上，无论是整个菜花，还是某个分支上的小菜花，形状都是同样的，严格遵守着分形秩序；植物叶子的叶脉也呈现了相同的分形秩序，整体上看，叶子的叶脉呈现出枝杈状的分支结构，再细致观察每一个分支，又都呈现出同样的枝杈形状；自然现象中的闪电也是一个非常直观的例子，闪电发生时，其路径是一步一步向地面推进的，推进过程中闪电的路径也是分形图案。从本质上说，所有的组织都具有分形特征。在任何组织里，都存在大量的自相似行为，确立了这个组织的模式。延伸到生命型企业中，价值观和组织信念等就是最初的分形，分形不断迭代和形成模式后，就具有了强大无比的威力，也就是我们所说的意义的力量。

奇异吸引子（Strange attractor）是反映混沌系统运动特征的产物，也是一种混沌系统中无序稳态的运动形态，由法国物理学家D.吕埃尔和F.泰肯在1970年左右引入。目前奇异吸引子仅仅是一个抽象数学概念，还没有发展出完善的理论模型。该理论认为：所有的运动系统，不管是混沌的还是非混沌的，都以吸引子为基础，它因具有倾向于将一个系统或一个方程吸引到某一个终态或终态的某种模式而得名。奇异吸引子是系统总体稳定性和局部不稳定性共同作用的产物，它具有自相似性，具有分形结构。从整体上讲，系统是稳定的，即吸引子外的一切运动，最后都要收敛到吸引子上，但就局部来说，吸引子内的运动又是不稳定的，即相邻运动轨道要相互排斥而按指数型分离。奇异吸引子具有一个非常重要的特点，那就是奇异吸引子上的运动对初始值表现出极强的敏感依赖性，在初始值上的微不足道的差异，就会导致运动轨道的截然不同。延伸到生命以及生命型企业中，我们可以把奇异吸引子理解为生命的“源代码”，“源代码”决定了生命存在的形态、意义、价值，以及生命的运作机理，甚至是生命的最终命运。之于生命型企业我们则把企业存在的意义、企业的使命、愿景理解为企业“运动的初始值”，它是企业所有活动的出发点，企业的经营管理等一切运转均围绕着企业的意义进行，意义的细微差别将导致企业最终命运的巨大差别。

组成生命的最基本元素是碳元素，碳、氢、氧、氮则是组成生命的主要元素。由化学元素构成的生命分子是一切生命活动的物质基础，这是生命的基本特征之一。在物质基础之上，生命根据“源代码”表现出严谨的结构性和高度的有序性，通过新陈代谢与外界不断地进行物质和能量交换，进而生长、生殖、遗传和变异。举个直观的例子，自然界中的动物和植物因为生命源代码的不同，而表现出截然不同的生命特征：存在状态、能量获取与转换形式、繁衍规律等等均不相同，但它们同样作为生命体存在于自然界，经历着生长、繁衍和进化，发挥自己的角色价值。我们可以把美国前总统奥巴马的“精准医疗计划”(Precision Medicine Initiative)理解为证明生命源代码意义的另一个生动例子。力推医改的美国前总统奥巴马，继提出“平价医疗法案”后，于2015年1月30日在国情咨文演讲中宣布了一个新计划——精准医疗计划。一时间，引起国内外各界对精准医疗的高度关注。精准医疗与近年火热的个性化医疗非常相似，但不尽相同，总体上来说，精准医疗是在人类基因组测序技术不断革新、生物医学分析技术不断进步以及大数据分析工具出现并被应用的基础上，根据个体基因特征、环境以及生活习惯进行疾病干预以及治疗的方法。未来希望实现用适合的药物、使用适合的剂量医治病人，设定新的治疗和预防目标等等。这无疑也是对人类生命“源代码”的重大研究探索项目。

奇异吸引子对于任何一个企业从混沌走向秩序都具有非凡的意义，正是由于它，系统在外力作用下不仅不会瓦解，而且能够拥抱混沌，实现新的蜕变。古今中外，强大的组织都拥抱变化而不是拒绝变化，只有拥抱混沌、接受新事物，才能顺势而为的同时坚持本源，适应环境的同时保持定力，才能基业长青。中华民族的历史何尝不是如此，在几千年间，经历多少磨难，甚至多次徘徊在亡国灭种的边缘，但中华民族最终越来越强大，原因何在？在于中华文化这个强大的奇异吸引子。

在管理实践中，奇异吸引子的巨大力量已经见诸于许多企业。将“员工幸福、客户感动”作为企业核心价值观的固锝电子，不仅营造良好的客户口碑，更营造了幸福的企业氛围，甚至看到企业与社区社会的联系，创造了更加广阔的企业生态圈。提出“不做500强，要做500年”的方太厨具总裁茅忠群明确提出“做一个伟大的企业”，并列出了伟大企业的四个特征：让顾客安心、让员工幸福、让社会充满正气、让企业持续。在本书的第六章实践案例部分，我们也会重点从意义等角度解读方太，阐述方太是如何“让家的感觉更好”。

法国文学大师阿尔贝•加缪曾说过：“作为一个存在的人，人类用生命的价值和意义来说服自己：人的存在不是荒诞的。”之于人类如此，之于任何生命都是如此。由于价值的客观或公认性，使之可以独立于个体存在，甚至理解成事物本身具有的属性；而意义的主观性，使之不能脱离评价主体而单独存在。意义作为生命之灵魂，厚重、坚实，主导着生命演化的方向、路径和终点。

我们所述的生命，大到整个宇宙是一个生命，小到单细胞生物也是一个生命，但无论大小，任何生命都是有灵魂的，有意义的，正是生命的意义在推动着生命产生、繁衍、进化。生命的意义让某个群体、某个组织、某个系统都有着共同的特质，这种同一性是生命的意义带来的，另一方面，同一性也引领着生命的方向。简单的讲，生命为什么存在、为了什么而活着、要活成什么样子，就是生命的意义。

我们回到马利克的定义去理解，“管理就是资源向着价值的转换”，生命需要活出意义，活出意义又与创造价值紧紧关联。基于生命的意义，生命型企业又是一种什么样的企业呢？生命型企业是一种有着灵魂、注重生命意义的企业。这个意义可以理解为价值，但是这个价值不是一般意义上的价值，是一种精神价值，与企业主体同时存在。生命型企业就是类似生命的存在，有着生命的意义，注重生命的意义，由生命的意义推动循环的企业组织。一般的生命，从生态系统角度去理解，其循环是一般的价值循环，物质意义上的循环，而生命型企业或者说生命型组织不仅仅有物质资源、财务资源的循环，也有知识、思想和价值观的循环。生命型企业的特质是精神意义在整个组织的流动，人与人之间的连接不在物质，而在精神，有一种精神的联系，一种精神的共享共鸣，有一种精神意义上的统一性，共通性和共同性，心与心是交流的是共鸣的，情感是共鸣的，它是心联网，不仅有着共同的利益，更有着共同的追求，特别是精神上的追求，这个追求与精神诉求有关，与愿景有关，这就是生命的意义。

《基业长青》以大量的优秀企业作为样本，发掘它们的共同特征。研究发现：不同层次的诉求代表了不同层次的企业，以及它们不同层次的未来。伟大企业的共同特征在于：这些企业无一例外的存在着更高尚的诉求，超出利润、超出股东权益的诉求。这种更高尚的诉求可以理解为更高尚的使命和愿景，使命和愿景背后是企业整体的核心价值，核心价值就是这个企业的存在和发展是为了什么，就是企业生命的意义。

国内外众多知名企业的使命和愿景都是其意义的彰显：

“让人们更快乐。”——迪士尼公司

“分享与关怀。”——玫琳凯

“我们对医生、护士、患者、母亲和其他所有使用和享受我们产品与服务的人负有重要的责任。”——强生

“分担世界性的环境保护责任。”——道氏化学公司

“让家的感觉更好。”——方太厨具

这些行业中的佼佼者无不证明了意义对于一家企业的重要性，他们的正念，让企业在面临选择时永远坚定，在诱惑面前绝不动摇，在遇到困难时顽强不屈。意义这支“定海神针”的力量是如此的强大，让企业坚定不移的拒绝了偷工减料、假冒伪劣和利益至上。

生命型企业的意义具体体现为企业的使命和愿景，而使命和愿景的背后实际上就是价值观，价值观可以理解为人或企业等评价主体的精神境界，就是一个人或者一家企业怎么样看世界，怎么样看社会，怎么样看人类。超

越利润的使命和愿景是伟大企业所不可或缺的。如果一家企业没有使命和愿景，没有企业的意义，就缺失了属于自己的“定海神针”，在关键的时刻就会失去方向，忘记初衷，就会随着环境随波逐流，就会经不住利益的诱惑而偏离正轨。当企业具有意义、具有生命灵魂的时候，就会始终按照即有的风向标往前走，才会成为有生命的企业，才能成为伟大的企业。企业有了意义、有了生命的灵魂之后，企业就有了同一性，有了共同的目标、共同的愿景，有了企业内部的心联网，心联网的巨大能量和顽强的结构将激发巨大的活力，源源不断的产生能量，推动企业迭代发展。

转换——生命之道

我们知道：任何生命存在都需要获取资源，并且提供和创造价值。如果没有资源，价值的生成就没有原材料。而有了原材料，价值也不会自动生成。资源转换成为价值，需要一种特别的环境、一种特别的结构，或者叫做一个特定的场域。不仅资源向着价值的转换需要这样一种特别的环境，而且资源的内部生成、激发、整合、以及资源之间的结合、转化，以及价值与价值之间的结合、转化，都需要在自然环境，或者被精心设计构造的人工环境中才能够进行，并最终实现终极价值目标的追求。

任何一个所谓的结果的背后都有因的作用，而且往往不是单个因的作用，而是多个、一系列的因。同时我们也知道，所谓的因果，都是相对的，因为所有的因果都处在不停歇的转化当中，都是暂时的因和暂时的果。

无论是不同资源之间的转化，还是不同价值之间的转化，以及资源向着价值的转化，都需要特定的环境。

以最初级的生命产生为例，生命的最基本元素是碳氢氧氮磷硫六种元素，这些元素早就存在于地球，但却从来没有诞生任何生命，直到地球上火山不再那么剧烈，一场漫长的降雨使得初级的海洋得以形成，而海洋地下的火山熔岩与海水的相互作用造就了一个极为独特的环境，再加上闪电的作用，在这样的一种环境里，六大元素得以因缘聚合，诞生了地球上最原始的生命形态。

以炼钢为例，铁矿石要变成有价值的钢铁产品，就必须建造出能够达到相当高温度的熔炉。这里，铁矿石是资源，钢铁产品是价值，而高温熔炉就是特定的环境。

以生产牛奶为例，草料要变成牛奶，草料是资源，牛奶是价值，那么母牛的身体结构、生理系统就是特定的环境。所谓特定，就是没有这个环境就不能实现这个转换，公牛吃再多的草，也无济于事，生成不了牛奶这个价值，而如果要让母牛更加高效地产奶，就必须按照相应的生物学规律，让母牛具有更加强大的身体结构和生理系统，甚至需要通过播放特定的音乐来激发其产奶过程。

以粮食生产为例，中国需要养活13亿人口，如果不考虑进口的话，就需要产出足够的粮食，这就需要有足够面积的农田，以及足够用于灌溉的水源，而足够的水源需要足够的森林和植被来实现水土的保持功能，这就需要我们对森林和植被具有足够的认知、敬畏、感恩、爱惜与保护。由此可见：因背后有果，果后面有因，果又成为新的因，所谓前因后果，循环往复，以至无穷。在这个例子中，13亿人口要好好的活着，需要的不是一个因，而是一系列的因，以及因果的转换、因缘的和合。在有人类参与其中的系统中，人往往是最重要的因素，而人心更是最根本的因素。

以生态系统为例，雨林生态系统是一个典型的生命系统，是一个最有利于生命存在与发展的环境。它的突出特点就是多样性，丰富性。各种生命以及生命所需要的各种资源要素，在这里发生这各种各样的联系，由联系促进各种形式的转化、转换，造就了雨林圈的各种生命的繁荣茂盛。

作为复杂有机生命体的人，其生命运行和转化无疑更加复杂，然而，其生命景象背后的逻辑、规律，也就是道，其实是一脉相承的。

我们的一生，都有着许许多多的期望和梦想，这些期望和梦想可以看作是我们需要的价值，然而，最重要的是我们如何充分发挥我们所具有的资源，实现资源向价值的转换。

《大学》当中所讲的“八目”，讲的就是从修身到“内圣外王”的逻辑。所谓“八目”，指的是：格物、致知、诚意、正心、修身、齐家、治国、平天下。在这个逻辑链条当中，修齐治平是理想，是期望能够达成的人生目标，而修身是这个链条的起点，同时，修身又是格物致知诚意正心的落脚点，也就是说：前面的四项修炼是修身的因，而后的齐家治国平天下则是修身的果。换句话说：人生要成就齐家治国平天下的理想，就必须造出格物、致知、诚意、正心，以至修身的因，而当中的因都并非是单个的因，而是因的组合，因果转化，因缘和合，说到底，“八目”就是一个因果关系的转化系统。

佛法所谓的“唯心所变”和“唯识所现”，实质上讲的也是一种转换机制。“唯心所变”，强调“心”是一切变化的逻辑起点。所谓“境由心造”、“相由心生”、“物随心转”。“唯识所现”强调我们生命中所呈现的一切，譬如我们的身体状况、家庭状态、事业状况、人际关系状况、与大自然是否和谐相处等，都是“识”的变现，由“识”演化而来。而“识”指的是唯识学中的“八识心王”中的第八识，也叫阿赖耶识。一切众生，其每一个起心动念、语言行为，都会造成一个业种，而先前一切的起心动念、语言行为所播下的种子的总和，就构成人的命运的“种子库”。一切众生的命运均由自己所播下的种子所推动的业力演变而成。稍加分析就可以理解：种子就是我们与外部世界，特别是与人相处互动、与之交往时存的是什么心、做了些什么事、说了些什么话，也就是我们通过这三种方式与人发生的联系，构建的关系。三种方式的内容是什么，构建的就是什么样的关系，就会种下怎样的因缘。构建关系的过程就是种因结缘的过程。而构建了怎样的关系就会产生怎样的结果，也就是种下了怎样的因缘，就会受到怎样的果报。从这里我们看出：我们的人生当中一切的遭遇、故事，无论是好的或者是不好的，都是我们种种子的结果，也就是构建关系的结果。我们通过长期以来所种下的种子，为我们自己营造了一个关系系统，也就是因缘系统，实质上就是我们自己的命运系统。在这里，我们是自己命运的主人，命运的好与坏，全在于自己。所谓种什么因，得什么果。种因，就是构建关系，构建关系就是构建因缘结构，就是构建自己的生命空间，自己的“生命场”，也就是为自己建设生命转化系统，就是造命。从这个意义上，我们就很容易理解马克思主义关于“人是社会关系总和”的思想精髓。

那么，企业呢？企业更是一个生命系统，企业管理更是一个生命转换系统，企业的转换关系，事实上是一个因缘系统。正如表5-1的企业20-4逻辑转换表，企业的命运直接而言，是由运势四向决定的，顺着运势四向往后，一环扣一环，一组因缘决定一组结果，实际上整个结构图上的因或缘是缺一不可，因此，命运四果，靠的是整个的结构，来源于整个结构中的因缘和合，谁也不能缺位，不能被绕过。最后，我们能看到：最初的缘起还是我们这颗心，尤其是企业的核心人物的精神世界。当然，光有心是不够的，就如光有情怀是不够的。要通过实实在在的努力，将心，将企业家的人格和理想，不断地由内而外，由软而实，推己及人，由人到物，一层层贯穿落实，一步步向外演化。如此来造就一个能量层级向上提升，能量交换循环演进，因果互动迭代，进化的、开放的、不断扩展和延伸的场域。企业所需要的不论是中间成果，还是终极结果，无论是短期成果，还是长期成果，甚至不论是善果，还是恶果，都将在这个过程中一一生成，纷纷呈现。还是那句话：种什么因，得什么果。

表5-1 企业20-4逻辑转换表

社会资本 知识资本 思想资本 精神资本

生命四运	走向四方	绩效四要	生态四环	内外四维	组织四象	问题四类	智慧四最	知识四源	学习四力	能量四性	心理四核	品质四德	人生四观	环境四宝	道场四序	人文四教	方略四举	为道四径	心灵四修
基业长青	存	收入指标	员工幸福	资源	学习成长	重大而紧迫	最佳观点	获取	洞察力	自觉性	认知	忠诚	世界观	公平	领导核心	言教	方法	学道	格物
平安长寿	亡	利润指标	客户忠诚	能力	制度流程	重大不紧迫	最佳见解	传播	判断力	能动性	情感	责任	人生观	尊重	管理骨干	身教	策略	悟道	致知
芸芸众生	兴	市场份额	社会美誉	机遇	物质资本	不重大紧迫	最佳创意	应用	想象力	创造性	动机	奉献	价值观	信任	敏感人群	制教	技术	遵道	诚意
昙花一现	衰	资本收益	天地人和	挑战	产品服务	不重大不紧迫	最佳方案	创造	创造力	主体性	意志	自律	愿景	分享	全员互动	境教	工具	行道	正心

进化——生命之脉

大自然的生存法则是优胜劣汰，适者生存。因此，所谓生，就是适应环境，所谓死，就是不能适应环境。要生存，就必须适应环境，而环境总是处于变化之中，因此，生命机体适应环境的速度，必须跟上环境变化的速度。适应就意味着改变自己，意味着自身进化，而这种进化的速度与环境变化的节奏的相合，犹如生命之脉动，与机体内外协调。

进化，又称演化，在生物学中是指种群里的遗传性状在世代间的变化。所谓性状是指基因的表现，在繁殖过程中基因会经复制并传递到子代，基因的突变可使性状改变，进而造成个体之间的遗传变异。新的性状又会因物种迁徙或者是物种间的水平基因转移，而随着基因在种群中的传递，当这些遗传变异受到非随机的自然选择或随机的遗传漂变影响，在种群中变得较为普遍或不再稀有时，就表示发生了进化。自19世纪以来，进化通常用来指生物学上，不同世代之间外表特征和基因频率的改变。达尔文并未对“进化”（evolution）下过定义，他称其为“经过改变的继承”、“改变过程”、“物种改变的原理”。从上述材料可见：进化的核心是改变。而改变是为了适应环境，为了生存发展。所谓物竞天择，适者生存。

为了适应环境，任何生命都需要改变自己内部的和外部的某种或某些结构，以提升或优化某种或某些方面的能力。进化，创新，是生命适应环境，得以延续、壮大的生存发展之道。人类也是如此，由人组成的组织也是如此，包括企业。

从人类社会的产生到今天，我们可谓风雨兼程。一路上气候变化万千，而支撑我们前行的则是创新。神农氏尝百草，商鞅变法，开设科举，工业革命，这些创新都极大推动了我们整个社会的前行，本质上来说，没有创新，今天的人类仍然不会和动物有什么分别。在从分享到联系，从联系到资源，从资源到价值，从价值到分享的逻辑循环中，创新的作用体现在每一个环节。

对一个原始部落而言，构建联系的质量对于个人的命运影响并不那么显著，在那个时代，某种程度上，相对于联系和分享，竞争和掠夺似乎更利于生存和发展；在第一、二次工业革命之后，人们发现了煤炭等能源所蕴藏的更大价值，以及借助技术，如何将资源更高效的转换为价值；在现在的互联网时代，借助于互联网的创新，人们有了更多的分享方式，有了更多的联系，这种联系甚至形成了虚拟社区，借助这种触手可及的联系，我们能够更便捷的获取各种形式的资源，进而以更高的效率产生价值。可以说，人类社会发展中的每一项创新，最终都作用于这个逻辑循环，推动整个循环以更高效率进行，进而推动着整个人类社会的发展。

然而，创新并不容易，即使像诺基亚这样拥有丰富资源的企业，最终也因为创新不力而黯然倒下，而在硅谷这片神奇的土地上，创新成为企业的一种常态。那么，创新的关键究竟何在？

创新的首要关键在于新知识，新知识从何而来？答案是学习。这个世界正日新月异的发展，新的知识每天都在爆发式的产生，只有拥抱知识的海洋，才不至于让自己受困孤岛而坐以待毙。学习包括许多方式，包括阅读，包括培训，包括讨论，包括自我反思等，只有充分学习，不断获取新知识，企业才能站在管理和技术的最前沿，保持竞争优势。

然而，仅仅接触新知识是不够的，在现实中，许多企业并不缺乏获取新知识的渠道，但新知识却没有进入最后的应用，这和企业所存在的认知局限有关，由于以往的成功模式，由于惯用的制度安排，以及种种原因所形成的思维固化，很多企业只能看到和自己的兴趣点很近的东西，只能看见自己所想要看到的东西，而对其它则视而不见，这种认知局限严重限制了企业的创新能力，人人网、开心网之所以在火爆一时后迅速没落，原因就在于此。

对于个人来说，想要创新，可能满足上面两个要求就行了。然而，对于企业来说，由于个体会受到整个企业环境的影响，企业必须要创造环境，激发个体。具体来说，善于创新的企业往往具有以下特征：

一方面是内部宽松，这主要包括权力下放、容忍失败和内部沟通。权力下放方面，传统企业往往讲求控制，即使有所创新，也往往是自上而下的少数创新，但在这个新的时代，善于创新的企业更为强调激励，强调员工的自主。在海尔，借助于权力下放和充分的激励，一个个创业小组迅速发展，海尔的员工也得到了激活，因而有了诸多闪亮登场的海尔智能家居产品，有了海尔更为丰富的生态圈，有了一个不再局限于传统制造业的新海尔。在美国全食超市，随着对分店的人力资源、产品选择及定价等核心权力的下放，分店的创新性大为增强，因而在激烈的连锁超市竞争领域，全食依然保持了高速增长；容忍失败上，善于创新的企业往往能够容忍失败，因为成功的创新往往不会来得一帆风顺，而是经历了无数失败的曲折之后产生的；内部沟通方面，善于创新的企业往往在内部沟通上更为畅达，包括有着更为扁平化的组织结构，无障碍的跨部门沟通等，这都是为了让知识和创意在上下层级和平行层级之间沟通更为畅达。

另一方面则是外部开放，这主要包括保持学习、推动协作和引领客户。就像一个生命一样，一个擅长创新的企业往往适应环境的同时，也改变着环境。保持学习方面，它们积极关注自己的核心领域及相关领域，加强和同行及上下游企业的沟通交流，不断引进新的知识和方法，并在此基础上进行反复的创新；推动协作方面，在这个新的时代，创新已经越来越不局限在某一个领域了，跨界创新已经成为一种常态，各种互联网+都是跨界创新的典范；引领客户方面，善于创新的企业对客户需求有着高度的敏感，它们不断发掘客户需求并予以满足，甚至在一定程度上为客户创造需求。索尼公司之所以取得巨大成功，在于其尽可能满足客户需求的同时，也积极利用自己的技术优势创造新的客户需求，其随身听产品便是这方面的典型案例。1979年，当时还没有便携式音乐的理念，顾客在这方面的需求并未明确，但索尼公司经过深思熟虑，推出了第一款walkman，由此大受顾客欢迎，Walkman一词甚至成为了便携式音乐播放器的代名词。

和谐——生命之歌

“和，谐也”，这是《广雅》对“和”的解释。“和”是天地宇宙、自然万物、社会人生的规律和常态，也是人类所追求的一种功能境界；“和”也是艺术创作的雅正和平、含蕴深厚的艺术境界；“和”是为达到这种境界所需要并追求的一种在生理、精神和行为上的最佳状态和规范。“声亦如味，清浊、大小、短长、疾徐、哀乐、刚柔、迟速、高下、出入、周疏，以相济也。君子听之，以平其心，心平德和。”基于此，我们将和谐比喻为生命之歌，以表达对生命境界的一种追求。

通俗的讲，“和谐”是指不同事物之间在一定的条件下，所形成的相辅相成、相反相成、互助合作、共同发展的关系。在自然界里，无论是宏观还是微观层面，生命的和谐处处可见。在人类社会，虽有各种各样的战争、杀戮、冲突和混乱，总体的和谐却仍然是人类的常态，更是我们内心向往、孜孜以求的目标。

在中国的传统文化中，“和”文化影响深远，包括人与自身、人与人、人与自然等多个方面。

“物格而后知至，知至而后意诚，意诚而后心正，心正而后身修，身修而后家齐，家齐而后国治，国治而后天下平。”由此可见，儒家之修身，其关键在于格物致知，正心诚意，事实上追求的是内心的和谐；而道家之修身，往往强调“致虚极，守静笃”，意在让心灵在虚静中达到平和的状态；佛家之修身，讲求“戒”、“定”、“慧”，强调对任何欲望的摒弃，对心灵绝对宁静的追求。因此，在人与自身关系上，儒、道、佛均强调心灵平和，其实质是人自身的和谐。

在人与人方面，儒家强调“仁者爱人”，“老吾老，以及人之老；幼吾幼，以及人之幼”，通过仁爱来建立和谐社会；而道家则强调简单淳朴，正如陶渊明在桃花源记中所描述的“阡陌交通，鸡犬相闻”，“黄发垂髫并怡然自乐”，它传达的是一种平等和自然式的和谐；佛家强调“慈悲为怀”，即通过布施来帮助受苦受难者，从而达到整个社会的和谐。值得一提的是，人与人之间和谐相处的理念也被推广到国与国之间，所谓“百姓昭苏，协和万邦”，“首出庶物，万国咸宁”，均传达的是不同国家之间和平共处的思想。

在人与自然方面，儒家、道家和佛家均高度强调人与自然的和谐。“钓而不纲，弋不射宿”，“斧斤以时入山林，林木不可胜用也”，在中国古代的打猎活动中，也往往强调网开一面，以防止过分捕杀。“人法地，地法天，天法道，道法自然”，人的行为准则应该取法自然，与周围的万事万物，与整个自然取得和谐。而佛家的“依正不二”等理念也高度倡导人与自然的和谐。所谓“依正不二”，是指众生的依报（包括衣物、食品、房屋、土地、江河等）与果报（众生的身心）不可分裂的关系，事实上反映了人与自然一体的观点，而关乎佛家对杀生的禁止，提倡生活上的节俭等，都是对这一观点的印证。

不得不说，“和”文化作为传统文化的重要特质，曾长期受到忽视，乃至被非议，这种偏见直到现在仍然存在。一种看法是将“和谐”视为妥协，比如遇事不问是非，各打五十大板。其实，和谐是对各方情况的综合考虑，考量的因素包括责、权、利等，包括局部与整体，包括短期与长远，从而最终基于系统观而做出最优决策。因此，“和谐”不是妥协，更不是平均主义。当今社会机会主义泛滥，由此造成此前提到的投机取巧、潜规则的泛滥，造成环境污染等世界性问题，在这种情况下，“和谐”的价值就更加凸显了。

另一种看法将和谐视为同一，不同意味着不和谐，为了消除差异，有必要进行控制。然而，“和实生物，同则不继”，“君子和而不同”，“有无相生，难易相成，长短相较，高下相顷，音声相和”，“和”强调的是不同，不同的事物之间相互作用，最终产生新事物，包括新的思想、新的观点、新的见解都由此产生，将“和”理解为同一性、稳定性，并通过控制而排斥不同意见，抹杀差异，强调绝对的秩序，这种观点严重曲解了“和谐”的内涵。和谐是不同事物之间的相互尊重和包容，是对新事物和不确定性的一种容忍，只有这种海纳百川的情怀才能持续推动创新，这也正是华为倡导“灰度管理”的内在原因。所谓“灰”，意味着不黑不白，亦黑亦白，它在黑白之间持中，不偏不倚，因而蕴育着无限的可能，通过“灰度管理”，各种不同的要素持续相互作用，最终跳出混沌，产生更具生命力的新事物。容忍和制造混沌，不断依靠混沌创造成功的新事物，以新事物支持公司的稳定，以稳定支持混沌，最终实现公司的和谐发展，这就是“灰度管理”的成功之道。

随着对传统文化价值的重新发掘，“和”文化也重新得到了一定的认可。在管理领域，近年来，一些学者注意到了和谐的重要性，并提出了具有中国特色的管理理论。

学者黄如金在中国传统的“和合”思想的基础上，提出了“和合”管理的逻辑框架。他认为管理的核心在于“和合”，“和”包括和谐、和睦、和平、谐和、中和，“合”包括合作、联合、结合、融合、组合，和合管理的关键在于以人为本与协作。学者席酉民根据中国中医理论中阴阳、虚实、寒热之间等概念之间的对立统一关系，以及金、木、水、火、土之间的相生相克关系，提出了和谐管理理论，在他看来，系统的和谐在于充分发挥系统内成员及子系统能动性、创造性，以及系统所体现出的协调性，而管理的宗旨则是最大程度上发挥人的能动作用，最大程度上发挥整个组织的潜力。值得一提的是，在《长寿公司》中，阿里•赫得斯提出：生命型企业的目标在于长期存在和发展自己的潜能，而与之相对的则是经济型企业，其唯一目的在于为一小群经营管理者和投资者们创造财富，并以最少的资源创造出最大的利润①。二者共同强调企业对员工潜能的发挥，可谓不谋而合。

在这里，对于生命型企业所追求的和谐，我们可以将其理解为：企业通过联系，通过分享，企业内外部系统相互协作，充分发挥其潜能，整个系统共同成长的一种状态。由此可见，和谐针对的是整个系统，除了与投资者分享，生命型企业还会更多的与管理者、员工和客户分享，甚至与竞争对手、社区、政府、自然生态环境，乃至整个天地宇宙进行分享，最终达到“天地和”，这也正是下图中的“十维企业观”所要表达的。这方面，虽然我们的企业总体上还达不到这个境界，但是，从长远角度来看，这必须是我们未来的努力方向。

可以说，在从分享到联系，从联系到资源，从资源到价值，从价值到分享的逻辑循环体系中，转换是整个循环得以进行的基础，和谐是整个体系稳定运行的保障，而创新是整个体系更高效运行的保障，在三者的关系上，

①阿里·德赫斯：《长寿公司——商业“竞争风暴中的生存方式”》，北京，经济日报出版社，1998。

和谐有助于创新，没有稳定，就谈不上高效，所谓“和实生物”，而创新则反过来有助于推动更高层次和谐的建立；从某种意义上来说，没有创新，没有生成创新的多样性、开放性、参与性、自主性的制度机制和文化环境，和谐也是难以持续的；而转换则是创新与和谐的基础，没有转换，一切无从可谈。分享、联系、资源、价值、意义、转换、创新、和谐，这八大要素便是生命型企业的“源代码”。

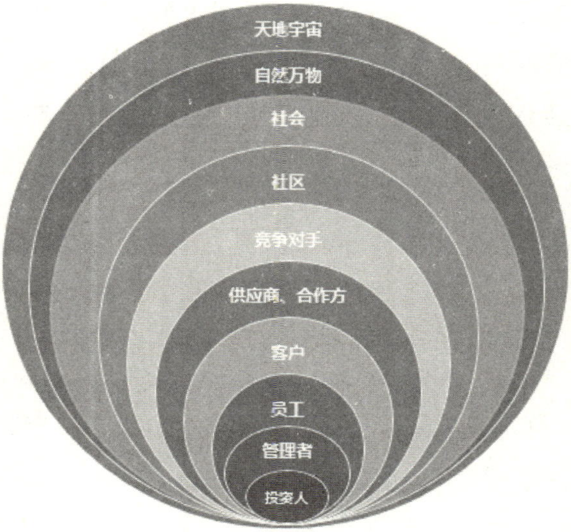

图5-3 生命型企业十维企业观

3.造场：创建生命型企业的必由之路

在上面的章节中，我们阐述了管理发展的1.0到4.0历程，即经验型、科学型、人本型、生命型，而推崇生命型管理的生命型企业之所以能够基业长青，在于生命型企业的逻辑循环机理，即通过分享产生联系，通过联系产生资源，通过资源产生价值，价值用于进行分享，转换是该循环的核心，创新是该循环的加速器，和谐是该循环的稳定器，意义是该循环的引擎。在这八大要素的作用之下，生命型企业逐渐往更高层次发展，从而实现了在时间和空间上的卓越。那么，从实践方面来说，怎样才能创造一个生命型企业呢？

无论是此前我们穿越中外历史而寻觅人类管理文明的脚印，还是我们从量子物理学的角度探寻万物运行的逻辑，或者从新的经济中观察到的更为激发人心的管理之道，我们都很容易发现，管理文明的大势所趋在于：刚柔并济，中西合璧，而根据我们目前的发展阶段，我们更应强调：以柔为本，刚柔并济；以中为体，中西合璧。要创建生命型企业，就必须顺应上述趋势，而要顺应上述趋势，最基本的，也是最核心的管理策略就是造场，造一个“生命场”。在这一节，我们将基于生命场理论而对生命型企业的创建之路进行解析。

场，我们命运中唯一的现实

“场，是唯一的现实。”这是爱因斯坦对场的一种深刻洞察。

场的概念最初源于物理学。19世纪，迈克尔•法拉第（Michael Farada）和詹姆斯•克拉克•麦克斯韦（James Clerk Maxwell）提出了场的概念：场是物体间相互作用的媒介。他们的“场域物理学”第一次发现：宇宙就是由诸多彼此连接的能量场构成的。这一发现关注无形世界和关系介质，是一个重要的转变。场，有物理学意义上的场，也有社会学意义上的场，以及管理学意义上的场。但是，它们的本质是一样的。我们每一个人，都有一个场，有自己的场域或者叫场态。场的本质是能量，或者说是一个能量交互系统。组织的本质也是一个场，一个能量交互系统。从哲学和社会学角度看，场的本质实际上是社会关系系统，确切地讲，是个人或者组织所构建的的一切关系的总和，或者说关系系统。类似于佛法说讲的“种子库”和“业力”，或者说业力系统。个人或者组织生命中的一切几乎都源于这个系统。正如当代著名系统哲学家E•拉兹洛认为的，是场的相互作用产生出物质和心灵现象，以及宇宙中我们观察到的和可能观察到的所有事物。所以从这个意义上讲，场，就是我们生命中唯一的现实。场，就是我们的命。

德国著名心理学家库尔特•勒温（Kurt Lewin）是场理论的创始人，他将拓扑学理论引入心理学。按照他的理论，员工的行为与外界环境密切相关，因此，在对员工的行为进行预测时，有必要将人与周围环境视为一个整体，在此基础上，他提出了B=f（P*E）的公式，其中，B代表的是个体行为，P代表的是个体自身，E代表的是外界环境，它与个体自身共同构成了一个“场”，在这个“场”中，任何因素的改变都会带来个体行为的转变，所谓“近朱者赤，近墨者黑”。而且，当外界环境发生变化的情况下，个体行为也会发生转变，在这种转变积累到一定程度的时候，由于路径依赖，个体自身就会发生改变，由此，改变员工的心性，可以从改变环境开始，事实上也必须从改变环境开始。

学者杜文忠认为，管理者对系统的人员进行管理，常常是在其管辖范围内向所有的被管理者施加影响力，从而使管理系统或管理子系统成为一个具有最佳特定功能的有机整体，这种影响力便在管理系统空间中形成了一个“势场”，即为“管理场”。

“场”理论也得到了科学上的支持。著名物理学家爱因斯坦一生致力于建立统一场论，他认为所有物质之间的相互作用都是由场来传递的，因此，场是唯一的现实。物理学家大卫•玻姆（David Bohm）将场称为第一或者隐秩序，将我们看到的世界称为第二或者显秩序，在量子世界里，第一秩序决定第二秩序，隐性秩序决定显性秩序，也就是说，我们想要绩效、发展、幸福等显性可见的成果，就必须首先重视隐性的第一秩序，也就是我们所在的这个“场”。

事实上，环境对人的影响之大，超出我们的想象。大量的事实表明：如果母亲在孕期食物供应不足，生下的孩子往往个头较小，即使这些孩子在后天得到充足的营养，也难以改变这种情况，这意味着：环境甚至能影响到个体的基因。而在英国胚胎学家康拉德•沃丁顿的实验中，他将果蝇的胚胎暴露在乙醚中，结果出人意料：果蝇长出了一组奇特的后翅。随后他将这些果蝇的后代置于正常的环境中，奇特的后翅仍然代代相传。这里我们并不是要讨论环境与基因的问题，而是借此说明：环境对个体的影响是如此深刻，塑造一个好的环境（场），是多么重要。

生命场，生命型企业的运行原理

场理论的基本概念是空间，人与周围的环境构成生活空间。空间不“空”，无形的因素影响着个体的行为。这个生活空间的场，影响着在其中生存的组织和人。恩格斯曾一针见血地指出：“相互作用是事物的真正的终极原因”。相互作用就表现为一种力，场是一种无形的影响力，却能产生看得见的效果。我们将企业视作生命，企业管理空间就形成了生命场。我们的组织空间中也存在着这些相互影响和无形的力，我们可以借助场的理论，遵循生命运行和发展的规律，对无形的影响和难以直接改变的行为进行思考，对组织生活中某些难以规范化的方面进行管理。“造场”即创造一个企业管理空间，或称管理系统，其间永恒地、能动地进行着物质、能量、信息的相互作用和传递，由此不断获得生命活力。

场的本质是能量，生命的本质是与外界进行能量交换的系统。基于生命运行和发展的规律，我们认为，生命场具有以下特征：

（1）主体性

从过程来看，生命场生出的所有作品中，最重要的作品莫过于生命——人，人是所有要素中最活跃、最关键的。人在其中，一方面影响和塑造着所在的场，同时也被这个场影响着，塑造着。从结果来看，造场的目的，是人的发展，人的幸福。主体性本质上是在主体与客体的关系及实践活动中所呈现的自觉能动性，而这种能动性具体表现为自主性和创造性。

自主性是主体在作用于客体的过程中所体现的主人翁的性质，它是人的自主意识的外化，集中体现在个人的人格、价值观等方面。人通过把自然生存条件、社会生存条件以及自我的生理、心理潜能、自我的情感和意志置于自己的控制之下，成为自己的主人、组织的主人和社会的主人，进而成为一个自由的人。创造性是自主、自由的人凭借想象力和创造力，试图通过自己的认识和实践活动改变已有的状态，造成新的对主体更有价值的状态。创造性活动常常可以打破客观外在对人的活动的种种限制，不断冲破时间、空间的束缚，使人到更大的时空中活动。人正是依靠自己创造的东西不断超越旧有的自我，更好地实现主体的自由。

从主体性的特征来看，生命场遵循的逻辑包含了人文管理的内涵，逻辑的起点就是“心”，即人的精神属性，它代表人的精神高度和精神能力，其核心是人的信仰、价值观。

（2）系统性

生命系统的组织形式采用的是关系网络的方式。生命场是由相互联系、共同作用的诸多要素组成的，其所定义的空间是有层次的，不同的要素和层次随管理视角的不同而有不同的划分。在企业这个生命场内，包括了有形（显性）部分和无形（隐性）部分。有形部分包括资金、物资、设备、工具、流程、结构、制度、环境等这些看得见摸得着的部分；无形部分包括感受、思想、情感、关系、信念、知识、经验、能力、士气等。生命场的全息性使得场中的每个有形和无形的部分都能映照整体，都刻录和记忆着生命场的全部信息。企业是人的集合体，是高级生命体的集合，是高级形态的有机生命体。生命场中每一个人都是组织总能量的源泉，而且彼此迭加、交合，最终决定着组织的能量。因此，生命场是一个复杂的系统空间，若让企业变得强大，就需要系统整体性的强大，就要建立更强的关系。

（3）互动性

生命场的运动变化，实质上源于场中各种联系或关系的变化。联系源于流通，源于场内物质、能量、信息等等的流动，由流动产生关系、发生互动。不同性质或表现形式的能量可以相互转化。生命场的本质是相互影响的模式，人如何在场中与他人互动，对于符合自己利益的诉求就会有积极的反应，不符合自己利益的诉求就会有消极反应，无论身处何职，没有人可以置身场外，而不受影响；也没有人可以推脱和逃避责任。每个人的所思所为都会对周围人产生影响，并且这种影响会以某种方式“反弹”回来，大家都相互影响，不断地释放出不同层级的能量，共存于相互影响而生成的场中。

生命场是组织管理的环境和场所，人才在场中成长，文化在场中塑造，品牌在场中孕育。因此，对于每一个人、每一个组织来说，对其影响最大的力量是其所处的场，只要改变了其带有的影响模式，那么个体的行为、组织的行为都会随之改变。因此，可以说，利用生命场的互动性，通过“人”与“事”造场，然后通过场来造“人-事”，这就是组织管理的真谛所在。

（4）开放性

普里戈金于20世纪70年代创建的“耗散结构理论”，其理论、概念和方法不仅适用于自然现象，同时也适用于解释社会现象。该理论的主要内容是：一个远离平衡态的非线性的开放系统通过不断地与外界交换物质和能量，在系统内部某个参量的变化达到一定的阈值时，通过涨落，系统可能发生突变，由原来的混沌无序状态转变为一种在时间上、空间上或功能上的有序状态。这种新的稳定的宏观有序结构，通过不断与外界交换物质或能量维持。

所有的生命都以耗散结构的形式存在，因此，生命场必然是开放的，只有开放的系统才能成为强大的系统，才能保证组织所需要的生存能力、适应能力和弹性。正如拉兹洛曾阐述的，开放的复杂的非平衡系统同它们的环境是联成一体的。这里所说的系统已远远超越传统的概念，已在实质上被视为场的含义。生命场是超越传统的组织边界的无边界空间，将与组织相关的一切利益者、一切资源关联在一起，相互作用形成一个复杂的交换系统。生命场内部与外部的能量的交换，即能量的输入和输出过程是永恒进行着的，没有哪部分场域可以在生命场的运动中成为一座孤岛。同时，生命场内外的相互影响还包括大量的信息接收和信息扩散，并且生命场本身的信息量越大，从外界获取信息的能力也越强。所以，生命场越开放，组织越容易实现良好的秩序。组织为更加强大，必将不断创造更多、更大、更深的联系，生命场具有扩展性。

（5）进化性

耗散结构理论告诉我们，无序可以成为新秩序的源头，不平衡能够带来系统的成长。进化性是生命场的基本性能。这种进化，既带有自然选择的色彩，因为生命场的进化性特征直接有赖于场中的主体——人的进化性；也带有人工选择的色彩，因为管理是管理力与管理能的合目的性的运筹与操作。进化是生命的命脉，生命场的进化同样是必然的。生命场通过能量的涨落和资源的新陈代谢，不断地对能量进行激发、优化、升级、整合，生命场的无数个微分场域中都充满着场的运动。只有具有活性的稳定，才是真正的稳定。

在对生命场特征的认知基础上，我们还认为，生命场具有吸引、显化、连锁、同化、优化等效应。

（1）吸引效应。每一个生命场都具有特定的振动频率，与该频率相吻合的人容易进入这个“场”并得到发展，反之则受到排斥，这就是所谓的“物以类聚，人以群分”。振动频率是一个物理学上的概念，在现实中，我们也可以将之理解为每个生命场都有一定的特质，有的个体会受到这种特质的吸引，进入这个“场”，有的个体可能会厌恶这种特质，进而与这个“场”保持距离。抗战时期，革命圣地——延安就是中国共产党构建的一个生命场，在这个“场”的吸引下，无数爱国青年可谓“打断骨头连着筋，扒了皮肉还有心，只要还有一口气，爬也爬到延安城”。

据统计，从1937年到1941年，从全国各地奔赴延安的知识分子达4万人左右。1943年底，任弼时在会议上提到：“抗战后到延安的知识分子总共4万余人，就文化程度来说，初中以上71%（其中高中以上19%，高中21%，初中31%），初中以下约30%。”当时，由于国民党的阻挠，以及日军的封锁，再加上交通本身诸多不便，知识分子奔赴延安需要经过重重艰难险阻，这一路上很多人都经历了十天以上的长途跋涉，甚至有从东南亚出发的爱国华侨，先从香港到越南，再从越南进入昆明，再经过西安走到延安，走了足足半年。

（2）显化效应。人性是复杂的，它具有其善的一面，也具有其恶的一面，正如哲学家所说，人是动物性与神性的结合。在具体层面，人性的哪一面得以显现则取决于环境，而生命场则构成了这种环境，能够显化特定的行为。所谓显化，是指一个人具有某种行为的潜在倾向，但之前一直处于抑制和休眠状态，而一旦进入特定的环境，该倾向便转化为行为。一个纯洁高雅的“场”能够促进行为习惯和人格心性的向好，而一个低俗龌龊的“场”则能够引发一系列丧德背道的行为，促使人格心性的不断沉沦。

抗战时期，延安之所以在中国人心目中如此神圣，主要在于：在延安这样一个“场”，丑陋和不文明的现象被抑制，因而呈现出“十个没有”：一没有贪官污吏，二没有土豪劣绅，三没有赌博，四没有娼妓，五没有小老婆，六没有叫花子，七没有结党营私之徒，八没有萎靡不振之风，九没有人吃摩擦饭，十没有人发国难财，而与此同时，大量的中国社会、中国人民所渴望的，特别是与当时先进青年的诉求相合的行为与现象，诸如反映民主、爱国、平等、救亡等积极健康、奋发向上的人与事得以彰显与发扬。相比之下，当时国民党的重庆政府也是一个“场”，但是一个腐朽、黑暗而没落的“场”，这个“场”激活的是欺上瞒下、党同伐异、官商勾结、声色犬马、卖国求荣。

（3）连锁效应。场作为一个相互联系的系统，一个很小的初始能量就可以产生多米诺效应。在生命场中，主体之间的连接关系，使得他们之间的思想、信息、行为、习惯等存在传递性，在这个过程中，一个人传递给下一个人，从而传递给一群人，乃至整个社会。在某些情况下，一个重要角色的行为能如星星之火燎原般引发众多主体相同或相似的行为。连锁效应所带来的带动性、传染性、模仿性，其威力是无穷大的，可能传播的主体之多、范围之大、距离之远、时间之久，都是无可限量的。

（4）同化效应。一种行为一旦出现，就会因为与生命场相宜而得到某种利益，或者因为与生命场不合而受到惩罚。在得到利益的情况下，该行为就会从个体的、局部的、偶发的状态逐渐转变为集体的、全面的、频繁的状态，结果是：从组织层面，这种行为最终将成为整个组织规章制度或组织文化的一部分；从个体层面，这种行为将成为个体行为习惯乃至人格心性的一部分。而在没有利益，甚至受罚的情况下，这种行为往往会减少而转向其它方面。著名社会科学家罗伯特•默顿（Robert K. Merton）对“参照群体是如何影响我们的”这一问题进行了系统总结：“他们能够产生‘对比效应’，即我们或者别人是如何评价我们自己的；‘同化效应’即别人改变了我们的行为和态度；或者是二者的结合。”比如说，当某个员工进入一个风气不良的“场”，经过长期的实干，他仍然得不到重视和晋升，而周围的同事依靠潜规则而纷纷“上位”，这时，他的实干行为就会被弱化，而转向潜规则，而在他采用潜规则而获得成功后，在以后的工作中，他往往会将更多心思花在与领导的关系处理上，这就是潜规则得到了强化的反映。

（5）优化效应。生命场的优化效应建立在其吸引效应、连锁效应与同化效应的基础上，这意味着整个组织的生命场通过吸引效应实现个体与组织的匹配，通过连锁效应、同化效应而实现个体合理选择其行为，从而最终实现场的优化效应。在实践中，有的“场”通过正向循环，不断吸引具有更高人格心性水平的个体加入，不断激发场内成员的正能量行为并将其强化，最终提高所有成员的人格心性水平，实现“场”的优化效应，有的“场”则恰好相反，好人纷纷弃“场”而去，丑恶的行为得到不断的激发和加强，“场”内成员的人格心性水平不断向下沉沦，这就是“场”的恶化功能。

（6）转化是“场”的核心效应，它建立在上述五大效应的基础上。特定的生命场通过利益传导机制，能做到外化于行，而通过精神传导机制，能做到内化于心。即一个生命场往往具有一定的精神品质和文化氛围，出于利益需要，个体必须在行为上与之一致，而且，在长期的熏陶过程中，这种精神品质和文化氛围最终将熔铸到个体的心性中，由此改变员工的认知，进而改变员工的选择和行动，这种选择和行动会产生结果，最终改变的是员工的命运和整个组织的命运，也就是说，如果我们期望组织有什么样的命运，我们就必须期待员工有什么样的心性，期待有一个什么样的生命场。可以说，造场是改变员工心性的不二途径，那如何才能营造出这样一个好的生命场呢？

造场的根本——铸“魂”

如果说创建生命型企业的关键在于造“场”，造“场”的根本则在于铸“魂”。什么是“魂”呢，我们可以将它理解为我们的这颗“心”。个人和组织的命运，很大程度上是“心”的产物，我们的经历和结局，也相当程度上取决于我们的那颗心，世间种种，皆由心生，所以，造“场”的根本，在于铸心。在现实中，已经有无数推动我们向下沉沦，促进我们命运陷入恶性循环的腐朽之“场”，现在，我们要造的，是一个打破以前种种陈规陋习的

“场”，是一个充分解放个体和实现个体价值的“场”，是一个帮助我们不断净化和提升人心的场。

在打造企业管理场的时候，企业无疑面对的是一场管理改革，而企业管理改革尤其是人力资源改革，经常被人们称作“一把手”工程。一把手的精神境界是铸“魂”的头号工程，是企业管理改革的第一把火，是点亮未来道路的第一根火柴，是企业命运的天花板。

经济学家厉以宁说过一句话，“一个国家、一个企业的经济腾飞，首先是精神的腾飞，只有精神的腾飞，才会有真正的经济腾飞。”一个企业的整体风貌也是一把手个人精神境界与格局的具体体现。一把手能够看到多远，企业就能够走到多远，一把手的格局有多大，企业就能做到多大。乔布斯的追求完美、精益求精，打造了举世瞩目的苹果公司，每一件苹果产品都称得上是一件艺术品，每逢新品发布，总是万人空巷；王健林的严肃严谨，造就了全面军事化管理的万达集团，他们的一丝不苟和严格有序为业界传颂；任正非的开放与分享，不拘泥于单纯利润获取，为了更广阔的未来和更高的目标矢志不移，打造了令世界侧目的华为。

企业管理的对象是千差万别的员工，更进一步说是千差万别的人心。因此，组织的集体人格是组织命运的扣子，是丈量组织未来的尺度，是组织发展的基石。企业管理活动的核心要义就是塑造集体人格，而集体人格的塑造关键则是对人性的把握、对人心的改造。企业中的人文关怀和制度管控，本质上依据的是人的两面性，所谓人的两面性，即人的天性既具有善良的一面，又具有邪恶的一面，这也正是希腊神话中所强调的：人性是动物性和神性的结合，是介于动物性和神性之间的一种性质，是对动物性的克服和向神性的接近。

关于集体人格的塑造，早在先秦时期，中国的先哲们就对人性的根本有诸多讨论，主要包括三种观点。第一种观点倡导性善论，“人之初，性本善”，“本来无一物，何处惹尘埃”，既然人性本善，那即使有人做了坏事，那也应该以仁爱和慈悲来唤醒他心中的善念，因此，教化与感化是主要的管理手段；第二种观点倡导性恶论，认为人完全是趋利避害的产物，为了利益可以不择手段，即使是父子夫妻这样的亲情也在所不惜，因此，强调加强法律制度的威慑力，所谓“以刑去刑”，意即：通过对犯人进行刑罚，从而减少犯罪行为；最后一种观点既反对性善论，也反对性恶论，认为人性就像柳条，就像流水一样，本身没有定势，其形态完全取决于后天的社会培育。应该说，在以上三种观点中，最后的观点在当时影响力并不大，但却最接近人具有两面性的观点。

基于人性两面性的观点，在企业管理实践中，集体人格的塑造可以从人文关怀和制度管控两个方面入手。人文关怀依据的是人的两面性的善良一面，它要求管理者给予员工足够的关爱，这种关爱不仅包括物质上的，还包括精神上的平等、尊重等，通过爱的给予，营造一个最大程度上激发诚实、善良、公正等良好品质的“场”，从而提升员工的心性，总体上看，它体现为基于人文价值的柔性管理。历史上，儒家与释家是这种柔性管理的实践者。儒家所倡导的“仁者爱人”、“以德服人”，释家所倡导的“慈悲为怀”、“普度众生”都强调管理者通过言教、身教等给出尽可能多的爱，关注员工物质收入的同时，关注员工的精神、情感与价值，用爱来感化员工，打造事业共同体与命运共同体。制度管控类似于“丑话说在前头”、“先小人后君子”，强调的是建立完备的制度体系。它依据的是人的两面性中恶的一面，强调通过合理的制度，压制这种潜在的恶，将人性更多的导向善，从而从总体上提升员工的心性，从实施手段来看，它使用的是胡萝卜加大棒的政策，具有强制性，因而体现为刚性管理。历史上，法家是这种刚性管理的实践者。法家认为：人性的本质在于利益，只要有足够大的利益诱惑，即使是夫妻、父子也会反目成仇，而违法犯罪就更不用说了。为了减少这种无底线的逐利行为，法家强调以制教的方式提高这种逐利的成本，即依靠刑罚，而且是重罚来进行管理，所谓“以刑去刑，刑去事成”、“禁奸止过，莫若重刑”。当然，法家的一些观点偏于极端，但无论如何，倡导制度管理仍是法家不可磨灭的重大贡献。

集体人格塑造最为典型的范例当属德胜洋楼了。德胜洋楼将体现人文关怀的柔性管理与注重制度管控的刚性管理完美融合，通过一整套完善的天使激励系统和魔鬼防范系统的构建，建立了属于德胜的人格加工厂，将德胜的蓝领工人们塑造成了让人尊敬的“诚信、勤劳、有爱心、不走捷径”的工作者。关于德胜的具体情况，读者们可以参见本书第六章，进行进一步的了解。

最后，再回到铸魂的路径与方法，之于企业，铸魂的路径与方法可以理解为提高员工心灵资本的路径与方法。在心灵资本上，英国著名学者丹娜•左哈尔有较为深入的研究，她将其定义为魂商，即心灵智商，并给出定义：“心灵智商是我们获取深层意义、价值、目标与高层次动机的智商。心灵智商如同一个思考体系，用以帮助我们正确决策，以及判断如何合理取舍等。当然这些决策也包括我们如何制造、分配自己的物质财富。[①]丹娜•左哈尔认为，只要一个人具有高层次的动机，那么很可能他会有所不同，未来将创造出不一样的结果，正如每个人的智商、情商会有所不同，这些不同也会带来不同的行为，导致不同的命运。

不同心灵智商导致的不同行为可以用马歇尔动机量表来解释，如图5-4。马歇尔是一位精神医学家和专职心理治疗师。动机量表是马歇尔通过整理自己曾经面对过的案例，基于马斯洛的需求层次理论，将原本的6项动机进一步细化到16项动机而来。16项动机中，8项为正面动机，8项为负面动机，每项正面动机都有相对等级的负面动机。

动机量表的重要功能就是要向人们展示，我们的动机或者说心灵资本，完全是可以向上提升或向下沉沦的。当我们越往量表上层靠近，个人潜能就越容易被激发出来，个人行为也将得到改善，产生更加积极的社会效果。

①丹娜·左哈尔：《心灵资本》，北京，中国友谊出版公司，2012。

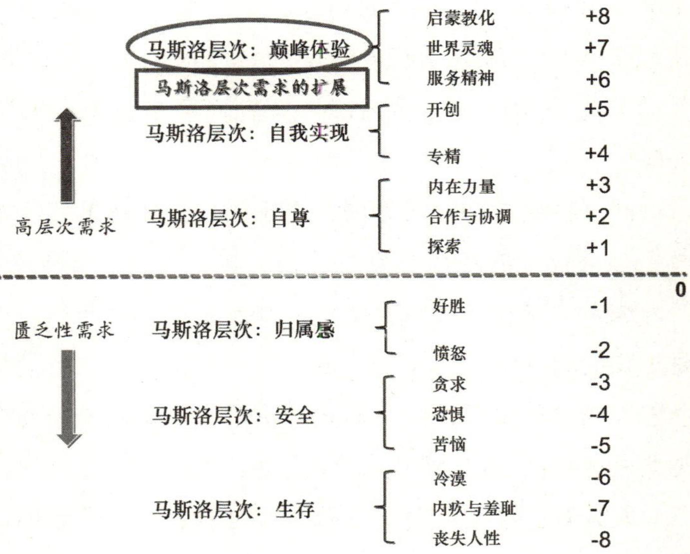

图5-4　马歇尔动机量表

无论我们现在处于哪个动机层次，未来处于哪个动机层次，我们目前个人所有的都是个人选择造成的结果，无论体力、智力还是我们这颗心的修炼都取决于选择，而选择又取决于我们的自我觉察。哈佛大学心理学教授丹尼尔•戈尔曼认为“自觉”（一旦有所感即刻察觉）是情绪智商的基石[①]。他亦赞同自我觉察的力量，认为只有具备自我察觉的能力，才能找到自己在量表上的位置。自我觉察是一切信息进入我们的意识知觉的开始，是一切改变的起点。所以，对于自我察觉能力的修炼可以说是我们修心的起点。德国哲学家尼采也曾说过一句著名的话：“知道为什么而活的人几乎能克服一切的问题。”

自我觉察具体可阐述为以下三个方面：

（1）自我体悟。心灵资本是一种深层次的自发性。赫舍尔曾说，人的存在从来就不是纯粹的存在，它总是牵涉到意义。正是人的意义照亮了人的

①丹尼尔 · 戈尔曼：《情感智商》，上海，上海科学技术出版社，1997。

存在，也正是人的存在，提出并验证人的有意义。①人在世界上的生存、活动、创造，都必须以对自己价值意义的把握、对生命和世界根本意义的理解为前提，即必须思考“我是谁”，“我从哪里来”，“要到哪里去”这些亘古不变的话题。我们需要探求个人的信仰价值观以及能够深度刺激自我内在心灵的事物，感悟自己的灵魂，觉解生命的真谛，了悟自己对于生命的终极目的。自我体悟是追求真、善、美的过程，是突破自己现有潜能、境界和精神状态的过程，是不断自我超越的过程。

（2）自动自发。当魂商被激发时，人会自然而然地与本我、他人、自然界和天地宇宙连结在一起，“我是谁”的问题得以解答：我即世界，世界即我。我们会在心中重构自身与生命、世界的关系，向内求索，反求诸己，心怀感恩，对眼前的一切人和物做出积极的热情的回应；同时，我们会自发地肩负起对于他人和社会的责任，富有同理心，站在他人立场设身处地地体会他人的情绪和想法、理解他人的悲喜和感受，并站在他人的角度思考和处理问题。想要培养自发能力，更深层次地接触内心的真实自我，就必须对自己、他人、环境以及个别潜能有着高度的自觉意识。

（3）领导者反思。反思是领导者凝聚生活意义、认识客观世界和实现智慧领导的重要方式，也是领导者提升精神境界的关键要素。缺乏反思，领导者就失去了自我、思想和灵魂，就不会去挖掘组织背后的人文价值、精神信仰；缺乏反思，领导者就无法修正、改造、更新、丰富对自身、对组织、对社会、对自然的局限性观念和经验；缺乏反思，领导者就难以适应具体、真实而复杂多样的生活情境，难以实现个体与组织的成长与发展。因此，领导者应当注重个体反思和共同体反思相结合的反思过程。一方面，在个体反思过程中，领导者需要从喧嚣的外部世界中暂时抽身而出，将所有理所当然的理念悬置而起，回归至本我的灵魂家园，通过自我对白、自我评价、自我批判等多角度去重新思考和定位自身的价值系统和精神状态，进而不断实现超越；另一方面，领导者应当突破彼此孤立与封闭的个体反思状态，增强多

① A. J. 赫舍尔：《人是谁》，贵阳，贵州人民出版社，1994。

视角、多层次、多元化反思的意识，在与组织成员的双向、多向协同对话中，更深层次、更全方位地认知自我，提高反思效果，提高领导效能。反思应当贯穿于领导过程的每个环节，在反思——实践——再反思的螺旋上升过程中，包容多元、敢于质疑、开阔思维、虚怀若谷等美好品质得以培养，领导者的心灵资本得以提升。

造场的核心——转“境”

如果说创建生命型企业的关键在于造“场”，造“场”的核心则在于转“境”。环境是由“关系”形成的，在一个企业组织结构中，领导核心、管理骨干、敏感人群之间的互动就构成了环境，那么，在管理活动中，究竟什么是环境？通俗的讲，环境就是大家在想什么，大家在说什么，大家在做什么，这些最通俗的日常要素，就构成了我们所说的管理“场”。在管理中营造一个大环境，其实就是转“境”。其中“转”，顾名思义就是营造、构建、提升、升华。“境”则应从“境由心生、心由境造”的角度与理解与实践。著名量子学家丹娜•左哈尔曾经对相关现象进行研究并通过两篇文章阐述了如下观点，以体现人类意识来源的重要性：丹娜将两类人群进行了对比，第一类是生活在类似俄律希特般的资本主义世界中的人群，他们以自我为重、唯利是图、物欲横流；第二类则是以正确的人生观价值观为基础，普遍的去积累资源、创造价值、回馈社会①。这两个极端的人群势必在时间的考验下生成两种不同的结果。环境对于一个人的影响相当巨大，甚至是决定性的。中西方文化也不断重申这一点，《荀子•劝学》中曾言：居必择乡，游必就士。

那么，延伸到企业管理实践，应该如何去转“境”呢？转“境”有两种基本情形：一种是从零开始，比如新建立一个企业，如何从最初就站在高起点上进行企业核心价值、使命、愿景、环境设计，自觉地、有计划地培

①丹娜 · 左哈尔：《心灵资本》，北京，中国友谊出版公司，2012。

育、构建、营造组织环境，造就一个符合心中蓝图的组织“生命场”；而更多的是第二种情形，即：将一个较差的环境转换成一个好环境，也就是由一个较低能量级别甚至负能量的“生命场”转换成一个较高能量级别的、正能量的“生命场”。但是，不管哪种情形，毋庸置疑的是管理者的作用都尤其重要。按照学习型组织的理论的观点，管理者有三个重要角色，分别是设计师、培训师和服务员。在这三个角色中，培训师身份相较于其他两个，从长远角度看，更加重要。马云也曾经说过：“人们称我为CEO(Chief Executive Officer首席执行官)，我更愿意同事叫我Chief Education Officer(首席教育官)。”所以，从个人和组织向上向前发展的角度看，管理的本质就是教育。具体而言，转“境”的途径可以分为言教、身教、制教和境教。

（1）言教。言教，即以言立教，其核心是提出、传播管理者和企业组织的核心价值主张，包括使命和愿景，包括领导者的口头之言与书面之言。在管理领域，言教表现为领导者在各种场合的讲话、著述等，它们体现了领导者所具有的使命、愿景及价值观等，对员工具有导向性作用。

言教的一致性非常重要，包括：领导人自己的言论不可以朝令夕改，要保持一定的稳定性；领导人的言论与公司组织集体形成的企业哲学体系要相合而不是背离或冲突；企业领导人与各级管理者，特别是企业管理者与领导人的言论要具有呼应、配合、默契的特点；企业领导人和更加管理者的言论与制度的要求、行为的价值取向、境教的导向引领相符合。

（2）身教。即以身示教。指的是领导者基于价值主张及相应的制度要求，以身作则，知行合一，躬亲垂范，以上率下。其核心是作出示范，树立榜样，用行动诠释自己的价值主张。身教有两种基本情形：

一种是日常管理行为。管理者的行为本质上是管理者为所在企业及每一个员工提供的公共产品，它既是精神产品，也是知识产品，目的在于促进员工知识与精神上的成长。日常管理行为决定组织“生命场”的基本形态和基本态势。

另一种是重大管理行为。这类行为往往经过精心策划，目的在于改变目前的基本场态，造就“生命场”新的发展趋势，比如张瑞敏的砸冰箱，就是一种典型的身教，非常强烈的传达了张瑞敏对次品零容忍的价值准则。

1985年，张瑞敏毫不犹豫的抡起铁锤，砸向存在质量问题的冰箱，当时一台海尔冰箱的价值几乎相当于一个普通工人两年的工资。但正是这样的关键事件，让全体员工有了刻骨铭心的认识，让海尔永远坚持“质量第一”。三年后，海尔人捧回了中国冰箱行业的第一块国家质量金奖。

商鞅变法初期，为了在秦国推行新法，改变百姓对政府不太信任的局面，商鞅派人在城南门边立了一根木头，宣称：谁要是能将木头搬到城北门，赏十两黄金。结果自然是没人相信。于是商鞅将赏钱加到五十两，这时终于有人出来完成了任务，商鞅当众给予五十两赏金，这就是著名的“徙木立信”，它本质上便是一种身教。

应该说，身教的最重要的主体是管理者，但是，一个“新场态”的最终形成，包括导向的树立，文化的生成，还取决于更多的员工，甚至是包括外部人员在内的组织生命系统中每一个主体。这些人既是被教育者，又是教育者，既是优质精神产品和知识产品的需求者，也是供给者。

（3）制教。制教，即以制导教。制度的功能在于规范行为，规范的目的在于引导，引导的本质就是教育。不以善小而不为，不以恶小而为之，做该做的，不做不该做的，久而久之，内化于心，外化于行，人被制度塑造。

制度的灵魂是组织的核心价值，相应地，管理者所倡导的价值观必须融入于组织的制度系统之中，是组织和及其管理者的意志全面而又具体的体现。同时，制度又脱离领导者的言行而独立存在，它避免了领导者言行的随意性，强调的是企业有制度可依，有制度必依。

特别需要指出的是，制教基于的是人的两面性，即一方面向善，乐于奉献；另一方面向恶，贪婪自私，制教则通过刚性的手段，激发人的善良一面，抑制人的黑暗一面。邓小平同志精辟地论述过制度的极端重要性：制度好可以使坏人无法任意横行，制度不好可以使好人无法充分做好事。制度，特别是体现先进、正确价值观的制度，对于人性的发展具有决定性作用。

在本书最后一章提到的德胜洋楼案例中，为了实现基于人性的高效管理，德胜公司编制了内部的员工手册，这本册子长达268页，在制度方面包括财务报销、采购规则、工程管理、用车规定等，对员工在德胜的工作生活进行了详细的指导，而且，德胜明确规定：员工必须每月举办两次制度学习会，从而保障员工对制度的烂熟于心，达到制教的目的。

其实，市场经济也是一种制教，它本质上是一种制度安排，一个制度系统，而且是一个社会最基本的制度，是其它制度的基础。市场经济制度之所以对于人的改变，以至对于整个社会的进步，具有基础性、决定性的影响，是因为市场经济最基本的规律是价值规律，即价值交换规律。作为一种环境，作为一个“生命场”，市场经济的核心导向就是价值导向。

在价值规律作用下，一个企业能不能活下去，能不能做大做强，做精做优，做长做久，根本上取决于它能够创造的价值。企业生存的前提条件是能够获得它所需要的资源，而持续的生存需要持续地获得生存资源；资源的长久获取，不可能长期依赖外来的“输血”和施舍，而只能有一条道路，那就是通过产品为客户提供价值，由客户价值派生出股东价值、员工价值、公司价值、社会价值和自然生态价值，企业以这些价值交换其它形态的价值，从而获得其生存所需要的各种资源。企业创造的价值越多，得到的资源才能更多；企业创造的价值越优，所能得到的资源就越优；只有企业创造的价值是一流的，才能吸引、凝聚、整合一流的资源，特别是一流的人才资源及知识与智慧、思想与精神、物质与技术等资源，企业才能良性循环，基业长青。由此，市场就形成了一种优胜劣汰的机制，也就是：那些更能够、最能够创造价值的企业得以生存和发展。

竞争力和生命力本质上就是价值创造力。为了活下来，为了活得好，企业就必须聚焦于价值创造，持续聚焦于价值创造能力的提升，不断培育和强化自己在价值创造方面的优势。当企业聚焦于价值创造能力提升的时候，它就必须不断提升产品和服务的品质，改善客户体验，就必须不断优化制度和流程，必须增强企业的软实力，而提升软实力的根本路径只有一条，那就是学习。通过学习，不断优化与升级组织与个人的知识系统、精神系统、思想系统和社会关系系统，也即持续经营组织与个人的知识资本、精神资本、思想资本和社会资本，由此实现组织与个人的健康成长和全面发展。

由此可见，市场经济作为一种制度，给整个社会带来的不仅仅是丰富多样的物质产品，更带来人们在精神上的更大解放和不断升华，为社会主义核心价值观的落地，生根开花打下坚实的基础，为人类良知的觉醒和提升提供基本的滋养。在本书看来，这也正是中国共产党和中国政府坚定不移推进全面深化改革的原因所在。深化改革的过程就是计划经济继续深入地向着市场经济转变的过程，也是法制建设为改革提供坚强保障，而改革的成果又不断地转化、沉淀、融入法律制度系统的过程，同时也是市场经济规律、客户价值导向对于经济生活以至社会更多领域的影响越来越大，越来越充分的过程。

不得不说，改革开放近四十年来，党内一度存在精神懈怠、能力不足、消极腐败、脱离群众的种种表现和现实危险，社会中假冒伪劣、坑蒙拐骗等各式各样的投机取巧现象和行为普遍泛滥，从制度的角度看，这一方面是由于市场经济改革不充分、不完善；另一方面，甚至更大程度上，它们是由计划经济制度的弊病衍生。在计划经济制度下，由于人性局限和制度缺陷，最终实际形成的价值导向是权力导向，企业生存和发展所需要的资源由权力进行分配，换句话说：权力在资源配置中起决定性作用。在权力导向之下，企业和个人要获得生存和发展所需要的资源，就必须聚焦于，或者将时间、精力等更多资源用于和权力打交道，包括正常和不正常的交道。久而久之，各种投机取巧、强取豪夺的能力不断增强，而干事创业、创造价值的能力弱化；唯利是图、不择手段的心态和品行得以强化，君子好利、取之有道的的心态和品行受到弱化。可以说，权力导向对经济领域与社会生活各个方面造成了严重的负面影响。

作为经济活动的微观主体，企业必然受到国家经济制度的影响。其中，民营企业和国有企业情形也大不相同。民营企业组织环境的优劣，其“生命场”能级的高低，主要取决于企业领导者的精神境界、心性水平，虽然国有企业也是如此，但由于国有企业“近水楼台”，

受国家经济制度的影响更大。理论及实践均表明，国有企业极易形成以

权力为主要导向的组织环境，也就是形成一个围绕权力而运行的能量场。

在权力导向之下，太多的时间、精力等资源被用于经营权力，而非经营价值，包括如何得到职位，如何巩固权力，如何扩大权力，如何使用权力谋取更大的私利等，由此，人的价值取向、行为倾向更多地围绕权力而展开、演化，最终导致了人性的沉沦。

在实践中，我们往往看到：一些国有企业长期没有真正的战略，也就是没有稳定执行的战略。被宣传的战略大都写在纸上、挂在嘴上，而实际被挖空心思、不折不扣落地生根的战略往往是领导者个人的战略，它基于的是领导者的个人利益，而且通常是升官和发财导向。

在这种导向之下，在用人上，是用小人、庸人、恶人，还是用好人、能人、贤人？在时间和精力的安排上，是更多的请客送礼、忙于应酬、跑"部"前进，还是更多的用心履职？在管理风格和手法上，是更多的控制、防范、猜忌，还是更多的激发、民主、授权、信任？在经营策略上，是更多着眼于短期利益，还是着眼长远而谋篇布局？等等，可以说，经营管理的一整套系统，都必然与领导者最基本导向一脉相承。心为谁所想、情为谁所系、利为谁所谋、权为谁所用，一以贯之。

习近平主席已经指出，国有企业是中国特色社会主义的重要物质基础和政治基础，是我们党执政兴国的重要支柱和依靠力量。但是，国有企业要成为更加厚实的基础，成为更加坚定的支柱和依靠力量，国企改革十分必要和紧迫。虽然这个过程可能比较曲折，但前途是光明的，我们应该充满信心。事实上，国有企业是完全可以做好的，完全可以比民营企业做的更好，但需要具备两个基本前提：一是推进国企改革，其所有制实现形式必须尽可能契合市场经济规律，发挥市场机制对资源配置的决定性作用；二是通过党的制度与机制建设，充分实现党要管党、从严治党，建设一个具有突出先进性的党。

国企改革举措是多个方面的，但是最根本上要改的是价值导向，因为一切弊端的核心在于导向。导向就是环境，就是环境的本质，是组织的灵魂。具体地讲，必须从权力经营导向转变为价值创造导向。具体策略方面，从制度的角度讲，一是在国有企业产权制度的具体表现形式上做文章，重点是混合所有制改革和员工持股，通过基本制度的改革，弱化权力对资源配置、利益分配的影响，最大化发挥市场机制的作用；二是在权力使用的约束机制方面下功夫，确保权力关在笼子里，使必要的权力得到正确使用。说到底，都是在制度上找办法，让制度护佑良知，用制度滋养党性，靠信仰和制度的双重力量确保国有企业基础和支柱地位的坚实、强大，但制度改革与建设不到位，这一切美好的愿望终将是镜花水月。

（4）境教，即以境化教。境教的核心是营造环境氛围。这种氛围与言教、身教、制教相关，但它涉及的范围更广。境教的主体并不仅限于领导者和管理者，而是每个员工的一言一行，乃至公司以外的社会大众，都可以成为境教主体的一部分，在成为这一部分的同时，他们自身也被环境影响和改变，这就是境教的熏陶功能。

境教堪称典范的是宗教组织，其组织环境中的一件件建筑、绘画、音乐作品，以及各种仪式、活动，无一不释放着一种神秘而强大的力量，让身处其中的人们受到感染与触动，进而吸引和融入。现实生活中，企业虽不必照搬宗教组织的做法，但是营造和选择环境十分必要。

孟子小的时候，由于其父早逝，母亲带着他生活。最早的时候，孟母带着孟子住在墓地边，没过多久，孟子就学着跪拜和哭丧，于是孟母搬到了集市旁，但同样没过多久，孟子就学着迎来送往，讨价还价，最后，孟母搬到了一所学校旁，孟子变得懂礼貌，爱读书。正所谓“蓬生麻中，不扶自直，白沙在涅，与之俱黑”，孟母正是认识到了境教的巨大力量，才不厌其烦的搬家。

在企业管理实践中，不得不说Google绝对是境教的最佳实践者。Google向来以独特的办公环境著称，其内部装潢设计与配套设施，无不让人叹为观止：员工工作累了就可以休息的隔音太空舱，滑梯式的楼梯，随时随地都可以享用点心和饮料的餐厅，应有尽有的运动娱乐设施……为什么这么舒适的环境非但没有让员工慵懒，反而大大提高了绩效呢？这也是境教的力量，所谓境教，不仅仅只是营造环境，更多的是通过环境去进行教养。Google任何一处办公环境的精心设计，都在传达着管理意图和希望实现的管理效果。长期积累的文化环境推动了Google别具一格的创新成功。

在理论上，虽然每一个人都是环境的组成部分，管理者和员工之间的影响也是相互的，但在实践层面，管理者对员工的影响，可谓远远超过员工对管理者的影响，因此改变环境的关键在于改变管理者，而管理者则受领导者的影响，因此，领导者必须提升自己的心性认知水平，通过正确的一言一行，不断地释放出正能量，持续塑造、带动周围一大批管理者，这一批管理者又能传播、影响更多的员工，使得这些员工之间、员工与场之间也能互相激发、强化出正能量，最终打通与股东、员工、客户、对手、社会、自然等多种系统的关联，造出一个活力无限、良性循环的“场”。

具体而言，造“场”的起点无疑是领导者。在造“场”的循环体系中，领导者的心性可谓整个逻辑起点。领导者基于崇高的心性，将自己的分享理念融入到整个企业的核心价值观，并在具体层面上落实为企业的人文关怀与制度规范，借助人文四教，实现人文管理，在这种环境的长期影响下，每一个员工都受到熏陶和感染，进而在心性层面上有所提升，也就是人格上的提升，具有更高层次人格的员工往往具有更强的幸福感，在工作中也表现出更多的尽责性和创造性，由此而产生的产品和服务无疑会得到客户的认可，再加上了企业对供应商、竞争对手、社区、自然等的分享，社会美誉、优良的生态（包括自然与企业生态链）由此产生，并最终源源不断的转化为企业的绩效，实现企业的基业长青。当然，美好的结果也会反过来促进上述路径得到进一步的强化。

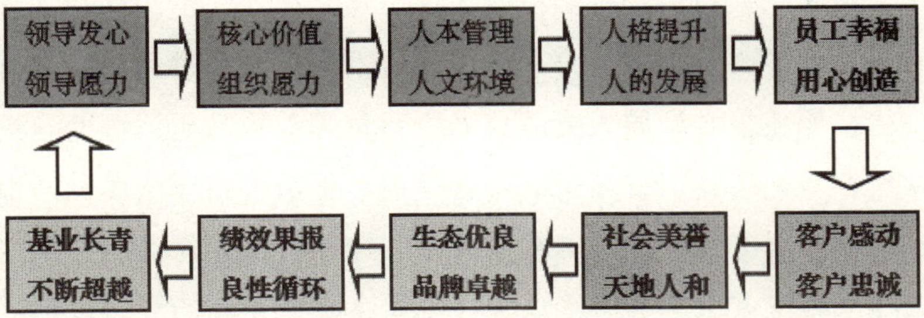

图5-5　造场次第循环图

在图5-5的逻辑循环中，通过领导者的造“场”，整个企业进入了一个由员工、管理者、顾客、社区、竞争对手、自然等形成的生态链，而基于分享、联系、资源、价值、创新、和谐等理念，企业将进入一个导向生命型企业的更高层次。目前，虽然绝大部分的企业离生命型企业仍然十分遥远，但已经有一部分先知先觉的企业开始行动，在通向生命型企业的道路上进行着探索，这包括华为、海尔等优秀企业，本书最后一章将对这些案例进行介绍。

造场的关键——造“势”

势，从字形结构来说是“执”与“力”的结合，“执”指在高原上滚球，而“势”则意指高原上的球有向低处滚动的动力。在物理学领域，“势”直接体现为一种能量，位置较高、质量较大的物体往往具有更大的“势”，从而具有更大的能量。

在管理活动中，我们往往注意到可视物质所具有的能量，比如煤炭燃烧所释放出的能量，金钱的能量，我们没有注意到的是精神意识所具备的巨大能量，没有注意到整个隐形世界所具有的远远超出显性世界的能量。换句话说，执行力是能量，创新是能量，文化是能量，所有的一切，都是能量。

场的本质，就是能量。所有场的变化，都体现为能量的变化，具有更高层级的场，其能量往往更大更多。一个组织的做大做强过程，往往是领导人发扬分享品质，以身作则，从而影响到管理者，影响到普通员工，进而影响到顾客、供应商等外部群体的过程，在这个过程中，越来越多的个体被卷入了这个场，因此越来越多的资源被卷入这个场。因此，组织的做大做强，本质上是一个场的扩张过程，是一个组织能量不断上升的过程。一个组织的堕落过程，往往伴随核心领导人物的自私、自负等消极品质，进而导致最终留下来的管理者和基层员工投其所好，甚至被这种消极品质所腐蚀，由此导致产品质量粗糙，服务水平低下，最终被顾客抛弃，被合作者抛弃，这个场中的资源也越来越少，组织的堕落过程，本质上是一个场的衰减过程，在这个过程中，组织的正能量不断减少，负能量不断增加。

因此，从能量变化的角度来看，造场的关键在于造“势”，在于不断通过领导者的精神能量，激发管理者、员工的精神能量，借助20-4逻辑转换，最终实现整个组织的基业长青。

就逻辑而言，造“势”的起点是心性。正如前文所提到的，心性决定认知，认知决定选择，选择决定判断，判断决定结果，结果决定命运，造“势”本质上是为了造出好的命运，因此，其逻辑起点必然是心性，也就是修心，它修的不仅是领导者的那颗心，而且是管理者及全体员工的那颗心。

在现实中，不少领导人注意到“心”的重要性，也倡导修心，但往往一回到现实生活中，还是按照以前的认知思维，按照以前的行为习惯。或者是口上大谈特谈仁义道德，公平宽容，但实际中则争名夺利，挟私报复，这样的“修心”，恐怕只能给整个组织带来滚滚的负能量。修心，讲求的是不忘初心，外化于行。“不忘初心，方得始终”，没有对初心的长期坚持专注，就没有今天的阿里巴巴，而没有外化于行的具体行动，修心也将不过是喊喊口号，最终难免沦为摆设。

就梯次而言，领导者是造“势”的起点，也是造“势”的中心。领导者以其心性和行为影响管理人员的心性和管理行为，进而影响普通员工的心性和行为，这种良好的心性和行为会影响到产品和服务，最终传导到客户。由此，员工满意度，员工忠诚，组织学习，组织创新得以成为组织源源不断的动力，客户满意，客户忠诚，客户相互推荐，组织得以不断发展壮大。按照物理学理论，处于高处的物体具有更大的势能，而按照场理论，精神能量是一种巨大的能量，因此，具有更高心性水平的领导者，不仅具有正式权力方面的“势能”，而且具有精神能量的“势能”，以这样的势能，必然能成功激发管理人员的精神“势能”，提高员工的心性水平。

然而，冰冻三尺非一日之寒，每一个员工的心性，都是过去二十多年，乃至三五十年的经历所长期积累而成的，具有长期的惯性，所谓江山难改，本性难移，因此，心性的改变，认知思维的改变，并不是一朝一夕的事情，这只能借助长期的习惯培养，借助长期的言教、身教、制教、境教，借助长期的潜移默化，造“势”才有可能达到较好的结果。

因此，造“势”要想获得成功，就必须推行日常化。日常化，是指在企业的日常经营管理中，将企业所倡导的行为理念灌输到每一个环节，无论是宏观方面，还是微观层次。通过日常化的管理行为不断地给组织的管理场输入常态化运行所需要的能量。具体来说，企业应该首先在制度层面做好日常化工作，做好制度的导向性工作，倡导的，应该进行奖励；禁止的，应该进行惩罚。企业也应该在文化层面做好日常化工作，在使命、愿景和价值观领域做好对员工的熏陶，尤其是价值观熏陶，更是一个久远的工程，没有持续的努力，往往会功亏一篑。在管理实践中，为了革除旧弊，改良人心，很多领导者举办了一两场大型活动，当时效果尚可，但一段时间之后，一切重回从前，这就是缺乏日常化的结果。

而且，由于造“势”不可能毕其功于一役，作为企业的一项长期性活动，系统性工程，企业必须在整体上做好全盘规划工作，包括造“势”由谁发起，以什么方式，以多快的进度，在制度上如何考核，文化上如何灌输等，都必须在整体上做好有意识的规划工作。特别值得提出的是，在这种规划中，关键事件的地位也是举足轻重的，组织策划好关键事件，就能顺势而为，事半功倍。在最后第一章的案例中，海尔砸冰箱就是这样的一个典型的关键事件，德胜洋楼董事长亲自刷马桶也是这样的一个关键事件。利用关键事件造成的颠覆和轰动效应，在系统内外进行宣传，从而牢固树立企业所倡导的价值观，这就是海尔和德胜洋楼之所以成功的重要原因。

日常化管理行为一方面为能量场的常态化运行供给能量，一方面通过持续的行为所提供的能量的累积、叠加，为场态与场势的质的飞跃创造质变的条件。而重大事件、关键性管理行为通常是组织的领导人有意识、有计划地改变场的局面和势头的情况下谋划和推出的，或者是借题发挥的，有时候是一套“组合拳”，其目的是要把组织引导和带领到一个新的境界。当“组合拳”和一系列重大举措取得了积极的成果的时候，这些成果就要开始制度化、法制化和流程化。这个时候管理行为开始在新的制度模式的基础上运行。

造场的基础——务“本”

所谓“务”，就是建立、建设、经营、培育。所谓“本”，指的是组织的资源、资本，它们既是价值的来源，同时也是资源向着价值转换的动能和媒介，尤其是无形资本。关于企业组织的资本，我们在前文论述了六大资本的内涵。为了便于阐释，对于本章节务“本”的内容，我们将重点放在知识资本、精神资本、社会资本和思想资本这四大资本。情感资本的经营放在精神资本一起阐述，行为资本经营的相关内容在思想资本经营的部分有所涉及，在此不做赘述。

切实有效地去培育、壮大四大资本，有赖于一系列具体举措的落地落实。我们将这些举措归纳为四大方面，包括打造优质高效的学习体系、构建符合人性规律的组织环境、培育互利共赢的分享机制、精进思想创新的六项修炼。而这四个方面的工作，我们称之为四大工程：人脑工程、人心工程、人和工程和人慧工程。每一个工程的每一项、每一个举措，都是在为造场注入源源不断的能量，同时它们又是被自己所在的场所激发，所催生，所促进的结果，也是从管理者到员工以至外部组织的所有参与人员所释放的各种举措、行为、言论、意识之间彼此影响、感染、激发、转化的结果。

（一）打造优质高效的学习体系——人脑工程

当今时代，国与国、企业与企业之间的竞争，最重要的是知识资源、知识资本之争，也就是知识系统之争。看一个组织的知识系统，至少要看三个方面：一看知识的多少，即知识的数量、规模；二看知识的质量，主要是先进性；三看知识的合理性结构，即知识与知识之间的有机联系性。一个组织在特定条件下的生存和发展，需要多少知识、需要哪些知识，实际上是一个客观的、刚性的指标，尽管这些知识是无法度量的，但却是不以人的意志为转移的。从价值创造的角度看也是如此：生存发展所需决定了需要创造多少价值；而创造多少价值决定了所需要知识的数量、先进性和合理性。那么，知识从何而来？知识的来源途径就是学习。有多少学习行为，才能带来多少知识，什么样的学习行为带来什么样的知识，也就是说学习行为的规模、质量和结构对应着知识的规模、质量和结构。因此：打造优质高效的学习体系，应该从三个方面去着力：

一是增加学习行为的密度，做好活动量管理，让学习行为能够在组织中高密度的发生，这是中国企业的一个严峻挑战，因为中国企业学习行为的密度仍然是相当低下的，尽管这些年已经了明显的进步。在曾国藩看来，一个家族成败兴衰，可以依照以下三个方面的指标：一是这家的年轻人是否起得早，二是这家的年轻人是否做家务，三是这家的年轻人是否读圣贤书？显然，读书学习是一个核心指标，这很值得我们当代人借鉴。

二是调整和丰富学习行为的结构。每个人有各自的学习方式，这是很自然的，但是，普遍而言，我们的学习行为结构是有很大缺陷的。就企业而言，培训是一种比较普遍的学习行为，尽管总体上在中国企业的培训供给严重不足；进一步讲，即便是培训足够了，如果其它学习行为不够，学习的效果也好不了。因为原则上讲：从知识获取的效果而言，任何两种学习行为都不能完全相互替代，充其量是部分重合。就现状来看，除了读书不够，尤其是管理者读书不够外，中国企业学习行为结构主要有以下五大缺陷：反思性学习不够，尤其是对于教训的反思不够、自我反思不够、管理者反思不够；相对于个人学习，团队学习不够；相对于维持性学习，创新性学习不够；相对于形式主义和表面文章，实实在在的、深度的、高质量的、真正解决问题的学习不够；相对于组织安排的学习，自主学习不够。

三是提高学习质量。学习质量的影响因素主要是学习意愿、学习方式方法，衡量学习质量的主要尺度是学习效果。中国企业饱受“三大路径依赖”之害，从管理者到员工的学习意愿仍然明显不足，具有学习热情、渴望、冲动的员工，达到自动自发、自觉自愿，“我要学”的人太少，将学习当作一种工作方法、一种生活方式、一种生命境界的人就更少。这也在很大程度上不仅影响一般学习行为，同时也严重影响学习发生方法的采用和创造：反思学习能不能有效开展，包括能不能直面问题，能不能客观公正的看待问题，能不能坦诚地交换意见，能不能开展有效的批评与自我批评等，背后都涉及到意愿，以及我们的意愿处于哪一个层次；团队学习能不能正常地进行，包括头脑风暴、深度广度汇谈能不能高质量的开展，其道理也是如此。

打造优质高效的学习体系，我们将之称作人脑工程，其重点是围绕知识的获取、传播应用和创造而实施的员工做事的能力建设，也即解决问题的能力建设。主要举措如下：

1、加大投入。加大包括经费、时间、关注度及其他各种资源的投入，努力创造各种条件、方式、平台、载体，让员工能够方便快捷地学习。总体而言，中国企业对于学习的各个方面的投入是严重不够的。尤其是时间、经费资源、关注度和重视程度。

2、利用新媒体。微博、微信群、手机报、电子邮件等进行知识与学习的管理。重视和推动碎片式管理。

3、管理者带头讲课。管理者带头讲课是十分有效的学习推动方式。带头讲课就是带头学习、带头研究问题，带头寻求解决问题的办法。在这个方面，国外要向杰克.韦尔奇学习；在国内要向任正非学习，在公司发展的重要阶段，能够通过讲课、讲话，还有文章的发表，及时地传播、宣导、分享公司特别是领导人的价值观和重要理念、思路和重大举措。

4、"重点、热点、难点"综合开发。通过把"解决问题式"的学习模式融入经营管理，打造学习工作化、工作学习化的有效机制。在实际工作中，要鼓励管理者带头、业务骨干参加、培训师加入，积极对工作中的重点、难点、热点问题进行研究，在把问题作为课题来研究的过程中，要自觉地引入学习型组织中团队学习、改善心智模式、系统思考等先进的、科学的方法，研究成果分别可以形成工作方案、决策建议和培训讲义。

5、鼓励创新。鼓励团队成员对现有业务或工作流程提出建设性的改进意见，并且改进意见确实得到采纳和实践。

6、广泛开展"共享课堂"式的学习分享活动，营造学习氛围，鼓励跨界分享。共享课堂可与读书分享活动结合起来，与建言献策结合起来。

7、建设先进健全的学习体系，而不仅仅是培训体系，但培训体系仍然是学习体系的的重要基础。学习体系是企业大学的核心，如果没有健全而又先进的学习体系，企业大学只会沦为一种摆设。健全的学习体系，一是要素齐全、二是机制完善。重点：一是组织人力体系，二是培训师资体系，三是课程课件等学习内容体系，四是平台设施等物质技术体系，五是时间保障机制，六是经费保障机制，七是管理者责任保障机制，八是学习权利和学习义务保障机制。

8、践行学习行为“十个一”倡导，即：多一本好书，写一篇心得，做一次分享，提一条建议，学一项技能，解决一个问题，养成一个习惯，树一根标杆，去一个陋习，建一条链接。

9、推广“团队学习实验室”。这是在美国获得相关专业委员会认可，国内学习型组织专家从美国引入，又经过本地化改良的一个学习项目。我所工作的公司在全系统开展的这种学习活动不下于800次，不仅对于推广学习型组织的理念、方法、工具很有实效，作为一种“学习工作化、工作学习化”的一种工作方式方法，对于深层的、有效的解决实际问题大有助益，而且特别具有情景性、互动性、参与性，学员的学习兴趣和投入程度被大大激发。

（二）构建符合人性规律的组织环境——人心工程

构建符合人性规律的组织环境，我们将之称做人心工程。人心工程的着力点是经营关乎员工做事意愿的精神资本。方法是：通过环境的营造，改善管理者与员工，员工与员工之间的互动，通过良性互动营造出来的环境来培育、改善、升华员工的精神境界、人格心性、美好情感，达到激发员工干事创业的意愿和激情。这个工程被称之为人心工程是就其着力点而言，而就其实际地位来说，她是整个生命型企业建设中的灵魂性工程。

人心工程，根本上是要实现员工精神上的成长。德国哲学家费尔巴哈曾言：人就是他所吃的东西。也就是说：人吃什么，就会变成什么。人吃什么物质食品，人在生物学意义上就会变成什么样的人；人消费什么知识产品，就会在知识上变成什么样的人；更为重要的是，人消费什么精神产品，就会在精神上变成什么样的人。反过来，我们如果要想变成怎样的人，那就必须消费什么样的产品，因此，我们要想改变自己，那就得从根本上改变我们所消费的产品。精神产品包括纯粹的精神产品，诸如《心经》、《金刚经》、一堂关于精神修炼的课、一席触及灵魂深处的谈话，但更多的精神产品常常跟知识产品是同一个载体，比如说某些书籍，大量的书籍都同时具有精神和知识的内容；同时，精神产品、知识产品和物质产品共存于一个产品载体，比如说父母做的菜饭，就是上等的物料加上父母的厨艺（知识），还有父母对于儿女的疼爱。我们常讲的读万卷书、行万里路、阅人无数、名师指路，给我们带来的既是作为精神产品的养料，也是作为知识产品的养料。我们当下在知识和精神上属于什么样的人，都是由我们长期所接触、得到和吸收的知识及精神营养决定的。

那么，对我们影响最多，通常也是最大、最深的精神产品是什么呢？就是环境，确切地讲就是环境中，与我们相处、相遇最频繁、最紧密的人，他们在说什么、做什么和想什么。在前文中，我们讲到人在是什么、做什么、想什么，也就是人们的一举一动、一言一语、一念一想，都是给与这个世界呈现的产品，这些产品已经出现或好或不好，都会多多少少影响我们周围的人。人与人之间就是这样相互影响，能力交互，共同造就组织群体的场态与场势，共同塑造场环境，相互塑造并塑造自己。这跟心理学家所讲的人是环境的产物，或者说人是与环境互动的产物是一个道理。然而，必须强调，由于所处的位置拥有的权力和资源不一样，影响力大小是不一样的。管理者的能量级别通常大于一般员工。

基于上述原理，员工精神上的成长，也就是组织精神资本的经营，关键在于组织，尤其是组织中的管理者，又特别是组织中的核心人物，愿意并且能够为员工提供什么样的精神产品和情感产品。说到底：管理者，你都做了什么，你都说了什么，你都在想什么。这些形式多样的产品的供给，以人性需求为核心，以树立公平、尊重、信任、分享等组织确立的核心价值导向为目标，不断地推动人与人之间良性互动的组织氛围，造就一个有利于人格良性熏陶与升华的“场”环境，在其中培育和弘扬员工忠诚、奉献、责任、自律等优秀精神品质，持续提升员工的幸福感和使命感，保障团队可持续发展。

所以，精神资本经营的核心是管理者要尽可能地通过制度化和应景式、常态化和非常态化、普遍化和个性化的管理行为，持续不断地为员工提供精神产品，从说什么话、做什么事、存什么心三个方面，从理念、战略、制度、流程、行为等各个层面，一致体现和贯穿企业健康向上的价值主张，体现“十个多一点”（多一点善念、多一点分享、多一点包容、多一点开放、多一点尊重、多一点欣赏、多一点信任、多一点赞扬、多一点公平、多一点信仰、多一点关爱、多一点阳光）的倡导，以丰富多样、美好向上的精神与情感滋养员工，使得员工的人格心性能够健康成长。

如果说提供人文关怀产品重点在于激发人性中天使一面的话，那么抑制人性中恶魔的一面也十分重要。前者为体，后者为用，缺一不可。所谓人性规律，其中重要的规律之一就是人性的两面性，人性善的一面需要激发，而恶的一面，则决不能手软，一定要“把话说透”，将制度完善到位，制度中的惩罚力度到位，做坏事的成本确立到位，把“恶魔”关在制度的笼子里。但抑制、控制都不是目的，其目的还在于扬善，就是要激发员工人性中向善向好的那一面，这才是主旨，从这个意义上讲，讲制度、讲规矩、讲原则、讲纪律、讲惩处的管理行为，其目的还是激发和养成员工好的品行，滋长其良知和善行。从这个意义上讲，制度、法治是一种深切的人文关怀。在这方面，德胜洋楼的做法和模式为中国企业树立了典范，阴阳两极，刚柔两面，农民工果然被塑造成为可敬的绅士，其人心经营的功夫值得深入学习，拿来借鉴。具体操作可参考第六章的案例，在此不再赘述。

（三）培育互利共赢的分享机制——人和工程

培育互利共赢的分享机制，属于人和工程。人和工程也可以理解为：企业为经营其组织的社会资本而实施的一系列行为的总和。社会资本则是通过这些行为构建起来的社会关系的总和。其着力点是企业的合作或者叫做相处能力的建设。社会资本经营与壮大的过程就是一系列的分享行为所承载的能量由内而外地辐射开来，向外输出的工程，是品牌影响力不断扩展的过程，也是社会关系网络越来越扩大、越来越紧密的过程；同时也是吸引、凝聚外部能量，使得组织所聚集的能量不断增加、能级不断提升的过程。

在前面的章节中，我们提到，资源来自联系，联系则来自分享。我们在哪个层次、哪个范围、哪个深度上与他人、与这个世界分享，就会有相应规模、相应品质、相应范围的资源来到我们的身边，我们才可能成就某项事业。由此可见，抓住了分享，就抓住了纲，纲举才能目张。分享与佛法所讲的布施如出一辙，而布施的背后是怎么对待这个世界的慈悲情怀，慈悲情怀的背后则是怎么看待这个世界是般若智慧。显然，分享的精髓是一种精神境界，但分享的实质则是行动，是表现出来的、呈现于世的实实在在的行为。

在《辞海》中，分享的定义是：和别人分着享受（快乐、幸福、好处等）。在本书看来，分享本质上是一种处理人与人之间利益关系的态度和行为，这里所说的利益包括物质利益和精神利益。

分享包含着分担，分担的实质也是分享。分享与分担是一体两面。分享也能包含回馈，回馈也是分享，分享与回馈是良性互动。

分享，是舍得。首先是舍，舍而后得，不舍不得；小舍小得，大舍大得。舍，不一定是为了得，不为了得而舍，往往能得，且得到更多。

分享，即是利他。主观利他，往往客观利己。主观利己，结果却常常是不利于己。

分享，最重要的是付诸行动，其本质在于我们如何看待和对待这个世界。换句话说，分享，是丈量一个人的精神世界，或者说心量大小的终极尺度。心有多大，世界就有多大。而心到底有多大，判定的尺度在于其分享层次属于下面哪一个台阶：

最基本的台阶是基于法律与种种契约所规定的责任和义务，给出各种应当给出的利益，承担各种应当承担的损失。这是法治国家和市场经济的基本要求，是所有公民和组织所必须遵从的底线。低于这个底线，则表明这个人的精神境界、人格心性处于负值。

第二个台阶的分享是没有法律契约的规定，但基于承诺的分享。这种分享本不是必须进行，但基于一诺千金，当事人信守自己的诺言而进行利益让渡。

第三个台阶的分享是基于个人宣扬的某些价值，做出与自己的价值主张相吻合的利他分享。

第四个台阶的分享是既没有法律契约，也没有承诺等，而是基于合理性规则，自觉追求权利义务与责任的平衡，以及付出与回报的平衡，不占其它人的任何便宜。

第五个台阶的分享是基于习俗的一种分享，在中华民族的发展历程中，在各种各样的社群、组织与团体当中，形成了不少传递关爱，凝聚家族，睦邻友好的习俗，值得我们传承。

第六个台阶的分享是基于道义担当的一种分享，它并非企业和个人所必要，比如各种关爱弱势群体、扶危救困等事业和行为。

第七个台阶的分享通常连社会责任的出发点也不具备，而是心甘情愿的给出自己完全可以不给出去的利益，典型代表就是华为的任正非。98.6%的股份分享与法律契约无关、与承诺无关、与道义无关，只是任正非心甘情愿的付出。然而，事实证明，任正非的大舍，带来了大得。

第八个台阶的分享是指在能够保持自己较为体面生活的情况下，将个人所拥有的几乎所有财富投入到全社会，进而推动社会发展。比尔•盖茨、扎克伯格等人以实际行动诠释了这种高境界。的确，对财富最好的管理方式，就是让它回归到社会中去。

第九个台阶的分享是将个人所拥有的资源完全奉献给社会，连体面的生活也不在考虑之列。对于他们来说，生命不属于自己，而是属于整个社会、国家、民族乃至世界。这方面的典型代表是特蕾莎修女，在长达75年的时间里，她一直默默无闻，不畏疾病、战争和贫穷，完全将自己奉献给了印度的穷苦人民，成为世界正义和平的一盏明灯。

第十个台阶的分享则是佛陀的境界。“应无所住，而生其心”，“住”代表的是对世俗的种种留念和执著，而“心”则是个人的一种领悟。个人要达到的境界是：不要拘泥于世俗中的杂念，完全放下自我，没有自我，而去在物质和精神上布施（分享），从而度化众生。

以上十个台阶是分享不断向上递进的台阶，它们代表了管理者，乃至我们每一个人所能在精神上到达的高度。

如果说分享的台阶所能达到的高度代表了企业领导人的精神境界，那么，就分享的对象范围而言，分享行为所能企及的维度，则代表了企业领导人精神世界的格局，也即心量的宽度。

正如马克思所言，人是社会关系的总和。这句话道出了人的本质，更道出了人如何将自己做大做强，成就大我人生的真谛。人与人、组织与组织的不同，根本上在于其所构建的社会联系的规模、质量与结构的不同。也就是说，人的生命不应该局限于个体本身，而应该认知到生命的本质：个体之外，与个体在一定环境中进行能量交互的相关主体之和。在宏大的宇宙生命系统中，生命与生命之间息息相关，而当我们怀着敬畏与感恩的心，自觉地用分享的行为去构建各种联系，形成种种关系时，我们生命系统的能量将被激活，生命得以扩展，形成一个开放的、没有边界的生命系统，系统中的所有主体都成为我们生命的一部分，成为我们能量的一部分。

对于企业领导人而言，如何走出自己的大我人生呢？简而言之，放大格局，以“分天下”的胸怀，成就更多的人们，成就更美好的社会。

具体而言，对于企业主，大股东（特别是处于控股地位的股东）而言，其他较小的股东是最基本的分享对象，但分享的对象则不应限于股东，它应该包括管理者、管理团队、员工、客户、供应商、合作伙伴、竞争对手、社区、社会、自然生态、世间万物、天地宇宙等各利益相关主体等，总共十个维度。分享的对象越多，所构建的具有信任内涵、能够产生合作的社会关系就越多；企业发展所需要的资源来源就越加丰富而多元，生命成长的空间就越大。

如果说分享的意愿和对象分别代表分享者的境界和格局，那么，分享的内容则代表分享者情怀的深度，也即精神世界的厚度。

分享内容包括物质利益分享和精神利益分享，马斯洛理论的六大需求层次实际上就是六种利益。围绕生理需求、安全需求、社交需求、尊重需求、自我实现及自我超越六个层次的需求进行分享，给分享对象带来的精神心理体验分别是：物质上的满足感、安全感、归属感、尊重感、公平感、信任感、成就感、荣耀感、责任感、使命感等十大体验。不同层次的需求得到满足后所带给分享对象的精神心理体验是不一样的，所能激发的情感，所带来的互动，所形成的关系，所结下的因缘种子，以及所能产生的承诺与投入，回馈性分享与付出的能量层级是不一样的。一切关系状态都是分享，都是分享的产物，或者正分享，或者负分享；一切关系对象的状态，都是激发的结果，或者正激发，或者负激发。正是从这个意义上讲，没有不好的员工，只有不好的管理者；也正是从这个意义上，对于丈夫而言，没有不好的妻子，只有不好的丈夫，反之亦然。

在企业中，通过分享，员工的精神人格得到健全，生命能量得到激发，进而推动卓越产品和卓越企业的产生。分享的内容所处的层次实际上反映了一个人精神世界所具备的情怀深度，因为只有心中具有，才能进行分享；只有心里满满的爱，才能更多地洒向人间；只有心中浓浓的情，才能的情系众生。

十重境界、十维格局、十度情怀，就是描述一个人的精神世界，度量一个人的心量大小的尺子。境界有多高？格局有多大？情怀有多深？这些问题的答案共同决定了分享所处的层次，也决定了一个人、一个组织的社会资本大小，最终决定生命的长度与质量。所谓“唯心所变”、“境由心造”，其实质内涵在于：心在那个层次，分享行为就在哪个层次，所构建的社会联系就在哪个层次，命运的处境、际遇、表现就会在哪个层次，一生的作为就会在哪个层次。

基于上述观点，我们需要明确：经营社会资本的要义就是要做，要将分享共赢进行到底，将客户价值贯彻到底，要将具体而实在的行为，包括言语，呈现于我们人生，呈现于当下的每一刻、遇到的每个人、从事的每件事。如此种下的每一粒种子，就会形成作为企业命运的“种子库”，成就企业强大的社会资本，以至基业长青。而从企业角度，围绕社会资本的经营，我们的所思所想和所作所为应该主要把握以下九个方面：

一是公司大股东，特别是具有控股地位的大股东怎样看待中小股东的角色、地位、作用，从而处理与他们之间的利益关系呢？按照代理理论，大股东与中小股东之间存在一种代理关系，即中小股东由于权力分散，往往由大股东行使对公司的相应权利，在实际经营的过程中，往往存在大股东利用特殊地位谋取私利的现象，不以大欺小，维护中小股东的正当权利，这是大股东应具有的底线。

二是股东们、大股东们，是怎样处理与管理层，特别与CEO之间的关系？能否将自己的信任分享给管理层，给予充分授权？激励机制与制约机制是否合理、到位？不得不说，中国企业老板对管理层的不放心、授权不够、监督约束过于严格，这是比较普遍的。

三是企业，包括企业领导人、管理者是怎样对待员工的？员工是什么？是伙伴、家人、恩人，还是对手、工具？我们对员工到底做了什么？给了他们什么？什么是他们真正想要的？在现实中，我们很遗憾的看到：中国企业往往以“工具观”看待员工。

四是企业如何看待客户。企业的客户理念是什么？公司的制度流程、商业模式，以至大家的思维与行为习惯，是不是贯穿落实了客户价值的导向？客户是否对公司放心、满意、忠诚？为什么？我们需要怎样的客户政策？需要对客户做些什么？做对了什么？做错了什么？不得不说，中国企业对待客户的心态与对待员工相差无几，伙伴思想、感恩心理、上帝意识缺乏，工具观念普遍。

五是企业与供应商的关系。在二者的关系构建上，能否真正在行动上体现合作伙伴、共享共建、互利共赢、和谐共生的思想？企业对供应商等各种合作伙伴都做了些什么？需要做哪些改进和提升？

六是企业与竞争者的关系。在与主要竞争者互动的过程中，企业是否进行过深入系统的思考？竞争在哪一个层次，是否具备合作的意识？是否存在合作的机会？目前单纯竞争的关系是否有调整和改善的需要？能否建立双赢的机制与联系？

七是企业与所在社区的关系。企业是否认识到与社区之间的命运联系？是否重视与社区的关系并建立了某种联系？与社区的关系是否潜藏着危机？对于社区企业贡献了什么？还需要做什么？有无达到社区的期望？特别是企业是否做错了什么？是否需要补救、纠正、整改？是否需要回馈、感恩？

八是企业与社会的关系。企业为社会创造了什么福祉，还是带来了什么危害？是否自觉地将企业的行为与建设自由、平等、公正、法治的美好社会联系起来，具有社会责任感并承担相关的责任和义务？已经做了什么？做错了什么？还需要做些什么？

九是企业与自然生态、天地万物的关系。企业是否意识到自身命运与自然万物的关系？是否意识到我们处于一个包含天地万物的宏大系统之中，必须具有一种敬畏、感恩、担当与慈悲的心理意识并见诸于行动？是否想过要为生态文明建设做点什么？已经做了多少？还需要做些什么？

在经营社会资本方面，华为可谓典范。就员工层面来说，任正非仅持有1.4%的股份，而将其余股份与员工分享，据悉，50%以上的员工均持有华为的股份，而在华为员工的收入中，有相当一部分收入就源自股票所产生的分红。在员工层面，这种分享带来了华为强大的社会资本，甚至无数员工舍弃国内的优厚条件，为华为在海外开疆拓土。应该说，借助这种分享，股东之间的代理问题，以及股东与管理层之间的代理问题都得到了较好的解决。

就客户层面来说，自创立以来，华为始终坚持为客户创造价值，即使在最为艰难的情况下。2011年，日本福岛核电站发生核泄漏，电信设备供应商纷纷撤离，但华为没有。地震后，华为公司代表处在余震的危险中继续开会，而华为的工程师则无畏的走向福岛，抢修通信设备，这一切都只是为了减小地震带来的损失。

就供应商、竞争者等外部群体层面来说，华为致力于打造开放的ICT生态圈，通过自身的努力而将整个产业做大，从而惠及更多的上下游供应商等行业内其它主体。仅在云计算方面，华为的合作伙伴就达500多家，而发起于2008年，旨在为当地培养通信人才的“未来种子项目”已覆盖全球67个国家，超过1.5万名学生受益，其中来华留学生1700多名。

（四）精进思想创新的六项修炼——人慧工程

四大工程是一个完整的系统工程，缺一不可，然而每一项工程的地位还是不一样的。前三项工程分别着重于做事、做人和相处三种能力的建设，可以说都是具体的能力，是派生出来的能力，它们都源自另外一种能力，随着另外一种能力的增长而与时俱进，这种能力就是产生新思想的能力，简称思想能力，也叫学习能力。为提高这个能力而努力的过程，就是思想资本的经营。

关于思想资本的经营，有很多的路径，比如中国传统的儒释道三家，以及现代的心理学，都有很好的原理和方法。但是本书提出六项修炼的概念，也是精进思想能力的六个法门。在这方面，彼得•圣吉先生提出了提高组织学习能力的策略与艺术的五项修炼，本书对此非常推崇，但是考虑到中国国情，特别是当下中国人的人格的表现，提出了“五加一”的修炼路径与方法。“五”是五项修炼，“一”是知行合一的修炼，简称六项修炼，以下将围绕思想能力的建设、思想资本的经营对六项修炼进行简要阐述。

1、改善心智模式。从创造新思想的角度来看，改善心智模式的修炼是六项修炼中最重要的修炼。从某种意义上讲，其余五项修炼都属于广义的心智模式的修炼，其功能与目标的指向都是产生新的思想。心智模式，实际上就是我们这颗心。它是长期以来我们所受的形形色色的“社会训练”，在我们的大脑里形成的各种各样的认知。这些认知是以千千万万个具体模式的形式存在的。

这些模式我们可以把它们分为三个层次，第一个层次是宏观层次，包括怎么看世界、怎么看人生，构成世界观、人生观；第二个层次是中观层次，就是怎么看待那些重大的基本的问题，怎么看待权力、金钱、政绩、婚姻、企业、客户等等，形成权力观、金钱观、婚姻观、政绩观、企业观等等；第三个层次是微观层次，指的是如何看待具体的事情，如：怎么看待上海人、北京人、河南人？怎么看今天发生的这件事情？怎么看待这个机会？怎样看待这几天发生的小动物异常活动等等。这些模式就是心智模式。

我们观察一个事物、一个现象、一个人时，在获得某些信息和数据之后，最先启动的程序就是我们的心智模式，这种启动连我们自己也没有意识；然后，基于得到的数据和我们的心智模式，我们很快做出判断，接着就采取行动，行动带来后果。基于心智模式的“快速反应”自然有许多好处，因为我们一天中绝大部分的事情，包括思考、说话、做事，都是基于心智模式的某些习惯，它大大提高了我们的效率，但是也带来了许多问题，尤其是：任何一种心智模式，都是在过去特定的时间、空间、特定数量与质量的信息条件下形成的，而这些信息极有可能已经过时，或者我们拥有的心智模式本身就是基于错误的、不全面的、片面的信息而形成的，这种情况下，

“快速反应”的后果就可想而知了。

基于上述分析，改善心智模式，首先是放慢思考，不要急于下结论，不能太过自信；同时要悬挂假设，就是要将自己的经验归零，要知道有时候过去成功的经验会成为未来最大的陷阱。关键是要将自己的心智处于开放的、弹性的、空杯的、可以调试的状态，只有这样，我们才会听得进方方面面的意见和看法，包括与自己不同甚至相反的意见和看法，才可能接受新的信息和数据，而只有新的信息，包括数据和知识，进入到人的意识知觉或者组织的意识知觉，人和组织才有可能基于新的、更全面的信息做出新的判断，产生新的观点、见解、看法、创意，以至新的理论。

值得强调的是，改善心智模式的核心在于：觉察。觉察者，先自觉而后觉他。只有培养一种自我觉察的意识和习惯，我们才能够意识并发现自己的心智模式处于哪种状态，这种状态是否需要调整和改变？不改变会有什么后果？我们是否愿意接受这些后果？这样做是否符合自己的原则和信仰……我们对这些问题才有可能进行足够的思考与权衡，从而对心智模式做出及时的调整和改变，进而对事物进行正确的观察和判断，避免错误的思考和决策。

2、系统思考。系统思考，简单讲就是整体性、系统性思考。整体性和系统性包含了全面性、辩证性、历史性、动态性、多元性、多维性，与之相反的是局部性、静态性、形而上学性、单一性、单视角性。系统思考的目的就是要看到更大的整体并看到更多的联系，看到了更大的整体和更多的联系意味着看到了更多的真相，看到更多的真相就更容易抓住事物的本质，判断和决策就会更加正确。因此可以这说：凡是有利于看到更大整体和看到更多联系的观察事务，看待问题的方法都属于系统思考的方法。

那么，系统思考的方法为什么能够看到更大、更多的整体和联系呢？关键在于：通过运用这些方法来观察事物，可以让观测者得到一般人得不到的信息和数据，也就是前面所讲的，能够使得关于观察对象的新信息和数据进入观测者的意识知觉，然后通过对这些信息和数据的分析，得出新的判断，产生新的观点和见解，也就是产生新的思想。

3、共同愿景。愿景，是我们人生目标和追求的一种具有画面感的描述，它是一种直接的牵引力。愿景的背后是价值观、人生观和世界观，因此，愿景本质上是一种信仰的力量，一种巨大的精神动能。共同的愿景意味着共同的牵引力，它无疑是一种更大的牵引力，更大的精神力量。由于愿景本质上是一种追求，而人与人的追求是不一样的，因此愿景的的层次也是不一样的。愿景处于哪一个层次，能量就在哪个级别，力量就在哪个量级，犹如引擎之力量大小。共同愿景也是如此。

愿景对于个人和组织新思想的产生有着根本性的影响。我们说改善心智模式的核心在于觉察，而觉察的灵敏度以及觉察之后是否有足够的意愿改变自己，则直接取决于愿景的大小、强弱与层次。只有宏大的愿景及其背后深切的渴望，才能让我们对于关乎愿景的事物具有并保持高度的敏感性；只有愿景的力量才能推动我们改变，从改变自己到改变世界，否则便随波逐流。如果没有愿景的驱动和激发，我们的心灵就容易麻木、迟钝，对环境的变化和新生事物就容易失去兴趣，没有感觉，就不可能及时地捕捉到变化的蛛丝马迹以及相关事物的新信息，而新信息的进入是一切生命进化的前提，也是一切创新活动的基础。如果没有愿景的驱动，即便是我们主动或被动意识到心智模式出了问题，我们也不会有足够的决心去改变。同时，愿景不一样，对信息的偏好也不一样，即“你所看到的，其实都是你想看到的”。

共同愿景缺少或者愿景乏力，在组织中的危害就更大，除了迟钝、麻木以及不愿意从“心”改变自己之外，更多的时候，会导致改变心智模式的所有工具将是一堆废铜烂铁。放慢思考、悬挂假设、用心聆听、深度会谈与沟通、换位思考、组织成员之间的主张与探寻、批评与自我批评的方法沦为摆设，甚至成为自我防卫和自我证明的工具。团队学习、系统思考和自我超越均无可能性。即便是问题已经浮出水面，也会由于缺乏力量而没有勇气面对，或者视而不见，或者为了既得利益而对问题进行粉饰，致使组织错失良机而走向衰落。

4、团队学习。团队学习，说得通俗一点就是集思广益，群策群力。团队学习的目的是为了获得更高级别的智慧，也就是真正解决组织问题的能力，特别是解决组织中那些关乎组织生死存亡、成败兴衰的动态复杂问题的能力。从思想能力建设角度讲，团队学习的目的就是提升团队产生新思想的能力。

团队学习主要从两个方面影响团队和组织产生新思想的能力：一是通过民主性和参与感来影响员工的主人翁责任感、使命感，进而带出积极性、自觉性、能动性和创造性。二是通过集思广益和群策群力，也就是信息渠道的多元性、多样性、多层次性、多角度性，以及相互之间的信息沟通、观点交锋、头脑风暴、思想激荡，使得进入到组织，尤其是决策层大脑的信息的数量、质量和结构达到更理想的水平，进而产生新的更高品质的思想。

5、自我超越。真正意义上的超越是对自我系统性的超越，也就是思想、精神、情感、知识、能力、行为等各个层面的全要素、整体性向上跃升，也可以说是个人或者组织所拥有的思想资本、精神资本、情感资本、知识资本、社会资本等无形资本与有形资本，或者叫做软实力与硬实力的系统性超越。其中精神资本，或者说精神层面、精神系统的超越具有根本性和源头性。精神系统的超越具体表现为精神境界、人格心性、心态心境、动机层次等整个生命境界的显著提升、质的飞跃。如前文所述，一个人的精神境界所处的层次，决定了他做事做人的层次，进而决定了其命运的层次。哲学家冯友兰先生提出的人生四重境界说的就是精神系统的四个层次，马斯洛需求的六个层次可以理解为生命的六重境界，马歇尔和左哈尔提出的16个动机层次实际是将人的精神境界细分为16个层次。精神境界往上提升一个层次，生命的景象就会呈现不同的色彩。

精神层面的超越固然具有极端的重要性，然而它却依赖于思想能力的修炼，换句话说就是：精神资本的超越依赖于思想资本的超越。只有通过思想资本的经营，思想资源中关于精神、心灵层面新的思考、见解、观点，源源不断地注入个人和组织的精神系统当中，精神资源才会持续地得到涵养、累积，进而迈上新的台阶，跃上新的精神天地。精神系统的自我超越为生命系统的整体进化创造了先决条件，“总开关”的版本升级，为各级分支开关的升级奠定了基础。当然，这并不是说一切都会自动发生，其他各个系统的升级仍然需要做出相应的努力，有着各自修炼、进化的具体路径与方法。同时需要指出：精神系统的超越，除了需要思想系统的补养之外，其他各个系统的精进，对于精神资本的进化与超越都具有各自独特的贡献，彼此之间的关系很大程度上是相互补充，相得益彰，你中有我，我中有你的关系。

生命系统中各个方面的自我超越对于心智模式的改变有着独特的影响，无论是精神境界的提升所带来的精神动能、生命引擎的升级，还是知识结构的改善、知识系统的与时俱进所带来的认知世界能力的飞跃，以及社会资本的壮大、社会关系网络结构的改变所带来的信息的多样性加强、信息质量的提升，这些影响的最终目标还是让更多新信息能够进入组织的意识知觉，进而促进组织产生新的思想，而这些新的思想反作用于生命系统的其他各个层次和各个方面，推动生命可持续良性循环。

6、知行合一。早在三千年前，中国古人就注意到了知行合一的难题，知之非艰，行之惟艰，这可谓一语中的。在知行关系上，中国的哲学家也经历了长时期的讨论，提出了许多观点，比如哲学家朱熹提出先知后行，重知轻行等，而在这方面，王阳明的“知行合一”则将知行关系提高到了一个新的高度。“知行原是两个字，说一个工夫”，这至少有以下几个的要点需要把握并加以努力践行：

行出真知。实践是检验真理的标准，也是产生真理的源泉。做，才是真正的得到，做，才能进一步得到。人类社会发展到今天，绝大部分的知都是源于行，比如神农氏尝百草，伽利略比萨斜塔实验，包括经验型管理所依赖的经验，科学管理所依赖的技术、流程和方法，人本型管理所依赖的以人为本，生命型管理所依赖的道法自然，本质上都源于丰富的管理实践，没有反复的实践尝试，就不可能有现代文明得以奠基的种种技术、理论和思想。从思想资本的角度来说，行是检验知，扩充知的最佳途径，只有通过不断的践行，在践行中发现问题，深入思考，反复实践，才有可能产生新的思想，这种新的思想体现为新的制度、模式、机制、产品、服务、绩效，还有文化、品牌、影响力，进而塑造出新的现实，新的景象。不仅行出真知，而且行出真果。

真知必行。纸上得来终觉浅，觉知此事要躬行，只有将知落实到实践层面，才是真正的知。如若不行，等于无知；若不能行，等于白知；行而不笃，实为非知。赵括、马谡兵法倒背如流，但在战场上沦为笑柄。在现实的管理中，学习型组织、人文管理的理念在中国相当流行，很多企业领导趋之若鹜，在企业中也进行了相应的研究，并举办了一些活动，但之后成效寥寥，这反而引起了它们对学习型组织和人文管理等先进管理理念的质疑，其实，问题的关键是落地，也就是行。在缺乏实践的情况下，无论再怎么先进的理念，对于这些企业来说都不是真知，都不是有效的知识资本和思想资本，因为它们没有实践所带来的深入思考，有的，只是纸面上和头脑中的一丝浮光掠影。换句话说，如果只是改善心智模式、系统思考、建立共同愿景、团队学习、自我超越，而没有知行合一，那前五项修炼所得的"真知"都无法落地，无法经过实践的检验和补充，最终也只是空中楼阁，无法贡献有效的思想资本，对企业的发展毫无助益。而且，由于个人的主观因素、具体环境的复杂性等，在现实生活中，往往是知易行难，在六项修炼中，我们有必要以行扩知，以知导行，通过知行合一而推动企业思想资本的不断提升。

省察克治。王阳明认为心灵态度决定行为方式。他说："知是行的主意，行是知的功夫；知是行之始，行是知之成"。他提倡知行合一的根本目的就是为了克服"一念不善"，认为"致吾心之良知于事事物物"便是行。他强调："我今说个知行合一，正要人晓得一念发动处便即是行了，发动处有不善，就将这不善的念克倒了，须要彻根彻底，不使那一念不善潜伏在胸中，此是我立言宗旨。"取王守仁的思想精华，为我们所用，就是要保持对我们内心的觉察，"时时勤拂拭，勿使惹尘埃"，常怀自警、自励、自觉、自省、自律之心，常行自查、自纠、自勉、自强、自我超越之举，不断修炼和提高个人的魂商和情商。

惟精惟一。良知直指良识，叫做精一，是儒家教育的核心思想，它出自《尚书•大禹谟》。在儒家看来，道德是素质的内在修养，专业技术是素质的质量，惟精惟一是做事的质量要求，是人生的成功哲学。所谓"人贵精专，成于勤乐，功于经世致用"，做人要"致吾心之良知于事事物物"，同时重视对工作、事业的专精、专注和专业，这种导向对于我们培育与弘扬专业主义、工匠精神具有特别现实的意义。

本章启示：

1、管理本身也是一个生命系统，因而也是需要进化的。任何一种管理模式或管理形态，都是特定时空条件下的产`物，都是环境与时代的产物。随着西方国家工业经济与知识经济的发展，它们的企业管理走过了几百年的时间，而中国企业管理发育和发展时间比较短，其变化与发展集中在近四十年，所以中国企业的管理形态呈现出相对的多样性，而且很难确定出属于哪一种管理形态，更多的是以某种形态为主，兼具其他形态的一些特征。总体而言，经验型管理的企业居多，且多属民营企业；科学型管理的企业其次，但多属于较低水平的科学型管理；人本型管理的企业比较稀少，但有增多趋势；生命型管理的企业可谓是凤毛麟角，弥足珍贵。

2、经验是个好东西，要及时地发现、总结、提炼和升华，但经验型管理不可取，要尽快摆脱和超越这个阶段；制度是个法宝，但停留在仅仅依靠制度控制的科学型管理层次上也不可取，管理者既要及时地汲取“最佳实践”的精华并用于改善制度和流程，同时要自觉地引入激发式的柔性管理，向着更高的管理境界迈进；人本型管理是相当高的管理境界，它离不开优秀经验的基础和科学制度的保障，但同时要鼓励有远见、有抱负的企业领导者，鼓励他们超越“人”的局限，追求天地人和，天人合一的“天地境界”。

3、中国企业在市场经济条件下的发展时间较短，不可能像西方发达国家企业那样完整地经历管理的每个发展阶段，也不需要苛求。人类社会的发展已经到了不得不放弃单纯个人、少数人、局部人、人类自身的狭隘利益追逐，放眼自然万物，胸怀天地宇宙，构建更加广泛的生命联系，营造更加宏大的生命系统，求得互利共赢与和谐共生。基于这种思考，企业的领导者需要高起点规划企业发展目标、设计发展理念与思路，取各管理形态之精华，以生命之道打造企业生命系统，追求生命意义。

4、管理，就是资源向着价值的转换。德国管理学家马利克对管理的定义，着实道出了企业作为一个生命有机体的真谛。管理的关键词就是：资源、价值和转换。其中，创造价值是任何生命存在的理由，而价值是由资源转换而来，资源是因，转换是缘，价值是果，而果又变成获取资源和学会转换的因，如此因果循环，生命得以生机盎然，生生不息。

5、生命的本质是联系。联系，对于生命而言是至关重要的。联系是什么？联系就是命，命就是联系。所谓造场，就是造命，就是构造、建立联系。正如马克思所讲：人是社会关系的总和。换句话说：人是什么？人，是一切联系总和。按照佛法的观点：万事万物，都是因缘和合而生的结果。因缘是什么？因缘就是联系，因此我们生命中发生的一切，包括我们人自身内在和外在所发生的一切，都是联系的结果。也就是说，我们构建怎样的联系，就会发生什么样的结果。企业组织也是一样。好的联系，也就是好的关系从何而来？好的关系从分享而来，分享在哪个层次上，关系就定格在哪个层次上，信任的强度与合作的深度以及承诺投入的程度就会相应而生。

6、既然造“场”就是造“命”，造出什么样的场就会得出什么样的命运，那么，做人，做企业，本质上就是造场。造场，用佛法的语言，就是种种子，构建自己命运的“种子库”。人构建了怎样的种子库，人的命运就会有怎样的呈现，这就是所谓“唯识所现”。识，就是种子库。种子是怎样种下的呢？三种方式：存什么心、做什么事，说什么话，其中最根本的是存什么心。存什么心，就会做什么事，就会说什么话，由此种因结缘，构建关系，造就业力，推动命运的展开与呈现，这就是所谓的“唯心所变”。因此，造场，根本在于造魂，也就是做好人格心性的修炼。魂铸好了，心修好了，一切才有了缘起，法、术、器、物等，才有功效。

第6章

大江东去，谁立潮头谁为峰

我是谁？从哪里来？到哪里去？这是一个流传千年的哲学问题。在这个引人深思的问题上，西方哲人和华夏先贤可谓仁者见仁。而在企业经营管理过程中，企业是什么？企业依何而生？企业未来应如何发展？这是关于企业经营管理的三个哲学问题。企业产生、存在和发展的核心，真的只是利润吗？这同样值得我们深思。在前五章的讨论中，我们呈现了中国在当今世界的位置、中华民族伟大复兴的基础、中国企业管理现状、未来管理发展方向的新趋势，在此基础上，对于中国企业经营管理领域的三大问题，解决之道逐渐脉络清晰地呈现眼前。

综合国力方面，中国经济实力已经全球第二，而要实现中华民族的伟大复兴，就必须在经济上达到卓越，必须在企业经营管理上达到卓越，打造基业长青的企业。这也是每一位企业家，甚至每一位国人的祈盼。在前五章的讨论中，中国企业一方面在刚性的制度管理上存在缺失，另一方面在柔性的人文管理上也远远不够，这可谓中国企业管理的普遍现状，然而，居安尚且思危，何况现在的中国，已经站在向上提升和向下沉沦的关键路口，要想重登世界第一的高峰，中国企业的管理现状，必须得到提升，必须实现跨越，必须实现涅槃重生。前文对于中国企业管理如何实现这种跨越与重生，从理论上进行了大量讨论。那么，在实践中，有没有可以作为标杆进行学习和借鉴的案例呢？令人欣慰的是：在中国企业普遍管理理念比较滞后、管理机制老旧的情形下，仍然有一些企业，它们不追随，在自己的领域中深耕细作，并在发展中探索着更为有效的管理之道。它们有的已经悄然崛起，比如华为；有的是小荷才露尖尖角，但已经让人眼前一亮。可以说，这些企业，让我们在黑暗，或者说是模糊中，看到了光明，看到了希望，循着这些探索者的脚印，或许我们可以达到彼岸。本章将集中呈现这些典型案例，与读者一起发现“谁立潮头谁为峰”。

案例1：“分天下、大担当”的华为

华为，是老天爷给中华民族的一个厚礼。如果没有几家像华为这样的企业在中华大地上得以产生，并生机勃勃的发展，中华民族的伟大复兴将不过是纸上谈兵。华为的存在用事实证明了中国文化的生命力何其强大，她不仅没有死，而且在新的时代重整旗鼓，再现生机。有人也许会说：华为与中国文化有什么关系呢？不要忘了：海纳百川、有容乃大，正是中国文化重要由来。华为的实践证明：在向西方学习、向一切优秀东西学习方面，中国人可以比其他国家和民族做得更好。华为的实践更彰显了中华文化的“分天下”胸怀与“大担当”的格局。华为，让我们十分欣喜的看到：在人类管理文明的道路上，中国人有能力进一步创造“中国模式”，让中国管理为世界做出贡献。

华为的实践也告诉我们：未来已来！在管理上，像任正非那样思考和行动吧！

1987年，华为在中国深圳正式注册成立。华为初建时仅有3位员工，3千美金的创始资本。在30年后的今天，华为已然成为拥有17万员工，全球销售收入达3950亿元，产品服务于全球30多亿人口的国际化集团。2015年《财富》世界500强中，华为排行全球第228位，同比上升57位。

掌握核心技术，追求卓越标准，超越“中国制造”，实现“中国创造”，这是华为与其它中国企业最不相同的地方。华为目前有17万员工，大部分是知识分子，而这17万人的个人意志是如何被凝聚起来的？其正能量是如何被激发出来的？华为的辉煌是如何被创造出来的？此外，华为人精神领袖任正非，分享了华为98.6%的股权，个人持股不到2%，在这种情况下，他的个人权威又是如何树立起来，而且20多年始终如一？华为，一个谜一样的企业，让人充满好奇。

一、中国企业可以走出去

根据华为2015年年报，华为运营商、企业、终端三大业务全球销售收入达3950亿元，同比增长37%，其中海外收入占比58%。在区域收入占比方面，华为中国区营收1677亿元，占比42%；欧洲、中东、非洲营收1280亿元，占比32%；美洲390亿元，占比10%；亚太505亿元，占比13%。截至2015年底，华为在全球的渠道伙伴数量超过8000家。毋庸置疑，华为是一家绝对意义上的国际化企业，并且在国际市场上表现得相当出色。

那么，华为是如何推行自己的国际化战略，并且让中国企业的五星红旗得以在世界各地迎风飘扬的呢？在本书看来，这主要有以下四个方面的原因。

第一，厚积薄发，不遗余力加大创新投入，这是华为在海外生根发芽的生命之脉。2015年，华为研发总投入596亿元，占销售收入15%。过去十年，华为研发投入累计超过2400亿元。目前，华为全球研发人员共计7.9万余名，占公司总人数45%。华为在全球拥有16个研发中心，企业专利申请量居全球首位，其中，累计申请国内专利52550件，申请国外专利30613件。可以说，华为已经深刻的认识到：一个企业要想持续生命的脉动，那就必须时刻推动创新，而创新的前提则是保持新信息的顺畅进入，学习求索，只有在资源转换中实现进化和价值创造，一个企业才能走在时代的最前沿，走在世界的最前沿。

第二，保持信任与合作，坚持开放、共享、共赢。截至2015年底，华为已加入标准组织、产业联盟和开源社区300多个，并在其中担任超过280个重要职位。华为的云计算企业级合作伙伴达500多家，服务于全球108个国家和地区的2500多家客户。同时，华为的未来种子项目已经覆盖全球67个国家，超过1.5万名学生受益，其中来华留学生1700多名。并且华为已经逐步开展“沃土开发者使能计划”，未来5年计划投入10亿美元。在大变局时代背景下，华为看清了一个企业能够基业长青的逻辑链条：创造和利用联系，坚信信任、合作将带来的承诺和投入，以及由此而生的共享共赢、和谐共生。在华为参与和营造的信任与共享的场域中，信息不断互通，资源持续共享，创新的种子在这样的沃土中不断萌发。

第三，从善如流，学习、融入，成为真正的自己。华为总裁任正非曾经说过：“华为不是成吉思汗和希特勒，当华为谋求独霸这个世界时，就是华为毁灭和垮台之日。”华为低调，善于学习与融入，这是华为能够在国际化的道路上越走越远、越走越好的重要原因之一。众所周知，华为不计成本地学习引进西方先进理念与方法，聘请西方最优秀的咨询团队进行研发、供应链、人力资源、财务等方方面面的管理变革。最终的结果是，华为构造了与西方接近的制度和流程，能够及时有效的因应全球化背景下的竞争环境，在风云变幻中泰然自若。而且，华为坚持对所在国家法律的绝对遵从，同时，尊重所在地的文化习俗，甚至成立道德遵从委员会，引导和规范员工行为，促进他们的主动适应与积极融入。对此，有人可能批评华为崇洋媚外，但在本书看来，这正是华为勇敢和智慧的体现，他们懂得审时度势，懂得从善如流，懂得开放创新，懂得如何让自己在波澜中激流勇进。

第四，知人善任，重视人才的力量。人才是企业最为宝贵的资源，是增强企业核心竞争力的关键。华为对人才的引进、培养和考核使用从来都是不遗余力，力求在创新中实现突破。据统计，华为在全球已设立31个培训中心，努力培养本地化人才。在海外，华为员工的本地化程度已经达到70%，这也是华为能够在其它国家和地区生根发芽、受到认可的原因之一。同时，在华为7000多名研发人员中，70%以上具有硕士及以上学位，华为还设有国家博士后流动工作站，以培养专业领域的核心人才。另外，华为也不惜重金聘请国外的人才测评与管理咨询机构，设计了一套从招聘测评到绩效评估，到培训培养，再到薪酬激励的全方位人力资源管理体系。综合东西方文化与智慧，华为最终打造出了倒金字塔型的人才结构和独特的人才管理体系，不断孵化“科学疯子”、“技术怪人”和一支盛名在外的“营销铁军”。正是由于这种对人才的重视和毫不吝啬的付出，华为的创新和发展获得了雄厚的人力基础，华为也成为一颗在全球闪耀的明星。

二、基于人性的多元激励

华为集团国际咨询委员会资深顾问田涛曾经对长期在海外工作的华为员工进行研究，调查他们的心理变化历程[①]。在这项研究中，他与三十多位华为的南非员工进行交流，询问他们最初选择到非洲工作的原因。大多数人的答案都是“为了赚钱”，在非洲，三年差不多可以赚到100万。很多年轻人都是计划利用这几年的时间积累资金，然后留学，或者做自己想做的事情。但是，在华为，往往不到三年，他们就会改变初衷，改变诉求。这是为什么呢？原来，往往第二年他们就被提拔了，这时候能够激励他们的已经不仅是金钱了，更多的是权力，通过权力的赋予而带来的认可。到了第三年，他们就更不想走了。这是因为成就感。“如此落后的一个国家的通信网络建设，我是参与者，让几千万人可以通过现代通信工具自由的进行信息交流。”这是通过华为获得的成就感，是巨大的心灵资本。田涛提出：管理在本质上只有一条主线，一个根本逻辑，这个主线和逻辑就是人性——洞悉人性、顺应人性、驾驭人性。驱使个人、群体不懈奋斗的唯一动力就是人性。

人性规律是普遍存在的，马斯洛的需求层次理论印证的也是同样的道理。处在不同阶段的华为人，他们的需求也不一样。那么，人性的实质到底是什么？任何的管理，任何的人类行为要真正有效，要达到所期待的目的，最终都必须符合人性。所以人性的规律是人的行为最应该遵循的、最最根本的一个规律，企业管理也是如此。

①田涛：蓬生麻中，不扶自直——华为基于人性的代际管理，华为心声社区 http://xinsheng.huawei.com/cn/index.php?app=forum&mod=Detail&act=index&id=2754547.

人性是什么？首先，人性的实质就是逐利性，逐利性就是趋利避害，就是要得到更多的自己想得到的东西，然后去避开那些危险的、有危害的、不好的东西，佛教的说法就是离苦得乐。得到让我们幸福快乐的东西，远离妨碍我们幸福快乐的东西。这种逐利不仅体现为物质利益，还体现为精神利益，我们不仅期望各种外在的收获，还期望有更多的内在收获，比如面子、亲情、友情等。关于逐利性，有较多的理论进行了系统描述，其中典型的是马斯洛需求层次理论，它将人所逐之利分为生理需求、安全需求、归属需求、尊重需求、自我实现这五个方面，并在之后补充了自我超越。

其次，人性的特点是具有两面性。一面是自然属性，一面是社会属性。人性有善一面，也有恶的一面。用哲学家的话说，人一半是天使，一半是魔鬼。人性中有向善向好的本能力量，一方面追求理想人性，弘扬人性优点；另一方面完善现实人性，抑制人性弱点。

最后，人性的根本是人具有主体性，人在与外部世界打交道的过程中，包括人跟物、跟任何组织、跟社会、跟大自然等打交道的过程中，会表现出来一种主观能动性。而在管理中，每个人应该成为管理的主体而不仅仅是对象，管理应该通过塑造人的精神系统，打造人的行为系统。

华为始终相信：驱使个人、群体不懈奋斗的唯一动力，就是人性。洞悉人性、顺应人性、驾驭人性是华为打开企业管理奥秘大门的钥匙。可以说，没有华为公司对人性的把握，就没有华为人发自内心的执着追求、孜孜不倦和艰苦奋斗，更没有华为今日的光鲜外表。正是对人性的把握，为华为提供了源源不断的发展动力，推动华为走向世界领先。

三、全员持股：越分享，越强大

“无背景，无资源，缺资本，又要与世界巨头和国企拼市场，抢人才，唯一的出路就是大家一起做老板，共同打天下。”这就是华为的分享观。华为是世界500强中唯一一家没有上市的公司，唯一一家近乎完全由员工持股的民营企业。2009年，华为财报首次披露乐公司股权结构，当年任正非持股

1.4%。2014年，华为公司近99%的股份由8万名员工持有，这一数字在2011年12月为6.56万，2012年12月为7.43万。有意思的是，任正非虽然持股数量微不足道，但这不但没有影响他的权威性和控制力，相反，员工对他的认可度前所未有，华为员工的主动性、积极性得到了充分激发，整个公司的凝聚力、竞争力让人叹为观止。

李开复认为，领导力从低到高的四个境界分别是：员工因为你的职位而服从你；员工因为你的能力而服从你；员工因为你的培养而服从你，他们感恩于你对他们的尊重、培养和付出；员工因为你的为人、魅力、风范、价值观而拥戴你。众多领导者已经意识到：真正激发员工自觉自愿和尽心尽力投入工作的，并不是管理者通过威权而进行的控制，而是通过制度管理和人文管理的刚柔结合，为员工构建一个以人为本的工作环境。华为的全员持股吸引了越来越多的人才到华为工作，全员持股成为激活华为员工创造潜力和创新能力的主要因素。

一项好的制度能激活一支队伍，华为的成功源自坚持多年的股权激励机制。在华为，工作一年两后，就可以根据表现获得一定的股权认购额度，员工可自愿购买股权并按股权获得分红，不过，这些认购股份不允许员工之间相互买卖，在员工离职时，华为将回购其持有的股份。

在华为，有种“1+1+1”的说法，即员工的收入是由“工资+奖金+股票分红”同比例构成的。任正非认为，让员工通过知识获取资本，可以极大地激励和凝聚员工，这就是华为“知本主义”。自创办以来，华为一直保持高速发展，在这个过程中，员工持股分红发挥了极其有效的激励作用，实现了将“知本”转化为“资本”，公司发展和员工个人财富同步增值，同时，华为推出了与股权激励同步的内部融资，由此增加了公司的资本比例，有效降低了公司现金流风险，增强了员工的归属感，稳住了创业团队。

社会学家霍曼斯认为，任何人际关系，本质上都是交换关系。只有人与人之间的精神物质交换过程达到互惠平衡，人际关系才能和谐，只有在互惠平衡的条件下，人际关系才能维持。由此可见，人际关系中最为核心的因素就是分享。

分享是万善之源、百德之先，这在中国传统文化中早已有述。佛家基本教义之一的“慈悲”所传达的基本思想正是分享。“慈悲”为“慈”与“悲”二者的合称，其中“慈”是指带给他人利益与幸福，慈爱众生并给予快乐为“慈”，这种给予正是一种分享。“悲”是拔人于难，化解众生的困，去除他人的苦难，实际上是分担的意思，而分担本质上是分享的延伸。

大乘佛法六度之中的第一项“布施”也是同义。“布施”即以自己所有，普施一切众生。布施分为三种：第一种是法布施，即以清净心为人宣说如来正法，令闻者得法乐，资长善根之功。第二种是财布施，此中又分两类：一是内财施，即以自己头目脑髓，以至整个色身施于众生；二是外财施，即以自己所拥有的衣食财物施予有情，令彼不受饥寒的痛苦。第三种是无畏布施，即众生若有种种灾难怖畏之事，能够安慰他们，帮助他们免去内心的怖畏。三种布施归根结底就是分享。

儒家所倡导的“仁义礼智信”中的“仁”延伸为“仁者爱人”，“爱人”中的“爱”同样是分享。“仁”思想内涵为“忠”、“恕”二字，根据儒家的说法，“己欲立先立人，己欲达先达人”，也就是“己所欲，先施于人”，即为忠，“己所不欲，勿施于人”即为恕。忠与恕根本上也是分享与分担的思想。各家思想异曲同工，最终体现的都是分享精神。

一个人在哪个境界上分享，代表着这个人对这个世界的认知达到什么水平，也代表着这个人如何对待这个世界，如何与这个世界互动，因此也会在哪个层次上获得这个世界的信任，取得相应的资源、能量，进而产生相应的作为和影响，所以分享是人类最大的、最宝贵的精神财富。任正非的分享带来了员工的认可信任，员工的认可信任促进了他们的承诺和投入，全心全意的承诺和投入带来了整个华为的合作协同，亲密的合作协同带来了同体共赢与和谐共生。华为的分享让我们看到了一个建立在分享逻辑基石上屹立不倒的商业帝国。

四、17万华为人是如何工作的

任正非曾说："我们非常欢迎雄心万丈的穷小子，你现在一文不名没关系，只要你有雄心壮志，未来一定能衣锦还乡。"2015年，在素来低调的华为CFO孟晚舟新年贺词中，首次公开了华为员工在工作中的一些故事，让人们知道了17万华为人是如何工作的。2016年1月15日，华为召开主题为"铁血荣光，决胜疆场"的市场大会颁奖典礼。颁奖典礼上，华为宣布：2016年华为的销售收入挑战目标是818亿美元！818亿美元的收入，将有可能是腾讯、阿里巴巴、百度收入总和的两倍。这三家公司是目前中国最大的三家互联网公司。华为凭什么敢喊出818亿美元？颁奖典礼上的一个短片让我们看到了真相。

短片根据《华为人》真实故事改编，讲了4个华为年轻人分别在尼日利亚、巴基斯坦、法国、巴西的奋斗故事。在此之前，大多数人都会认为大企业的白领不外乎在顶级写字楼里优雅地办公，这部短片让大家重新认识了华为。

故事1：坚持不懈的真诚，就是最好的敲门砖

2003年，华为员工李军被派到尼日利亚做销售。环境陌生，语言不通，没有人脉，试图谈合作，却一次次的被拒绝，有的连公司门都进不去，甚至被当地人嘲笑："华为？中国？我从来没听说过！"

不言放弃的人总会得到机会。不经意间，李军得知当地项目负责人女儿婚礼的消息。举行婚礼当天，他不顾天气恶劣，汽车抛锚，最终到达婚礼现场时，李军脸上混着泥和雨水，却带来了最真挚的新婚祝福。不管感动对方的是真挚祝福还是坚持不懈，最终项目成功完成。

故事2：拼了命，也要守住客户对华为的信任

2005年，在巴基斯坦，公司某top级项目陷入僵局。项目实施进展缓慢，基站建设问题重重，客户已经完全失去了耐心，对方很有可能永久终止与华为的合作。危难之际，孙继被任命为项目总监，力图挽回局面！

去往基站的路上遭遇交通拥堵，为了尽快到达基站，他甚至徒步40公里！拼命工作的精神感动了与他一起工作的员工，坚持不懈的努力终于赢得

了丰硕的成果，孙继团队解决了客户问题，守住了客户对华为的信任，也赢得了员工们的心，能拼命，才是最强劲的动力。

故事3：客户满意，设计才有价值

Bruce是华为的一名设计师。2013年的软银峰会，Bruce和他的团队受命赴法国做一个小基站的设计工作。组委会没有设定任何标准，但Bruce认为没有标准就是最高的标准。面临前所未有的挑战，有恐高症的Bruce亲自爬上楼顶测试使用的场景，这只为体会塔上安装的难处，力求更加人性化的设计。最终，Bruce 团队的设计斩获国际上最著名的奖项之一：德国IF国际设计大奖。Bruce说：客户满意，设计才有价值。

故事4：任何一个路人甲，都可以成为一颗闪耀的星星

不爱表现的“路人甲”，为华为从巴西税局申请退回了2 亿冤枉钱。Carlos 是华为的一名法务专员，身边出色的人太多，他不爱表现，显得毫不起眼。直到有一天，Carlos发现INSS里规定社保税可以抵扣，他深知，公司已经花了太多“冤枉钱”。

Carlos放弃休假，花费2个多月的时间在堆积成山的仓库中找到150多份退税证据。因为Carlos的努力，2007年至2012年，华为总计从巴西税局退回了3000万美元税款，约合人民币2亿。每个黯淡的个体，都可能隐藏着强大的光芒。任何一个“路人甲”，都可以成为一颗闪耀的星星，照亮夜空！

故事是真实而简单的，但这些简单背后是点点滴滴的心血，正是一个个简单的故事，最终铸就了华为的辉煌。从欧洲到非洲，从亚洲到美洲，从珠峰到海底，无论是战乱，疾病还是自然灾害，都有华为人的身影，别人看到的是光环，看不到的，是17万华为人联接世界的梦想、持续的艰苦奋斗和执着追求。不得不说，在这个浮躁的时代，我们需要更多“华为式”的成功。

案例2：转型重生的海尔集团

2015年11月9日，海尔集团董事局主席、首席执行官张瑞敏应邀来到英国伦敦，参加全球最具影响力的“50大管理思想家（Thinkers50）”颁奖典

礼。Thinkers50被誉为“管理思想界的奥斯卡”，彼得·德鲁克曾是首届获奖者。在这届颁奖典礼上，张瑞敏被授予Thinkers50杰出成就奖之“最佳理念实践奖”。同时，张瑞敏还入选了“2015年度Thinkers50榜单”，是唯一同时获得两个奖项的中国企业家。

在近代管理思想的发源地欧洲，为什么张瑞敏的创新得到高度认可？在颁奖典礼结束时，著名管理史专家斯图尔特·克雷纳对媒体说道：“海尔的管理真的具有启发意义和创新精神，过去我们从西方的企业寻求灵感，现在我们放眼全球，海尔就是在管理创新上最杰出的企业之一，这也是张瑞敏获奖的原因。海尔给员工极大的自由，来激发创业灵感，弱化层级结构，去除中间层，比更多的西方企业开放、自由和合作。”

张瑞敏的获奖，一方面来看，是海尔的成功，但从另一方面来看，这意味着一个全新管理时代的开启，这个全新的管理时代就是量子管理的时代。

一、新时代的“旧人”张瑞敏

“欧洲所熟知的最著名的中国CEO”，这是在2015年11月6日彼得·德鲁克全球论坛上，彼得·德鲁克欧洲学会会长理查德·斯特劳布（Richard Straub）介绍张瑞敏时所称。英国《金融时报》副主编安德鲁·希尔（Andrew Hill）甚至认为，“张瑞敏比德鲁克所创造的更进一步”。那么，张瑞敏究竟是一个怎样的CEO呢？

张瑞敏可谓是跨时代的企业管理代表，讲到张瑞敏就不得不说他砸冰箱的故事了。1985年，张瑞敏刚到海尔（时称青岛电冰箱总厂）。一天，一位朋友要买一台冰箱，结果挑了很多台都有毛病，最后勉强拉走一台。朋友走后，张瑞敏派人把库房里的400多台冰箱全部检查了一遍，发现共有76台存在各种各样的缺陷。张瑞敏把职工们叫到车间，问大家怎么办？多数人提出，这些缺陷也不影响使用，便宜点儿处理给职工算了。当时，一台冰箱的价格800多元，相当于一名职工两年的收入。张瑞敏说：“我要是允许大家把这76台冰箱卖了，就等于允许你们明天再生产760台这样的冰箱。”他宣布，这些冰箱要全部砸掉，谁干的谁来砸，并抡起大锤亲手砸了第一锤！很多职工砸冰箱时流下了眼泪。然后，张瑞敏告诉大家："有缺陷的产品就是废品！"三年以后，海尔人捧回了中国冰箱行业的第一块国家质量金奖。

在海尔历史上，海尔经历了五次重大战略调整和管理变革，而且都是在张瑞敏的主导下进行的，很多全球知名的管理学家在了解这一历史后，都表示惊奇。张瑞敏，掌舵海尔超过30年，是个彻头彻尾的"旧人"，然而正是这样一位"旧人"，带领海尔几经变革，并屡获成功。在国外媒体对张瑞敏的采访中，我们可以发现，张瑞敏所表现出的，不只是企业领导人的高度，更关乎人性的深度，"一个重要的原因就是我们的对照物、参照物是时代，或者说是时机，是以时代为路标，以外边的变化为转机，而不是把我们自己作为参照物或者以自己作为中心。有了时机或时代的改变，我们就必须改变。所以，从某种意义上说，'没有成功的企业，只有时代的企业'。我每天都要检讨，我到底和时代还有什么差距？这就使我觉得，很多时候感到自己可能又落后或者又有问题了。"①

作为海尔的CEO，不免经常出差，在出行中，张瑞敏的旅行箱中从来不会缺少的是书，即使有时候因旅行箱超重而被取出。在机场候机时，很多人都沉迷在手机的快餐文化中，张瑞敏仍然习惯于一个人安静的看书。在这次去英国伦敦的途中，他看的书是2015年9月份刚刚出版的前沿译著。欧洲记者德•迪尔洛夫在和张瑞敏交流中表示："您是一位非常独特的CEO，我见到大多数的CEO都不太阅读的，从来没有遇到过像您这样读过这么多管理学著作的CEO。"传统而坚定的信念、坚持学习的毅力、与时俱进的思想和吐故纳新的决心，都是张瑞敏紧跟这个时代的秘诀。

二、海尔与量子管理

提到海尔，就不得不说海尔的量子管理。量子的概念在物理学领域已相

①中国企业家网：张瑞敏为何获得"管理思想界的奥斯卡"。http://www.iceo.com.cn/

对成熟，量子论是现代物理学的两大基石之一。它提供了新的关于自然界的表述方法和思考方法。但将量子论应用于管理学，目前还不是十分为人们所熟知。来自英国的企业管理专家丹娜•左哈尔（Danah Zohar）教授将这看似天差地别的两大领域，深入浅出地揉合贯通，提出自成一家、切中时代需要的量子管理学（quantum management），近年来正逐渐引起国际管理领域的注意。

丹娜•左哈尔生于美国，大学时代在美国麻省理工学院攻读物理学以及哲学专业，研究生则在哈佛大学修习哲学、宗教以及心理学，现居英国。左哈尔致力于以量子物理学的观点解析人类意识、心理学，以及社会组织。世界著名量子物理学家、前沿思想家、理论物理学教授戴维•鲍姆（David Joseph Bohm）对她的评价是："丹娜•左哈尔不但对现代物理学与意识做了成功的整合，也对现代物理学与社会和宇宙环境中的人类个性做了成功的整合。"她是"智商（IQ）"、"情商（EQ）"之外的"灵商（SQ）"（人类潜意识及潜能测量）创立者。《金融时报》称赞她为"世上最了不起的管理学大师之一"。

丹娜•左哈尔提出，牛顿思维重视定律、法则和控制，强调静态；量子思维重视的却是不确定性、潜力和机会，强调动态。身处21世纪竞争激烈的年代里，企业若仍用牛顿思维来管理，强调集权，要求员工听令行事，不得有意见，那必将陷入困境。海尔发现了量子管理的时代价值，认为企业需要新的量子管理思维，将每个员工看作特殊的能量球，放手让员工集体发挥创意，"由下而上"地为公司注入源源不绝的动力，最大限度的学习和应用了量子管理思维。

随着时代的发展、互联网经济的到来，原来的管理方式方法似乎不灵了。海尔也是如此，非常现实的问题就是：用户需求是个性化的、碎片化的。过去海尔预测市场下一步是什么样的产品，就会开发这么一个产品，但是，现在因为互联网，用户在网上可以挑选各种各样的产品，有各种各样的需求，没法统一起来。就像量子力学所阐释的，是一种不确定的整体性行为。因此，海尔选择把原来完全统一的步骤彻底打破。

在改革过程中，海尔面临的最大挑战是：怎样把这么大的组织变得不再是控制型的。按照主流的管理思路，大型组织讲求控制，追求上级组织对下级组织的管理，但海尔希望创造的不是这样的控制型组织，而是一个创业平台，在这个平台上面有很多创业团队，他们自己为自己设定目标，自己管理自己，自己对自己的行为负责，也就是所谓的自组织。对于海尔，想要实现这一切是不容易的，因为要把原来的组织结构打散，要把层级去掉。另外，还要把领导原来的权力让渡给基层的员工，基层的创业者。海尔把三项权力让渡给了基层员工：决策权、用人权、分配权。张瑞敏提到，希望海尔最后能达到老子《道德经》里“太上，不知有之”的境界。海尔给员工创造的平台和机制，就是希望员工能把自己的价值充分发挥出来。

在推行量子管理的过程中，海尔不免会受到各方的质疑。因为在做的过程中，业绩有时候可能会有下降，会出现一些其它问题，这也是难免的，因为创新毕竟是一个试错的过程。然而，在未知、质疑和挑战面前，海尔没有畏惧，义无反顾的选择了尝试，事实证明：海尔的选择是正确的。

三、创新与价值创造

海尔的管理探索目前走在全球量子管理学前列。在2015年美国管理学会年会（AMO）上，回顾自己30多年的管理经验，张瑞敏将之总结为9个字：“企业即人，管理即借力”。帕勒咨询公司资深董事罗清启解读这九个字时说：“这九个字的管理理念非常中国化又非常国际化。从管理发展史看，我个人认为这九个字的理念实际上是驱动未来组织管理的一个通用方程，这个方程本质上概括了未来的组织世界具有的形式，那就是粒子形态的组织。”

2015年美国管理学会主席陈明哲在评价海尔时称，无论什么产业，处于何种发展阶段，海尔在互联网时代的创新探索都值得学习借鉴。这从侧面证明了海尔管理模式在全球范围内的普遍有效性。网络把世界送入一个在全球范围内生产要素随意瞬间组合的时代，这是这个时代的管理现实，管理不会因为行业的差异而抗拒这种现实。

张瑞敏是最早提出“没有成功的企业，只有时代的企业”的企业家。当“互联网+”作为行动计划成为国家战略，也就同时意味着互联网行业的发展已经是关系到国家的经济命脉的重要一环。海尔高度重视这一重要信号，将互联网思想应用到了管理中。在张瑞敏看来，互联网时代可以总结为三个关键词：“零距离”、“分布式”和“去中心化”。[①]“零距离”是指互联网消除了距离，个性化定制的价值凸显，大规模的零区别已经行不通。“分布式”是指资源不再是集中在某一处，而是全球资源都可以为我所用。企业需要的是不是内部平衡，而是全球平衡。“去中心化”是指每个人都可以是中心，科层制已经失效，需要去领导和扁平化。

在时代思维的引领下，海尔探索了一套具有中国原创性的管理模式，这可以概括为“自我驱动、动态合伙、共创共赢、价值无界”。一方面，海尔颠覆了工业文明时期对人的假设，从“组织人”到“自主人”。海尔提出：人是目的，而不是尊重，要让员工在价值观笼子里自由自在。

另一方面，海尔将管理职能进化，打破传统人力资源专业职能桎梏，领先实践人力资本价值增值管理。无论是海尔率先实践的“人单合一”（有价值的“单”和创新创业的“人”，人单合一，通过满足客户需求实现自身价值）、小微、创客化，平台型组织，还是创新的“双价值循环”理论（“双价值”是指用户价值和员工价值，“循环”是指价值链的自驱动循环，人力资源工作者从用户和投资角度审视价值创造工作，通过相应的价值分配方式激发员工潜能和创造力），都是在突破传统的人力资源管理职能化、专业化带来的制约和束缚，在充分激发人的价值创造意愿、活力和潜能。

此外，海尔推行全员共治：冲破传统契约关系，构建共创共赢的动态合伙人机制。在互联网时代，依靠自组织方式构建人力资源新治理体系。自组织是一个活力与秩序双收的组织形式，通过共创共治和共享实现。海尔未来实现小微生态圈与企业的共创、共治、共享，将一直紧握在总部手里的决策权、分配权、用人权彻底让渡给基层，把有层级、有边界的正三角组织变成了一个生态圈。

①彭剑锋，云鹏：《海尔能否重生》，杭州，浙江大学出版社，2015。

在张瑞敏的观念中，企业只能有一种人，就是创造价值的人，企业要始终以价值创造者为本、为尊。海尔所做的就是让员工能够将价值创造最大化，而且是积极主动、持续优化。彼得•德鲁克在《管理的实践》中说过“企业存在的唯一目的就是创造客户”，在《创新与企业家精神》中重申“顾客决定着企业的产品价值”。创造客户本质上就是创造客户价值。客户的需求决定了企业是什么；客户的看法决定了这家企业是什么样的企业，它生产的产品是什么，以及它会不会成功。而员工是什么，员工就是客户价值的创造者。具体如图6-1。海尔正是坚持着这样的价值链条，最大程度上激励员工源源不断的创造价值，让企业永续经营。

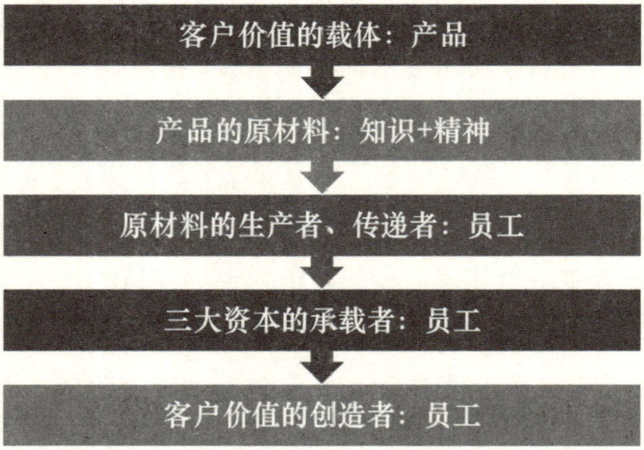

图6-1 企业价值链条

可以说，海尔的管理创新模式是以东方哲学思想为底蕴，消化吸收了近现代西方管理思想精髓，在对全球互联网特征和趋势进行判断的基础上，对传统企业管理模式颠覆性的创新与改造。海尔模式是中国管理的原创性创新，是互联网时代的管理创新在传统企业的最优实践。

本书坚信海尔创新的成功！退一万步讲，即便张瑞敏，以及张瑞敏所代表的海尔最终未能获得预期的成功，这也不是最重要的，最重要的是：海尔终将成为典范（某种意义上已经是），因为其管理创新对中国企业管理乃至为人类的管理文明都能起到引领作用，她代表的是这个时代最需要的、也是中国企业最需要的，同时也是最稀缺的一种精神，有了这种精神，中国企业才有涅槃重生的可能。

案例3：德胜洋楼：中西合璧，创造奇迹

德胜洋楼全称为德胜（苏州）洋楼有限公司，成立于1997年，是美国联邦德胜公司（FEDERAL TECSUN，INC.）在中国苏州工业园区设立的全资子公司，它的前身是美国联邦德胜公司在中国上海设立的代表处。德胜洋楼从事美制现代木（钢）结构住宅的研究、开发设计及建造，是迄今为止中国境内唯一具有现代轻型木结构住宅施工资质的企业（以下简称德胜）。

经过数年的发展，德胜现已成为拥有固定资产超过2亿元的企业，中国苏州总部占地约52.5亩；在昆山购地236亩建设“德胜昆山工业园”，作为公司的工业生产基地。现公司年生产加工能力可以满足1000栋以上的木结构别墅工程所需全部材料（按平均每幢300平米计）。2015年，德胜营业额近6亿人民币，占据国内70%的市场份额。

德胜之所以引人注目，除了绩效好，更主要的是其在管理上的“特立独行”，它成功地将几乎处于中国社会最底层的农民工转型为绅士，推动他们创造了世界一流品质的产品。德胜的价值观是“诚实、勤劳、有爱心、不走捷径”。这是董事长聂圣哲在企业创建初期提出的，简简单单的十一个字，却包含了中外企业共同信奉的思想精髓——诚信、职业、关爱。世界管理大师德鲁克曾说过：“管理不在于知，而在于行。”我们认为，德胜在“行”上做到了刚柔并济的良好结合。

一、塑造德胜人格：价值观导入系统

什么是德胜人格？或者说，什么是合格的的德胜人？其实就是认同并践行德胜价值观的人：诚信、勤劳、有爱心、不走捷径。诚信是指：不撒谎、不作假、实事求是。诚信是有价值的，不诚信是有伤害的。勤劳是指：8小

时满负荷用心工作。有爱心是指：时时刻刻想着别人。不走捷径是指：100%按规定的做事程序走。

德胜导入价值观的方式有两种，一种是从事上修。德胜的员工大多是内部员工推荐或公司熟人介绍来的，主要来自安徽、湖南、陕西农村。德胜对员工的入职培训非常重视，德胜认为，一个管理机制良好的公司，对一些人可能如鱼得水，对另外一些人则可能是举步维艰，因此，德胜要求准备进入公司接受培训的人必须阅读《新员工再教育规则》，认同其中各条款，发表声明与承诺后，方可受训。

德胜的岗前培训有三个特点。一是培训时间长，约3-6个月；二是培训的唯一内容就是培训“认真”，德胜认为勤劳、敬业的工作态度，远比工作知识、能力重要；三是培训的标准不是速度、效率和数量，而是工作质量，不求快，但求好。德胜新员工培训具体内容是做室内外清洁、帮厨、园林绿化等工作，每一项工作都有具体的流程和标准。比如刷马桶，有6个步骤，标准是马桶的水要能喝。培训看上去很简单，没有技术含量，但实际上，德胜正是通过这样的培训来培养新员工的工作态度，并且以此来甄别真正可以被同化的准德胜人。在德胜，首次培训不合格，还可复训3个月，若再不合格，公司拒绝接收。培训合格后，转为试用员工，暂时留在管家中心工作，直到安排新的岗位。当员工通过试用期，才有资格成为真正的德胜人。德胜通过入职培训，将德胜的理念、价值观传达给准德胜人，用培训来打磨合格的德胜人。

另一种是德胜重复教育系统，最有代表性的是例会制度，即晨会和晚会制度、半个月一次的制度培训、定期的价值观训导、其他有意义的会议（如拍卖会、听证会等）。每次晨会前，员工都必须默念：

1、我实在没有什么大的本事，我只有认真做事的态度。

2、我怎么又要小聪明啦，我真的好危险。

在德胜，价值观已经变成了信仰。可以说，在每一个德胜员工的身体中，流淌的是价值观（诚实、勤劳、有爱心、不走捷径）的血液。德胜的价值观已经融进员工的血肉。

董事长洗马桶，就是德胜管理模式的智慧典范。在德胜，做任何事情都是受“诚实、勤劳、有爱心，不走捷径”价值观的驱使，洗马桶看似简单，但要洗干净，达到能够漱口的标准，需要员工遵照严格的工作流程开展作业，而促使员工严格遵照流程作业，表面上看是制度使然，其实本质上是员工内心对洗马桶这项工作的高度热忱和认可，而这种认可就是来自价值观的驱使。

二、员工关怀：天使激励系统

德胜创始人聂圣哲认为，不能只单方面要求员工对企业忠诚，企业也要对员工忠诚。企业对员工的忠诚就是爱心，关爱员工，以人为本。德胜公司对员工的关怀主要体现在以下三个方面：

（1）提供优厚福利待遇

在德胜，如果员工愿意上大学深造但经济困难，公司会提供无息贷款。如果员工想学开车，公司会支付一半的驾车培训费，员工学习期间工资照发。德胜的公车可以私用，只要员工象征性地交30元，员工就可以使用公司的公车。在别的企业工地上，农民工常常喝自来水，但在德胜，这种情况不可能出现，因为德胜每日均为员工提供纯净水，开水也保证24小时供应。可乐或其他饮料，只要一元钱一听。德胜工地上的员工，每天都可以免费洗热水澡，此外，公司还提供免费私事长途电话、卫生用品、洗衣机、空调房等。

在财务制度上，德胜规定了一些与众不同的“因私报销费用”：德胜员工每年可以代表公司招待家属一次，每人60元，不超过10人；员工每年可以给上学的子女赠送一件200元以内的礼品，直至大学毕业，费用由公司承担；员工从工作地回家的往返差旅费由公司报销，自动辞职的员工，去新公司的差旅费也由公司出；员工结婚，可得到2000元的结婚补助，家庭困难、意外事件、丧事等也可以向公司申请补助，重大疾病几乎全给报销；每年感恩节，由公司出钱，让员工购60元以内的礼物，送给自己要感恩的人。

（2）关爱员工生命和健康

德胜认为，员工的生命是公司最宝贵的财富。在任何危险情况发生时，公司都奉行“生命第一”的原则。德胜不认同员工冒着生命危险抢救国家财产、集体财产及他人财产的价值观。不允许员工带病坚持工作，认为带病坚持工作是对自己身体不珍惜的行为。在德胜，带病坚持工作不但得不到表扬，而且也会受到处罚，一经查出，罚款50-100元。

（3）提倡员工关系简单化

德胜认为竞争必须是在公平状态下的竞争，反对依靠“血缘关系”来区分关系的疏密远近。德胜制度规定：禁止有血缘关系的人形成小团体；同等条件下，应优先提拔与上级无血缘关系的员工；当处理下级员工所犯错误时，处理最重的必须是与你有血缘关系的或是你的同乡，一定要重10%，否则作违规处理，要受到相应的处罚。

德胜提倡员工关系简单化，认为简单、纯洁的同事关系是公司健康发展的保证。除了在考核与惩罚上有明确规定，德胜还对员工进行行为规范。比如规定：员工不得经常与同事聚餐，原则上每月不超过一次；不提倡同事间相互借贷；不得相互打听工资奖金；不得打听同事私事，更不能将同事隐私对外扩散；不能随意评价同事的好坏；不得揣测同事内心想法；不能在私下议论同事和公司的事情；在对待同事关系上必须遵循“同事重要”的原则，即尊重同事的平等权利和人格，不得以吩咐或命令的口气来要求你的同事，尤其是下属，等等。

强调关系简单化，并不表示提倡关系冷漠。德胜的管理实践表明，只有简单纯洁的人际关系，才最容易形成相互尊重、关心、和谐的工作环境。

三、制度防线：恶魔防范系统

德胜的管理思想依据的是人的两面性。一方面，人性中有善良一面，因此德胜通过大力的人文关怀，尽可能激发人性中的光辉一面；但另一方面，德胜也注意到人的黑暗一面，因而在给予人文关怀的同时，设立了严格的制度体系，在组织上提倡诚实、善良等美好品质，识别破坏这种美好品质的坏人并予以惩戒。基于这种考量，德胜公司经过长期的探索和积累，形成了一整套行之有效的公司制度体系。

围绕“诚实、勤劳、有爱心、不走捷径”的价值观，德胜形成了长达39页的公司制度和47页的参考文摘——《德胜员工手册》。其中，后者主要源于德胜内部规章制度及领导讲话，在它的制定过程中，德胜向全体员工征求了意见。聂圣哲认为，在实际工作中不能被执行的规章制度是没有意义的，“做不到的事情就不要写进去”。因此，在战略会议上，对于公司制度不合理和欠缺的地方，他号召和鼓励员工大胆提出意见，以便制度的优化和执行。

《德胜员工手册》受到了美国、日本的学者的认可，被誉为中国企业的管理圣经。美国哈佛大学出版社准备在全球推广《德胜员工守则》，他们认为，真正代表中国管理创新的不是华为，不是海尔，也不是联想，而是德胜。以公司制度和德胜员工手册为核心的德胜制度系统具有以下特色：

（1）精心设计的制度结构。在整个德胜的制度系统中，制度要求条款、实施执行细则、监督检查程序的比例为1:2:3（而在很多企业和组织中只有制度要求条款，没有或少有实施执行细则和监督检查程序）。正是由于德胜的制度结构偏重于执行细则和检查程序，才使得制度有很高的执行率。可见，制度的执行必须要有可操作性的执行细则配套，必须要有严密有效的监督检查程序作保障，三者缺一不可。其中监督检查程序是制度化管理的核心环节，执行细则要重于制度要求条款。

（2）绝对独立的监督官。德胜设立了两种监督官：制度监督官和质量监督官。监督官的职责是维护制度不折不扣地执行，是德胜制度的保护神。德胜每年处理的违规案件，有一半以上是督察官查出来的。德胜的监督工作之所以显著，得益于三方面：一是选用那些具有高度责任感、不怕得罪人的员工来担任监督官；二是保证监督官具有崇高的地位和权力；三是对监督官进行特殊保护，比如，当监督官因监督工作与上级有冲突并遭到不公正待遇时，公司查实后需进行补偿。德胜对监督官的保护措施是德胜制度执行率高的要诀之一。

（3）独一无二的企业听证会。德胜在中国首创了“企业听证会”制度，对违反制度的员工进行公平、公正、公开的调查、审理、裁决。听证会人员由主持人、调查员、听证团成员构成。管理人员没有资格担任听证团成员，必须由公司最普通的职工担任，而且必须诚实可靠、办事公道，与当事人不属于同一个部门，毫无亲情等私人关系。也就是说，有权力的中高层管理人员违反制度，是由平时最没有权力的人（听证团成员）来裁决和处罚的。德胜通过督察官和员工听证会的独特方式，确保了德胜的每一个员工都能成为公司价值观的坚定维护者。德胜听证会对于制度的执行与监督检查，以至许多组织管理难题解决都具有重大的意义，是制度化管理不可或缺的一种手段。

（4）恩威并重的“1855规则”与“吃一年苦工程”。德胜公司参照欧美企业较为通用的“1855规则”，年终时对10%员工进行重奖，对80%员工予以肯定，对5%的员工进行批评，对5%的员工予以解雇。对于考核不合格的员工，德胜允许他外出打工一年进行体验比较，公司为他们保留一年工职和工龄。一年后，如员工愿意改变自己并保证能适应德胜的管理要求了，可以提出申请回到德胜。德胜的制度执行非常严格，但其目的不是为了惩罚，而是在于“教化”。在最终执行“1855”之前，德胜会通过德胜公告，将员工因维护或违反制度的奖励和处罚进行公示，从正面和反面教育大家；通过解聘预警程序的黄牌和红牌警告对员工进行警示，对受到警示有深刻反省的员工酌情给予观察和评估，再决定是否缓期执行或取消解聘。

（5）不容侵犯的程序管理。德胜的产品是楼房，施工过程中若出现问题，不仅影响质量，严重地话将涉及安全，因此对过程的管理非常重要。程序相当于准制度，程序问题就是制度问题。德胜洋楼要求每个员工都必须严格和精确地按程序办事，按程序操作，不按程序做事的人是德胜不能容忍的。聂圣哲认为，不按程序办事是阻碍质量提升的关键，追求过程合格甚至比追求结果合格更重要。通过程序管理，德胜将生产流程之外的大量行政、后勤、销售、采购、储运、设计等工作进行了有效的制度化管理。通过程序管理，德胜将“形式”恒定下来，慢慢就变成实质，实现由量变到质变的过程。比如，报销程序中的“严肃提示——报销前的声明”这个环节，在德胜被认为是非常必须的一个过程（这显然引起了很多前去参观人员的惊奇），如果财务人员没有做到，就很容易被发现，而通过这个环节，也不断警示和提醒报销人员一定要诚实。

（6）全流通的信息系统。德胜要求职能部门每周做计划，某些岗位是每日写工作总结。同时，这些周计划、月计划、各工地动态、干部、司机明日动态和其他信息都被公示在程序中心，各部门根据其他部门的计划及工地情况提前自行进行衔接配合。除此外，德胜网站上内部管理与沟通信息甚至比几万人的大公司更丰富。德胜的大量内部流动信息，大量的执行状态反馈信息，为制度、程序执行的监督检查、控制纠偏提供了有力的保障。

当然，制定制度文件，并不等于制度化管理。制度没执行，等于一纸空文。正如王石所感叹的，企业最缺的不是制度，而是制度的执行。张瑞敏也认为：制定一项好的制度不易，能够坚决执行则更重要。聂圣哲深刻地认识到制度执行率与企业管理水平正相关的规律，因此在德胜，在制度订立之初，就充分考虑到了制度的执行问题，而制度一旦被确定下来，就要求全体员工机械地、呆板地、僵化地、不折不扣地执行，一个字也不能改。在德胜，100%的显性违规行为都按制度执行，而未被发现的隐性违规行为则少之又少，不得不说，在制度管理上，德胜已经进入了中国最先进企业的行列。

四、德胜尊重人性、创造奇迹

中西结合、刚柔并济的管理铸就了德胜卓越的绩效。德胜团队凝聚力强、高效，近千人的公司，人员主动流失率接近为零，人力资源部就两名工作人员（其中一名兼职、一名普通助理）。离异的家庭几乎没有。而且，这样一个产值近六个亿的的公司，脱产的管理人员才20名不到，一个人身兼3到4个职位的比比皆是，人均产值非常高。德胜产品的品质优良，每年一万多人参观的样板房是15年前制造的，在客户的心目中，德胜的产品品质和服务品质代表着极致！正因为这样，德胜不需要营销，它与供应商关系牢固，并对客户进行资格审查，每年拒绝70%上门的客户，其营销部又名订单拒绝部，这在中国是不可想象的。

总体来说，德胜是中西管理融合的又一个典范，中国传统文化下柔性的人本管理与西方科学管理思想下刚性的制度管理相结合，形成了德胜独具特色的管理体系。将德胜的管理体系进行梳理，我们可以看到，德胜的管理体系围绕天使激励系统和恶魔防范系统而展开，具体见图6-2。

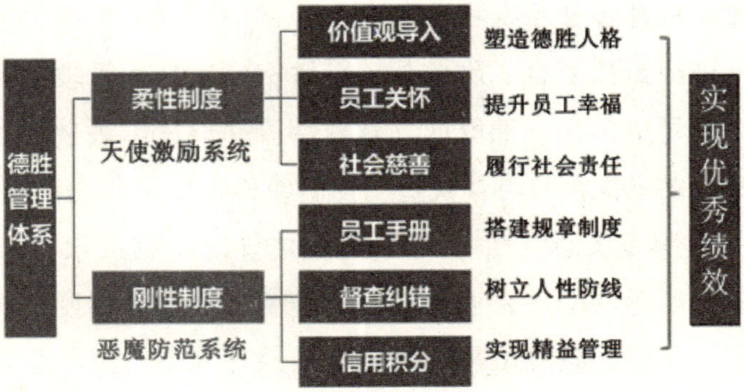

图6-2 德胜管理之道

在天使激励系统中，德胜通过价值观导入、员工关怀和组织社会慈善活动等柔性管理方法来塑造员工人格与企业氛围，充分体现以人为本的管理思想，让员工沐浴在饱满而温暖的人性阳光中。在魔鬼防范系统中，德胜建立了督查纠错和信用积分等一系列严格的防范制度，同时制定员工手册、搭建规章制度平台。刚性制度有效的配合了柔性管理，让企业环境严谨有序、松弛有度，最大限度的实现了资源向着价值的转换。

德胜的管理模式引起了不少学者的兴趣，北京大学杨壮教授研究后指出，德胜的治理实际分为三层：首先是卓越领导者带来的“人治”，其次是精细化制度带来的“法治”，最后一层是信仰和价值观带来的“心治”。聂圣哲的管理思想和领导魅力开启了德胜管理的大门；天使激励系统和魔鬼防范系统作为护卫为德胜的健康发展保驾护航；而德胜用心建设和经营的、深植于员工内心的信仰和价值观才是维系德胜生命力的核心。

德胜实际上是在中国环境下的一次实践和尝试，它结合了美国民主法治绩效体系、日本细致文化和团队精神、德国系统观和严谨踏实的工作作风、中国文化中和谐的人际关系和家庭氛围。德胜洋楼，像一个聚集了各国各民族优秀特质的小联合国，在中国大地上闪耀着独特而引人注目的光芒。

德胜“三治”包括人治、法治、心治，其根本是心治，其管理模式根本上是一个企业集体人格塑造系统，同时也是每个员工的人格成长与塑造系统。这个系统之所以有效是因为它契合了人性最基本的规律。它用接近“极阴极阳极中庸、致刚致柔致文明”的管理机制，造就了一个独特的管理场，这个“场”中，人的动物属性得以抑制，而良知得以滋养，精神人格得以不断提升。这个案例对中国企业的借鉴价值是巨大的。因为中国企业存在的问题尤其是产品品质问题，归根结底表现为人的品质问题，尤其是人精神品质的问题。试想，中国企业的员工如果都具备“勤劳、诚实、有爱心”的精神品质，中国企业还会有那么多的假冒伪劣产品、还会有那么多的投机取巧行为吗？品质革命的实质是人的革命！

案例4：铸造企业文化内涵的厨房专家——方太

方太是中国制造业中一家不可多得的企业。“中国制造”中粗制滥造、假冒伪劣的产品泛滥，这可以说是中国制造之痛。某种意义上讲，方太代表了“中国制造”升级的最佳范本。那方太是一家怎样的企业呢？

以本书的视角看，方太是一家生命型企业。管理大师阿里·德赫斯在《长寿公司》一书中指出：生命型企业指的是为了“生活意义”（The meaning of existence）而存在和发展的企业，管理者把企业作为一个有理想、有目标并与生存环境相平衡的“生物有机体”来培养和管理，实现企业生命的延续。

德国管理学家马利克也曾指出：管理就是资源向着价值的转换。马利克的理论摆脱了传统基于牛顿力学的机械宇宙观，而把企业看做一个有机生命体，通过转换，将资源变成价值，这种价值就是“生活意义”（The meaning of existence）。

之所以称方太为一家生命型企业，主要在于它具备了生命型企业的核心特征。方太持守儒家文化的文化内核开展经营管理；坚持价值为王的经营导向；坚定“不做500强，要做500年”的正念愿景，如此的方太，难道不是一家不折不扣的“持守大道，独具匠心”的生命型企业吗？

1996年，茅忠群和父亲一起创建宁波方太厨具有限公司，迄今已有二十年。二十年来，方太忠于初心，始终专注于高端厨电领域，坚持“专业、高端、负责”的战略性定位，向着成为一家伟大企业的愿景迈进。公司不断致力于为追求高品质生活的人们，提供无与伦比的高品质产品和服务，打造健康环保有品位有文化的生活方式，让千万家庭享受更加幸福安心的生活，目前业已成为高端厨电领导者。方太，从20年前的颠覆者，成长为领军企业，获得授权技术专利数量近600项，超过行业第二名至第十名的总和，2015年营业收入超65亿。

茅忠群作为方太的少掌门，在企业家圈子里也属于“另类”：当同龄企业家觥筹交错、交际应酬时，他在努力钻研国学；当大小企业家都在追逐资本市场、一夜坐拥百亿财富时，他断然拒绝上市；当竞争对手遵循丛林法则、土狼文化时，他用儒家思想打造企业文化；当厨电行业充斥着价格战和劣质商品，方太比洋品牌卖得更贵，却还卖得更好。始终坚持“产品”、“厂品”、“人品”合一核心价值观的方太，利用中国传统文化打造企业内涵，用更高更远的企业愿景缔造了行业奇迹，真正铸就了“伟大的企业”。

一、企业文化内核：方太儒道

在茅忠群办公室的墙上，挂着一幅字：无为而无所不为。在经营企业的过程中，茅忠群始终坚信：一个缺乏价值观和信仰的企业，无法成为一流企业。他认为企业若想长久发展，必须拥有强大的企业文化，而任何文化都离不开本土文化。因此，茅忠群潜心研究中国传统文化，以儒家思想为核心，结合西方的管理模式，对员工进行信仰和文化教育，形成一套别具特色的企业管理模式。

茅忠群在公司内部推行“三品合一”价值理念，即人品、企品和产品合一。他要求每个方太人要具备传统美德、职业道德和工作能力。他将儒家的基本精神“仁义礼智信”写进公司的价值观，并尝试了一些开创性工作：在方太建立“孔子堂”。从2008年开始，茅忠群开始向员工讲授《三字经》、《弟子规》等。每天上午八点十五分到八点半，是方太员工的“诵经”时间。时至今日，儒家思想已成为方太的企业文化。然而，儒家思想是中国的传统文化，不仅属于中国，也属于全世界。真正仅仅属于方太的是沉淀已久的方太儒道，它才是方太企业文化的内核，才是方太的成功秘笈，以下将从三个方面对之进行介绍。

（1）中西合璧

当今，习总书记大力倡导中国传统文化的回归，在强调继承传统的同时，找到一个合适的切入点来实践落地才是最重要的。方太的中西合璧就是沿着这个方向的实践，具体就体现在“中学明道，西学优术，中西合璧，以道御术”。中国传统文化主要是讲道，天有天道，地有地道，人有人道，经商有商道，如何找到经营之道，就要从中国传统文化中去找。

而在管理之术的层面，西方无疑走在我们的前面。从百年前泰勒的科学管理开始，西方在企业管理学、组织行为学、心理学等学科方面的成就一直世界领先，在企业管理实践方面，创造了很多优秀成果，沉淀了非常多先进的技术、方法，这些技术方法便是我们可以学习和实践的“西学优术”。当中国传统文化和西方管理之术碰撞在一起的时候，不免会产生差异和分歧，因此，如何实现二者的取长补短，相互融合，最终实现中西合璧，这是无数的管理者所孜孜以求的。方太厨具在糅合中国传统文化和西方先进工具的过程中，始终坚持以道御术，在引进西方管理的同时，使用中国的道，在传统文化的大框架内运用西方管理的术。

（2）心生万物

在坚持中国传统文化和西方管理制度方法的融合的同时，方太坚信：仅仅用制度、方法、技术来管理和提升企业是不够的，或者说不够长远。方太认为，让企业基业长青的根本是人心，是人的思想、价值观、信仰。在前面章节的分析中，我们已经知道：心性决定了认知，认知决定了选择，选择决定了命运。这套逻辑不仅适用于个体，也适用于企业，企业想要改变自身的命运，也必须要改变员工的心性，从而改变企业的整体心性。基于这样的认知，方太坚信“心生万物”，相较于利用制度、考核等技术工具来提升员工绩效，方太更坚持加强员工心灵的修炼，建立孔子堂、设定诵经时间，方太不惜成本、不遗余力的通过各种方法修炼员工的心，并以这种长远的投资来维持企业旺盛的生命状态。

（3）仁道经营

在儒家看来，“修己以安人”才是经营。茅忠群曾经说过：“把自己的企业修炼好，把自己的产品做好，让消费者用的安心、用的放心，这就是经营。利润自然就会产生，有好的因，自然会产生好的果。用仁道、仁心去经营，让消费者安心，让员工幸福，最后的经营结果肯定会很好。”

具体到方太，其核心价值观就是“人品、企品、产品三品合一”，具体体现为儒家思想中的“五常”：仁、义、礼、智、信。“常”即为恒常，恒常不变的道德准则。在“五常”中，“信”是最入门的、最起码的，做人的诚信是社会关系维持的基本要求，诚信是一切交流交换的载体。什么叫诚信，诚信就是不欺骗、守承诺，这是每一个人都要做到的。在儒家思想里，最重要的是“仁”，所以“仁”在“五常”中排名第一。在诚信的基础上能不能做到“仁”，就看个人的修为了。按照个人在“仁”上的层次差别，儒家将人划分为小人、普通人到君子、贤人、圣人，随着层级的提高、为“仁”的等级也越来越高。我们把它归纳为价值观九重境界，具体如图6-3所示。

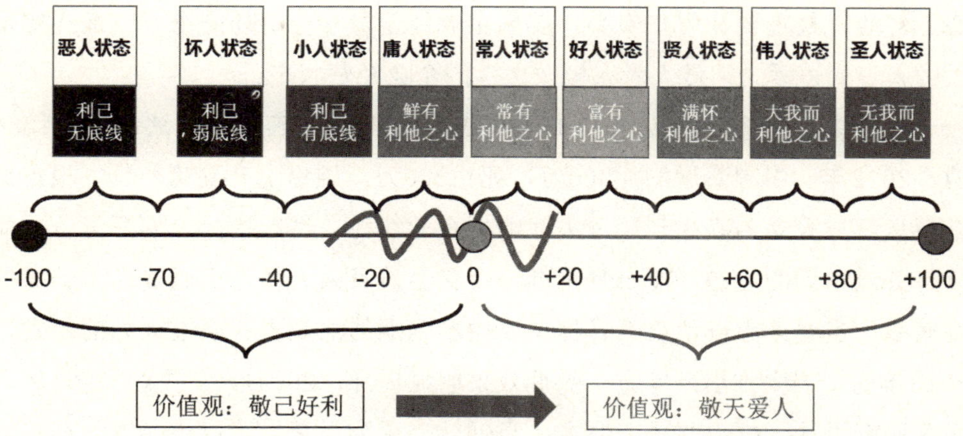

图6-3　价值观九重境界

在方太的管理中，修炼是一个重要的方法，通过修炼，逐渐找到善的人性、敬天爱人的人性，进而激发心的力量、人性的力量。一旦成千上万员工内心潜藏的力量得以激发，整个企业的发展也将不可限量。

二、企业文化落地：以客户为中心、以员工为根本

为了让企业文化落地，经过六年的探索，根据阴阳五行，方太得出了“两要五法”的企业文化落地模型。“两要”，即以用户为中心，以员工为根本这两条主线。“五法”就是与之相呼应的，教育熏化、关爱感化、礼制固化、专业强化、领导垂范。这“两要五法”成为方太企业文化落地的重要工具，让方太的企业文化不再停留在理念上。

以用户为中心，即把用户当贵宾，以仁爱之心待用户。方太一心想要成为一位“仁者”，而不是一位商人。茅忠群曾说过：“不要只想着如何赚取顾客口袋里的钱，那是功利的心，我们真正从仁爱之心下功夫。坚信让用户满意，让用户感动，用户一定会给予回报。”这具体体现为方太的“一体五心”，即在打造无与伦比的用户体验的同时，做到让用户动心、省心、放

心、舒心，最重要让用户安心。实现企业经营与社会责任的统一。最终实现“爱人者人恒爱之，敬人者人恒敬之”的企业经营状态。

仁爱之心？产品？这两者似乎离得有点远，但在方太，这两者是统一的。2012年，中国新增癌症300万，死亡200万，肺癌上升到第一位。根据这个消息，方太立刻联想到：过去油烟机企业往往在性能指标上展开竞争，而没有关注跑烟的问题，而一旦跑烟，烟就会被吸入人体，由此提高了肺癌的发病率，当时茅忠群就立下目标：要做不跑烟的油烟机！经过大力的研发，2013年初，方太推出风魔方，吸烟效果明显提升，2014年，方太再接再厉，颠覆原有设计，推出欧式云魔方，吸烟效果更为显著。可以说，方太在仁爱之心的驱动下，做出了“不跑烟的油烟机”。

“两要”的另一点就是以员工为根本，方太提出“三要两者五感”。三要就是感恩、立志、笃行。两者就是倡导员工做快乐的学习者和快乐的奋斗者。现在是终身学习的时代，这里的学习主要指两方面，一方面是修身养性，学习传统文化，加强自身修炼；另一方面是自身专业的学习。《大学》里有修身的“八条目”：格物、致知、诚意、正心、修身、齐家、治国、平天下，这是修身的阶梯。员工不仅要做快乐的学习者，也要做快乐的奋斗者，学习者被称为“修身心”，奋斗者就是“尽本分”，作为人都要尽本分。“五感”就是企业要做的，五感的环境，即安全感、归属感、使命感、成长感、成就感。所以总的来说，以员工为根本就是企业营造一种好的环境，一种有利于员工创造幸福、追求幸福的环境。

“五法”又是什么呢？“五法”即教育熏化、关爱感化、礼制固化、专业强化、领导垂范。

教育熏化方面。教育在儒家思想中是非常重要，所以方太在这方面花了大量的功夫。方太有大量的员工读书和分享活动，《四书五经》、《弟子规》等经典读物方太的员工都能够倒背如流。方太还有日行一善活动，并随之出版了一本《日行一善手册》，配合各种文化活动，深化效果。

关爱感化方面。方太认为：每一个员工，本质上都有善良的一面，因此，方太要做的就是用仁爱之心去关心、关爱他们，强化第一步教育的效果。只教育，不关爱，对员工来说就是洗脑，就是控制，只有让员工实实在在的感受到关爱，教育才能深化、落地。在方太，仅关怀福利项目就有四十来项。

制度固化方面。方太认为：凡是重要的规定，不能光讲理念，要用制度的形式固化下来。既包括行为规范、礼仪礼貌方面，也包括工作上的业务流程方面。既然有制度，肯定就有奖惩配合，但方太仍然尊重儒家思想，以奖为主，以罚为辅。

专业强化方面。作为一个制造类企业，方太要想在市场上领先，归根结底靠的是卓越的产品，在不断加强产品研发的道路上，方太一直在奋力前行，可以说一直处于中国市场的领先地位。

领导垂范方面。儒家推崇上行下效，只有领导做到了，下面的人才能做到。“其身正，不令而行；其身不正，虽令不从”，领导让人心服口服，不发指令，下面的人也会跟着去做。在方太，领导垂范包含了以身作则、感恩一切、树立大志、快乐学习、快乐奋斗、勇于担当、追求卓越等优良品质。

三、制造企业的根本，是产品

一直以来，茅忠群逐步加大在技术创新方面的投入，2015年，方太的销售收入是65亿，而其中至少有5%用于研发。方太拥有厨电业首个国家级技术中心，业内全球规模最大的8000平方米的，设施最先进的厨电实验室，由200多人组成的技术研发团队在里面从事研发工作。茅忠群认为，“制造企业的根本只有一个，就是产品。销售、渠道，当然都需要去做，需要与时俱进。但是在好产品的基础上，营销才会有更好的结果。所以要想想，你的立企根本是什么?”

在目前的中国，一方面，消费需求不足导致很多企业举步维艰；但另一方面，很多消费者去到国外高价抢购了大量高品质商品。面对这种尴尬的局面，中国政府适时提出了供给侧改革，也就是说，并不是国内市场需求真的不足，而是供给有问题，企业的产品品质有问题。过去很长一段时间，中国经济高速发展，爆发式的需求导致了中国企业的三大路径依赖：依赖资源和环境、投机取巧和潜规则。用柳传志的经典比喻就是：风大了猪都会飞！随着社会和经济的发展，现在的国民更需要的是高品质的、符合自身需求的商品，而不是廉价的商品。但是，国内市场多满足不了这个需求，因此茅忠群相当推崇供给侧改革，认为其核心是产品的转型升级，而产品转型升级的核心就是要提倡工匠精神。

在今年的《总理工作报告》上，明确提出了“工匠精神”。但工匠精神对中国企业意味着什么？缺乏积累的企业该怎么转变？对此，茅忠群说：“我们要提倡工匠精神，研究怎么样把我们的产品做得更好。工匠精神的核心就是对产品一丝不苟、精益求精的精神，这个在日本是表现得比较充分的。我想我们的传统文化中也不缺这个，所以目前提倡工匠精神非常及时，也有利于改善国内的需求。”

从创业之初，方太就提倡高端，定位为专业化、高端化、精品化。研发端倡导创新文化，制造端倡导工匠文化，贯穿整个过程的还有品质文化，所以工匠文化始终贯穿在方太的发展过程中。茅忠群曾引用王阳明的名言“破山中贼易，破心中贼难”，并解释道，你做不到是因为你不明白，你真正明白了，就很容易做到。

所以，真正明白就是意识到：产品销路不好的首要原因在于产品质量不过关。要想把产品做好，就必须依赖工匠精神。方太深谙这个道理，并用行动告诉世人：传统企业转型并不难！

四、方太的奇异吸引子：正念愿景

奇异吸引子是一个混沌理论术语，但却可以解释方太成为行业翘楚的本质原因。世间万事万物的存在都是能量的交换，能量与质量的矛盾不断升级和发展，每当系统的能量发展到波动的水平，也就是由一个振动弥散出许多振动，与之抗衡，系统就会激发出一个更本质的质量来维持自己，如果系统没有这个更本质的质量的维系，系统就会完全弥散，就会解体。现在混沌系统还存在一个完整的整体，那就说明，有一个更本质的质量在维系着，这个更本质的质量就是本质性的混沌吸引子——奇异吸引子。

茅忠群有一句语录在网络上流传甚广，那就是：“一个没有信仰的企业永远不会成为世界一流的企业。”维系方太能量系统不断升级发展的核心就是方太的信仰、方太的正念愿景，也就是方太的奇异吸引子。

在2015年前，方太的愿景一直是“受人尊敬的世界一流企业”。他说，如果连《劳动法》都不遵守，那谁会尊敬？“所以我不会只考虑利益，不会自欺欺人，很多决策都很简单，不是那么难的。”2015年后，茅忠群把企业的愿景又上升到新的高度。在2014年年底总结大会上，面对一万多名方太员工，茅忠群慷慨激昂的宣布了新的公司愿景——成为“伟大的企业”。他的理想是：不做500强，要做500年。

从社会责任的角度来看，企业不仅仅是经济组织，还是社会组织，所以不仅要满足顾客需求，同时还要利于社会，导人向善。所以，作为社会的重要组成部分，企业必须要承担这样的社会责任。在这个基础上，茅忠群列出了伟大企业的四个特征。第一个特征是让顾客安心，伟大企业的产品、服务一定是让顾客安心的，不会烦恼，不会浮躁，不会不安；第二个特征是让员工幸福，有的企业在市场上呼风唤雨，但员工过得很苦、很累、很不快乐，这样的企业永远也不会成为伟大的企业；第三个特征是让社会充满正气。社会责任是从企业的经营管理开始，每一环节都要体现社会责任，都要为社会注入正能量；第四个特征是让企业持续。他相信前三条都做好了，经营可持续基本上也能做到，因为它们是相辅相成的，经营越来越好，前三条也可以做得越来越好，这是一个良性循环。

使命是一个企业的目的和意义，它是让企业存活和发展的最大源动力。方太的使命就是“让家的感觉更好”。在产品层面，方太不单单提供产品，还在向用户输送文化，让千万家庭享受更加幸福的生活。在员工层面，方太同样努力营造幸福企业环境，通过各种关爱活动让员工感受到家的温暖。

愿景是一个企业远期的目标。在远期目标规划方面，方太同样做出了杰出的努力。2015年，方太提出要成为一家伟大的企业。那么，什么是伟大的企业？伟大的企业核心在于：在满足需求、创造需求的同时导人向善。在赚钱的同时，让用户向善，让用户有心性的提升，获得真正的幸福快乐。相比之下，许多所谓的优秀企业，往往是利润上的优秀，仅此而已，比如百度这样的互联网巨头，以利润而论，绝对是一家优秀的企业，但绝对不是一家伟大的企业。

在未来，方太立志要成为一家伟大的企业，包括要树立成为“五心品牌”新典范、员工之家新典范、社会责任新典范、卓越经营新典范，这些典范指明了方太伟大企业的发展路径，本书相信，这样的方太，会成功。

案例5：“中国服务”逆势上扬——另类高端餐饮企业北京宴

作为“北京第一家白金五钻酒店”、惟一一家荣膺“亚洲十佳婚宴皇宫”的宴会厅，北京宴从建立之初就被赋予了与众不同的餐饮企业形象。800平方米的无柱宴会厅、直径2米的10人餐桌、更加符合现代人体工学设计的加高椅背、来自美国的专业灯光音响设备、国家一级调音师……这家斥资超过2亿元，总建筑面积超过1.7万平方米的宴会餐厅，可谓一个传奇。从“国八条”前的最高日营业额破百万元，到“国八条”后最惨淡时不足2000元，再到三个月后的重回日均30万元，短短一年间，北京宴的发展就像行驶中的过山车。其实，大起大伏、逆势而上的背后是最简单的原理：给客户创造价值，用工匠精神做服务，做出中国服务！

一、创造价值，让“高端酒店”自然亲民

最初，北京宴的市场定位是高端商务宴请，为打造一个能够达到国际五星级标准的用餐体验场所，北京宴聘请了国内著名设计大师陈林先生亲自担当室内装修主设计师，灯光设计由英国莱亭迪赛事务所完成，该事务所也是负责2000年悉尼奥运会主会场和奥运村灯光的设计单位。目前采用这种国外设计的国内餐饮企业，北京宴是第一家，也是唯一一家。在一流设计的基础

上，北京宴选用了一流的设备设施和用品，澳大利亚邦奇的调光系统，大厅空气清新系统，QS级食品留样化验室，全自动的风淋设备，日本原装进口垃圾处理器，恒温恒湿的专业级别红酒屋，其中多项为国内餐饮最高端设施。菜品方面，北京宴在全国乃至世界各地广泛选取特色食材，融合各大菜系的手法和工艺，进行科学、营养、艺术的搭配，使菜品在传统的“色、香、味、意、形”基础上进一步升华，创造出独具北京宴特色的融合菜品。

从装潢到菜品，北京宴无不在奢华中透露贵族之气，市场定位也以接待高端宴请为主。但在“国八条”出台后，新的社会环境下，高端消费型行业普遍遭遇冷冬，众多高级会所、私人宴厅纷纷倒闭，在这样的市场环境下，北京宴奇迹般存活下来。

北京宴董事长兼总经理杨秀龙曾经说过这样一句话：“企业要活就要面向市场，给客户创造价值！”正是这最简单、最回归本源的经营理念，让北京宴异军突起，成为高端商务宴领域的一股清流。

首先，北京宴抓住“人民对美好生活的向往”这一需求，积极响应国家号召，逐步走向亲民路线。在北京宴，普通百姓也能身临其境地感受一次真正的“高大上”。北京宴一共有61个包间，每个包间都呈现出不同的风格魅力。但这样的包间无包房费，无最低消费，无开瓶费，引用老板杨秀龙的一句话，“即使你只进来吃一碗面条，我们也保证你能吃到舒心顺心”。另一方面，过去北京宴的价位是人均800-1000元，调整后价位保持在人均300-350元，价格降低但菜品质量绝不缩水，北京宴通过开拓新的食材来降低成本，保证现有的经济套餐里仍会有海参、鲍鱼等菜品，保证让普通百姓也能承受高端菜肴。

其次，“中国式情感融入”让北京宴不仅满足客户的物质需求，更满足客户的精神需求，创造其它餐饮企业所无法创造的情感价值。杨秀龙曾表示，随着市场竞争的激烈，服务理念的创新转型显得尤为迫切。这已经不是服务态度好与不好那么简单的问题，在顾客感性和理性并存的情况下，光有物质上的优惠和创新是不够的，需要我们从情感上打动顾客，需要我们对目标消费群体做信息采集和数据分析，从而与不同目标群体做个性化的沟通，让顾客产生个性化的用餐体验。北京宴不仅能给予顾客细致入微的情感关怀和个性化的量身定制，而且将餐饮与中国传统文化融合，通过电影、京剧、传统饮食文化等跨界元素的整合，升级顾客的用餐体验。

杨秀龙曾经用奥迪和奥拓的例子来说明客户价值的含义：奥迪车很贵，可是仍旧有很多人买，奥拓车很便宜，可是马路上的奥拓车永远不会比奥迪车多。所以，“顾客不会因为你贵而不买你，也不会因为你便宜而买你”，能够决定顾客是否消费的，永远是这件商品或服务所能带来的客户价值。

二、“家和文化”打造一流服务团队

“火车跑的快，不能全靠车头带！看看现在的高铁动车，何止一个车头！”“不以员工成长为目的的激励，都是瞎忽悠。”这些经典的话语，都出自杨秀龙之口，返璞归真的展现了北京宴的管理状态。在经营管理中，杨秀龙总是把员工放在第一位，坚信最大限度的激发员工，就能最大限度的激活企业价值。他认为：公司应该把员工当作家人，让员工把公司当作另一个家，这样员工就不会再机械刻板地为客人服务，而是会把客人当作亲人，用心、用情关照客人，让他们满意。在北京宴，倡导的是充满亲情的“家和文化”，即“视员工为家人，把客人当亲人，视社会为恩人，把供应商当朋友，视股东为兄弟”。

视员工为家人，北京宴首先从员工住宿入手。餐饮业多数从业人员住在地下室，而在酒店的六楼，占用1200多平方米的营业面积，投入500多万，北京宴打造了温馨的“员工之家”，可同时容纳500人入住。每位员工都会配备两套不同颜色的床上用品，荞麦枕头、棉花被褥、床单被套等全部采用纯棉质地，统一清洗和更换；员工宿舍配有中央空调，可随时洗热水澡，可以免费上网。北京宴还为员工开辟了专门的娱乐便民区域，包括健身房、乒乓球室、台球室、小卖部、理发室等。员工食堂每餐为员工提供四个热菜、六个凉菜、两种主食、两种汤类，员工可以根据自己的口味和喜好进行选择，当然，北京宴会定期更换菜品。员工过生日时，北京宴会为员工发放生日礼物和贺卡，并准备生日餐。这些举措虽然成本高昂，但它让所有员工感受到“家和文化”的力量，触动了员工内心的情感，激励员工从“心”出发，持续为客户提供最优质的服务，而这是一般的激励所无法实现的，最终的结果表明：它能为企业创造不可估量的价值。

另一方面，在服务客户的过程中，北京宴也给予每一位员工极大的自主权，让每一位普通员工都尽可能地参与到管理决策过程中。比如：每个包房的服务员就是该包间的负责人，包间里几乎所有的事情都可以自主决策，包括给客人策划惊喜、准备礼物等。对员工来说，每一次客户服务都是一场演出，员工不是配角，而是导演、编剧和主角，可以根据顾客需求进行策划，这就给员工提供了很大的发挥空间，同时也有力地稳定了客源，因为北京宴打动客户的不仅是美味佳肴和舒适的用餐环境，更有来自服务人员真诚的情感关怀。内心的感动和温暖成为客户再度选择北京宴的主要原因。

2012年12月2日晚，宴会八部员工张进在包间服务时，听到客人崔总说要急着赶飞机，张进立即想到：外面下雪了，要提示一下崔总，如果再送崔总两个苹果，祝他平平安安，岂不是更好？于是，由传菜部准备了苹果。同时，他还为客人准备了爱心卡片：“尊敬的崔总您好，知道您今天要赶飞机，北京今天下雪了，天气寒冷，您要多加衣物防寒，我们特意为您送上平安果，祝您一路平安，好人一生平安！爱您的北京宴人。”当客人接过这份浓浓的爱心礼物时，当即就被感动了，立刻向酒店领导提出表扬，表示“这两个苹果会让自己温暖一整个冬天”。

三、“中国服务”助力“中国梦”

2008年9月7日，国务院办公厅发布《关于进一步推进长江三角洲地区改革开放和经济社会发展的指导意见》，提出进一步推进长江三角洲地区改革开放和经济社会发展的重要意义、总体要求、主要原则和发展目标。其中，首先提出“加快发展现代服务业，努力形成以服务业为主的产业结构”。同年7月28日，广东省出台了《关于加快建设现代产业体系的决定》，要求

“建设以现代服务业和先进制造业双轮驱动的主体产业群”，希望现代服务业成为珠三角地区的主导产业。中国经济最重要和增长最强劲的两个地区都确定以现代服务业作为主导产业，是近年来中国产业转型浪潮中最值得注意的一个动向①。2010年十一届全国人大三次会议《政府工作报告》提出：要进一步提高服务业发展水平和在国民经济中的比重。国家统计局发布数据显示：2016年上半年服务业继续保持较快增长，服务业同比增长7.5%，占GDP的比重是54.1%，对经济增长的贡献率是59.7%，而且服务业占GDP的比重比上年同期提高了1.8个百分点。由此可见，服务业将成为甚至已经成为支撑经济稳定增长的主动力，“中国服务”时代即将到来。

管理大师彼得•德鲁克在经典论著《管理的实践》一书中提出“企业是什么”的问题，并提出了更为关键的问题：“我们（企业管理者）的事业是什么”。这些简单到被人忽略的问题，恰恰就是企业成功的关键问题，也是企业经营的最根本问题。德鲁克认为，决定“我们的事业是什么”的不是公司的创始人、管理者，也不是公司所属的行业或主营业务，而是消费者。“我们的事业”由消费者最终获得的需求满足来决定。将消费者所见、所思、所经历、所需作为重要信息，收集加工并融入价值链循环，这不是每个企业都能做到的。管理大师给我们的启示在于，“中国服务”要具备基本的竞争力，首先必须更新管理者对“企业是什么”的看法，企业的价值在于为客户创造价值，在于创造客户，而不只是利润。

早在北京宴创立之初，其服务理念就确立为：打造“中国服务”。杨秀龙强调在西方标准化服务的基础上融入东方特色，把“让顾客满意、让顾客惊喜、让顾客感动”的亲情式服务作为工作标准。他曾直言：“没有给顾客留下美好回忆和值得传颂故事的服务，就是零服务。”可见北京宴“中国服务”标准之严苛。

“中国服务”的另一个核心内涵是“对全社会开放、促进共同发展”。在杨秀龙心中，北京宴不仅仅是一家餐厅，他更希望让北京宴成为“中国服

①张翔 《21世纪商业评论》，2008(9)：108-108.

务”的“孵化器”，因此，北京宴坚持对全社会开放，帮助更多的企业提升服务质量，让服务人员更有尊严。对此，北京宴总店的凌建经理曾经讲过这样一个故事：

某天，餐厅来了一群疑似同行的顾客。他们在就餐期间，不停地向服务人员打探“内幕”，还拿出手机偷拍菜单。当时，店员通过对讲机汇报了这一情况，得到值班经理的答复：“把菜单收好”。杨秀龙恰巧听到了这段对话，他立即喊话制止，并指示：“多拿几本菜单，把灯光调亮一点，方便拍照，如果他们要参观，就领他们去。”

秉承杨秀龙的“开放”思想，为了帮助全国乃至全球更多企业树立正确的服务理念，提升服务价值，截至2016年底，北京宴已举办服务管理培训班24期，超过600家单位的3200余人参加学习，其中还包括来自新加坡的国会议员代表团。可以说，北京宴提倡的“中国服务”已经开始服务整个中国，甚至上升到了国家层面。在北京宴的带领下，我们有理由相信，中国崛起可以从中国服务业崛起，“中国服务”将强力助力“中国梦”。

尾声：生生不息——回归生命系统真谛的企业

在上面的案例中，我们呈现了初具生命型管理特征的一些企业，并对它们进行了分析，包括华为、海尔、德胜洋楼等企业各具特色的分享行为。在案例这一章的结尾，也是全书的结尾，我还想跟大家分享这样一个小案例，案例的主体是一家泰国的餐饮企业，叫做Bar B Q Plaza，它每天为顾客们提供着新鲜的食材和美味的烤肉。它没有庞大的企业规模，没有别出心裁的经营管理策略，也没有极具个人魅力的企业领导……它只有30年的历史，还是个年轻的企业，它不是行业中的翘楚，也不是异军突起的黑马。但它以自己独特的方式吸引着人们的注意，获得了广泛的认同。

这家企业进入人们的视线是因为它的一则广告，一段只有3分钟的小视频。虽然只有三分钟，却在各大社交媒体和视频网站被无数次的转发和评论，引起了广泛的关注，好评如潮。网友们纷纷表示：“小女孩的表情太到位了，这样的餐厅太有爱了”；“我一定会去光顾的，不止为美食”；“未来的餐厅都是这样的话，地球才能更美好吧”……

到底是什么在引人入胜呢？我们先从这则广告入手，一起来认识一下这家特别的餐厅吧。广告的第一个场景是在Bar B Q Plaza餐厅里，一盘盘经过精挑细选的新鲜食材被端上餐桌，桌上的烤盘在滋啦啦的响着，上面的烤肉焦香四溢。一个七八岁的小女孩和她的父亲在享用着美食，脸上流露出满意而且享受的表情。旁边是一位笑容可掬的服务员，看着幸福的父女俩，他也是满心欢喜。这时，Bar B Q Plaza餐厅的logo出现在画面上，一段广告看似完美的结束了。但精彩才刚刚开始……餐厅的logo出现之后，画面又迅速转回父女二人用餐的场景，小女孩儿已经吃完了，正坐在桌前表情严肃，她提出了一个问题：爸爸，我们这一餐真的物尽其用了吗？

我认为“物尽其用”这四个字通俗而具体的表达了我们对于生命系统的真谛、对于整个社会和宇宙运行法则理解：对联系的深刻认知和察觉，对资源的充分发掘和利用，通过分享和转化，促进价值创造和价值循环。这也是生命型企业的本质特征，也是生命型企业能够基业长青、生生不息的重要原因。

正如广告片后半部分所展示的那样，Bar B Q Plaza餐厅所做的已经超越了一家餐厅、超越了一家以营利为目的的经济型企业所做的一切。它将自己和整个社会、自然环境联系在了一起，最大限度的利用自己的资源为更多的对象创造价值，用循环和分享去回馈社会、回馈自然。

首先，Bar B Q Plaza回收每桌客人餐后剩下的食物，并将这些食物分装、打包，在保证新鲜的状态下送去喂食流浪狗。另外，他们还会收集客人留下的饮料瓶，将合适尺寸的饮料瓶做成喷头花洒，便于给喷灌花园和草坪，另一部分尺寸不一的饮料瓶则会被填上泥土、种上绿色的植物，变成了美丽的装饰，送给用餐的客人。Bar B Q Plaza还会回收客人用过的一次性筷子，将所有回收后的一次性筷子统一清洗消毒后，进行串联编织，制作成美观实用的隔热垫，分享给社区的阿姨们进行使用，让它们再次走上餐桌……Bar B Q Plaza所做的不仅是减少污染、降低排放，还有分享和转化，以及由此而来的价值创造。最重要的是，Bar B Q Plaza所做的一切都不是以企业本身或者人类本身的获利为出发点，他们更多的想到了动物、社区、环境，想到了自然万物。试想，当这样一幅共享共赢、和谐共生的画面呈现在人们眼前的时候，人们怎么能不去对它充满憧憬，对未来充满期待，充满爱。

对企业而言，生命系统的启示在于：企业同宇宙生灵一样，存在于一个庞大的生态系统中，也可以理解为企业本身就是一个更加广阔的生命系统。这个系统存在着与生命一样的存活繁衍规律：生命的根本就是获取资源，通过构筑尽可能多的高质量联系，与外部群体进行分享互动，最终与竞争者、供应商，乃至社区、社会等外部群体建立和谐的外部关系，获取更多更好的资源，通过创新、进化实现转换，创造更多的价值、活出意义！所以企业不是利润的工具，或者仅仅是利润的工具，在利润之上，企业应该有更高远的追求，相应的，企业也会表现得更为卓越和可持续。所谓“生意”，并不仅是“交易”，生意的本初乃是“分享”给同样喜欢的和有缘的人，生出美意！生，是生生不息；意，乃心上之音。心口合一，就会从容，带着爱去分享，厚德载物，细水长流！生意的最高境界就是共赢共生！

本章启示：

1、我们所采用的企业案例是中国企业面向未来，管理创新的缩影。事实上，这样的企业还有很多，我们无法一一呈现。虽然相对于中国企业巨大的数量，这几个企业只是凤毛麟角，但是让我们看到了希望并有自信的理由。我们真的要感谢上苍，她给了我们一个“华为”，我们真的要感谢任正非，他用心塑造了一个“华为”，而我们要特别感谢的还真的不是上苍和任正非，我们要特别隆重感恩的是我们的祖先、我们这块中华大地。伟大的华为在中华大地上能够生成，然后茁壮成长，成为企业中的巨人，说明中华大地的土壤里，说明中华文化的宝库中有着伟大的基因。没有伟大的基因，不可能有伟大的生命。正如伟大的唐朝，生命里必然有伟大的精神文化基因。伟大，不是在任何一个地方都可以发生的。

2、我们说：管理就是造一个场，造出什么场，你的生命里就会得到什么，就会吸引什么，就会遇见什么，什么就会呈现怎样的局面与样貌。而场与场，大场与小场，总场与分场，母场与子场是想通的，是相互影响的。整个中国是个大场，各家企业是一个个小场。如果大场不是一个好场，不是一个正能量的场，那么小场就很难独善其身。而呈现于我们面前的这些案例却告诉我们一个真理：只要我们有意愿，只要我们的意愿合乎于“道”，顺乎于大势，我们就可以造出一个不同的场，一个比大场能量级别更高的场，而且，就像阴阳太极图所描述的那样，一个小小的“点”，如同星星之火可以燎原，带来“点”的“涌现”，最终，大场进入新的境界。有抱负的企业领导人应该胸怀高远，谋篇布局于基业长青的未来，敢立潮头，敢为人先，敢做“小点”，点亮企业以至中华民族的未来。

3、母场与子场的关系原理，如同上述大场与小场。大公司整体是母场，分支公司是子场。如果公司的体制陈旧、理念陈腐、机制僵化、导向偏离、方法老旧，那么，分支公司是很难有所作为的，要造出一个与众不同的场是不容易的。然而，难归难，难，不等于做不了。其实，所谓难，难在哪里？根本上难在自己的心里，难在自己的心不能够放下，还是某些执念太重。如果境界再提高一点，格局再放大一点，情怀再加重一点，说俗了，升官发财的事少想一点，入党为公的事多想一点，担当的勇气自然就有了。有了担当的勇气，就不会随波逐浪，就不会落入俗套。我们的心一转换，动机随之提升，生命的景象呈现新的色彩，我们渐渐发现：身边恶人没了，贤人有了；小人少了，君子多了；庸人少了，能人多了；我们所期待的行为、现象、故事、结果多了，投机取巧、偷奸耍滑、是是非非、冲突争斗少了。总之，公司局面与发展的势头越来越好了。

主要参考书目

[1] 阿里•德赫斯. 长寿公司——商业“竞争风暴中的生存方式”[M]. 北京:经济日报出版社,1998.

[2] 安德烈•贡德•弗兰克. 白银资本:重视经济全球化中的东方[M]. 北京:中央编译出版社,2000.

[3] 彼得•圣吉. 第五项修炼——学习型组织的艺术与实务[M]. 上海:上海三联书店, 1998.

[4] 黛博拉•佩里•皮肖内. 这里改变世界:硅谷成功创新之谜[M]. 北京:中信出版社,2013.

[5] 丹娜•左哈尔. 心灵资本[M]. 北京:中国友谊出版公司,2012.

[6] 丹尼尔•戈尔曼. 情感智商[M]. 上海:上海科学技术出版社,1997.

[7] 德鲁克. 管理:任务、责任、实践[M]. 北京:中国科学出版社, 1987.

[8] 德鲁克. 管理的实践[M]. 北京:机械工业出版社, 2006.

[9] 黄卫伟. 以奋斗者为本[M]. 北京:中信出版社,2016.

[10] 玛格丽特•惠特利. 领导力与新科学[M]. 北京:中国人民大学出版社,2008.

[11] 尼古拉斯•克里斯塔基斯. 大连接:社会网络是如何形成的以及对人类现实行为的影响[M]. 北京:中国人民大学出版社,2013.

[12] 彭剑锋,云鹏. 海尔能否重生[M]. 杭州:浙江大学出版社,2015.

[13] 维克多•黄,格雷格•霍洛维茨. 硅谷生态圈:创新的雨林法则[M]. 北京:机械工业出版社,2015.

[14] 温德诚. 德胜管理——中国企业管理的新突破[M]. 北京:新华出版社,2009.

[15] 夏洛特•谢尔顿,刘芊. 量子飞跃:改变你工作和生活的7种量子技巧[M]. 北京:中国财政经济出版社,2008.

[16] 张鼎昆. 管理场[M]. 北京:清华大学出版社,2013.

[17] 张其金. 量子管理[M]. 北京:中国商业出版社,2014.

[18] 周志友. 德胜员工守则[M]. 北京:机械工业出版社,2013.

[19] 楼宇烈. 中国文化的根本精神[M]. 北京:中华书局,2016.

后 记

《走向管理4.0：必须的革命》终于要出版了。这本书从酝酿到写作，历时已经五年了。之所以用了这么长的时间，首先因为真的是想写一本对读者、对社会有价值的书，出书不是目的，书的价值才是自己内心想要的；其次因为这些年一边写，一边学习和思考，不时有新的想法补充进来，因此一直在修改优化过程当中；再次是工作的确很忙，出差也多，整块的时间少，进度偏慢；此外，由于我所讲授的课程涉及的方面比较多，因此大脑的兴奋点和时间的投放点常常会发生一些变化，由此，随着这本书的出炉，其他几本书的构思、提纲和素材也在积累。所幸的是，漫长的写作过程中，也更有时间和机会得到了更多老师、专家、同事、同学和朋友的各类指教和各种帮助。

我的博士生导师、武汉大学经管院副院长李燕萍教授在思维方式、学术研究和论文写作方法方面给予了我非常具体的指导。国家教育咨询委员会专家组专家、上海明德学习型组织研究所所长、享有国务院津贴的资深学者张声雄教授不仅在精神人格方面是我崇尚和学习的榜样，在学术思想上也深深地影响着我。国务院参事、中国管理现代化研究会理事长、中国科学院大学管理学院副院长石勇教授专门腾出时间，用他在美国大学任教授的经历以及巴菲特的价值投资理论，指导并启发我对本书的修改和完善。中国教育发展战略学会副会长、著名教育专家季明明老师对本书的写作提出了非常宝贵且十分具体的指导意见。中国人民大学博士生导师、华夏基石企业管理咨询集团董事长、著名管理学家彭剑锋老师对我的学习和事业一直给予热心的关注和强大的支持。中国人民大学商学院刘刚教授的管理思想和国学智慧对我的帮助和影响不可低估，他的谦逊和悉心给予了我很大的教益和鼓励。我在北大BIMBA学习期间以及毕业以后，北京大学国家发展研究院杨壮、马浩教授对于我的学习和研究，还有本书的写作给予了一如既往的热情鼓励和精心指导。我的好友，北京大学企业与教育研究中心主任、博士生导师吴峰老师对书稿进行了认真的阅读并给予了十分重要的指导意见。对于以上的师长、专家、教授、学者的帮助与支持，在此表示深深的谢意！特别需要感谢的还有我的许多朋友、同事和同学。雷云博士以他扎实的管理学尤其是国学功底对本书的思想贡献和具体帮助是非常难得的；张欧博士在案例选用和整理方面给予了大量的协助；李玲、马碧霄、叶子乔、郭晨，还有于珊、唐虹、李芸等多位经济、管理、教育方面的博士，在诸多的方面，以各自的方式，对于本书的出版给予了十分难得和非常可贵的支持与帮助，我向这些朋友、同事和同学那里学到了许多宝贵的知识和经验，还有许多闪光的思想。感谢大家，感恩有你！面向未来，一路同行。

图书在版编目（CIP）数据

走向管理4.0：必须的革命：趋势、逻辑、路径与方法 / 熊向清著. ——上海：上海三联书店，2017.9
ISBN 978-7-5426-6071-8

Ⅰ. ①走… Ⅱ. ①熊… Ⅲ. ①企业管理—研究 Ⅳ. ①F272

中国版本图书馆CIP数据核字（2017）第198946号

走向管理4.0：必须的革命——趋势、逻辑、路径与方法

著　　者 / 熊向清

责任编辑 / 陈启甸　陆雅敏
装帧设计 / 沈　佳
监　　制 / 姚　军
责任校对 / 李　莹

出版发行 / 上海三联书店
（201199）中国上海市闵行区都市路4855号2座10楼
邮购电话 / 021-22895557
印　　刷 / 上海展强印刷有限公司

版　　次 / 2017年9月第1版
印　　次 / 2017年9月第1次印刷
开　　本 / 710×1000　1/16
字　　数 / 230千字
印　　张 / 17.5
书　　号 / ISBN 978-7-5426-6071-8/F · 769
定　　价 / 38.00元